中国社会科学院创新工程学术出版资助项目

U0509703

房地产蓝皮书
BLUE BOOK OF
REAL ESTATE

中国房地产发展报告 *No.11*
（2014）

ANNUAL REPORT ON THE DEVELOPMENT OF CHINA'S
REAL ESTATE No.11 (2014)

主　编／魏后凯　李景国
副主编／尚教蔚　李恩平　李　庆

社会科学文献出版社
SOCIAL SCIENCES ACADEMIC PRESS (CHINA)

图书在版编目（CIP）数据

中国房地产发展报告. No.11，2014/魏后凯，李景国主编.
—北京：社会科学文献出版社，2014.5
（房地产蓝皮书）
ISBN 978 - 7 - 5097 - 5903 - 5

Ⅰ.①中… Ⅱ.①魏… ②李… Ⅲ.①房地产业 - 经济发展 -
研究报告 - 中国 - 2014 Ⅳ.①F299.233

中国版本图书馆 CIP 数据核字（2014）第 073468 号

房地产蓝皮书

中国房地产发展报告 No.11（2014）

主　　编／魏后凯　李景国
副 主 编／尚教蔚　李恩平　李　庆

出 版 人／谢寿光
出 版 者／社会科学文献出版社
地　　址／北京市西城区北三环中路甲 29 号院 3 号楼华龙大厦
邮政编码／100029

责任部门／皮书出版分社（010）59367127	责任编辑／陈　颖
电子信箱／pishubu@ ssap.cn	责任校对／赵敬敏
项目统筹／邓泳红　陈　颖	责任印制／岳　阳
经　　销／社会科学文献出版社市场营销中心（010）59367081　59367089	
读者服务／读者服务中心（010）59367028	

印　　装／北京季蜂印刷有限公司	
开　　本／787mm×1092mm　1/16	印　张／21
版　　次／2014 年 5 月第 1 版	字　数／338 千字
印　　次／2014 年 5 月第 1 次印刷	
书　　号／ISBN 978 - 7 - 5097 - 5903 - 5	
定　　价／79.00 元	

《中国房地产发展报告 No. 11 （2014）》
编委会

主要编撰者简介

魏后凯 经济学博士，现任中国社会科学院城市发展与环境研究所副所长、研究员、博士生导师，西部发展研究中心主任，享受国务院颁布的政府特殊津贴。兼任中国区域科学协会、中国区域经济学会副理事长，中国城市经济学会副会长，民政部、国家民委、北京市、山西省等决策咨询委员，10多所大学兼职教授。主要从事城市与区域经济学、产业经济学研究。公开出版独著、合著学术专著12部，主编学术专著20余部，发表中英文学术论文300多篇。

李景国 中国社会科学院城市发展与环境研究所研究员，中国社会科学院研究生院教授、博士研究生导师，中国城市经济学会理事，曾在国外留学、做访问学者。主要研究领域：区域与城镇规划、土地与房地产。主持完成的各类课题、出版的著作和发表的论文中6项获省部级科技进步奖、优秀成果奖和对策研究奖等奖项。

尚教蔚 女，经济学博士，中国社会科学院城市发展与环境研究所副研究员，硕士研究生导师。近年来主要从事房地产金融、房地产政策、住房保障、城市经济等方面的研究。2003年开始组织参与房地产蓝皮书编撰工作。主要学术论文30多篇，专著1部。主持并参与多项部委级课题研究。

李恩平 江西鄱阳人，经济学博士，中国社会科学院城市发展与环境研究所副研究员。主要研究方向为城市经济、房地产经济，近年发表学术论文20多篇，出版个人专著1部。

李　庆　中国社会科学院城市发展与环境研究所副研究员。主要研究领域是城市可持续发展和房地产经济，主持和承担国家省部级研究课题9项，发表论文10多篇。2003年开始参与中国房地产发展报告历年的编写工作。

摘　要

《中国房地产发展报告 No. 11（2014）》秉承客观公正、科学中立的宗旨和原则，追踪我国房地产市场最新资讯，深度分析，剖析因果，谋划对策，展望未来。全书分为房地产发展总报告和专题报告两部分，总报告侧重于分析和展望房地产业和房地产市场的总体发展，专题报告重点研究房地产的主要次级市场发展和热点问题。

2013 年是我国全面贯彻党的十八大精神以及加快发展方式转变的关键之年，宏观经济增速呈现低于 8% 的平稳较快增长态势。延续十年的国家以高频率出台房地产政策以及国家层面不断深化的房地产调控发生了一定改变，国家层面更加关注房地产市场稳定健康发展的长效机制和"保基本"，各城市政府则根据自身特点出台或紧或松的微调政策。

从全国范围看，2013 年商品房成交价增速低于 2012 年，但仍保持较快上涨。商品房成交量大幅增加，销售旺盛导致房地产开发资金增速大幅上升，投资增速保持较平稳增长；土地购置面积和新开工面积增速由负转正；房屋竣工面积缓慢增长，创下 1998 年以来增速最低。从 35 个大中城市看，2013 年商品房成交价、商品房销售面积、土地购置面积、房屋新开工面积增速均表现为提升态势；商品房成交价增速高于 2012 年，并高于全国同期增速；商品房销售面积增速低于全国，但住宅销售面积增速高于全国并大幅增长；土地购置面积和房屋新开工面积呈增长趋势，但高于全国同期增速；房屋竣工面积增速不仅低于全国而且为负增长；房地产开发投资增速略有下降，住宅投资增速有所上升，但均低于全国同期增速。

展望 2014 年，宏观经济仍将保持在 7%～8% 的平稳较快增长态势，国家经济政策将进一步向居住城镇化、改善民生倾斜，房地产政策及调控也将围绕这一主题展开。由于缺乏房地产市场稳定健康发展的长效机制，房地产市场将

进一步分化，部分城市因土地价格上涨过快面临较大的房价上涨压力。2014年房地产市场走势将取决于政策实施与选择，房产交易量仍可能与上年持平，甚至略有增长，房价可能保持小幅增长，具体涨幅取决于调控政策的力度。各城市之间、地区之间市场分化加剧，分城施策、分类施策趋势明显，调控政策差异化和多元化将成为常态。预计外来就业人口占比较高的大都市房产特别是住房市场量价齐升，而大多数普通城市房产成交量和价格将保持相对平稳态势。一些缺乏产业支撑且前期片面造城的城镇，房产供过于求的泡沫化风险将大大增强。

关键词： 房地产市场　调控政策差异化　房地产发展长效机制

目 录

$\mathbb{B}$ Ⅳ　市场篇

$\mathbb{B}$ Ⅴ　管理篇

$\mathbb{B}$ Ⅵ　区域篇

ⅧⅦ 国际借鉴篇

ⅧⅧ 热点篇

皮书数据库阅读**使用指南**

总 报 告

General Report

B.1

2013 年房地产市场形势分析及
2014 年展望

总报告编写组 *

2013 年是我国全面贯彻党的十八大精神以及加快发展方式转变的关键之年，宏观经济呈现低于 8% 的平稳较快增长态势。延续十年的国家以高频率出台房地产政策以及国家层面不断深化的房地产调控发生了一定改变，国家层面更加关注房地产市场稳定健康发展的长效机制和"保基本"，一些城市政府则根据自身特点出台或紧或松的微调政策。

从全国范围看，2013 年商品房成交价增速低于 2012 年，但仍保持较快上涨。商品房成交量大幅增加，销售旺盛导致房地产开发资金增速大幅上升，投资增速保持较平稳增长；土地购置面积和新开工面积增速由负转正；房屋竣工面积缓慢增长，创下 1998 年以来最低。

展望 2014 年，宏观经济仍将保持在 7% ~ 8% 的平稳较快增长态势，国

---

* 报告执笔：李景国、尚教蔚、李恩平、董昕、李菲菲。审定：魏后凯、李景国。

家经济政策将进一步向居住城镇化、改善民生倾斜，房地产政策及调控也将围绕这一主题展开。2014 年房地产市场走势将取决于政策实施与选择，房产交易将稳中有增，房价可能保持小幅增长，具体涨幅取决于调控政策的力度。预计外来就业人口占比较高的大都市房产特别是住房市场量价齐升，而大多数普通城市房产成交量和价格将保持相对平稳态势。一些缺乏产业支撑且前期片面造城的城镇，房产供过于求的泡沫化风险将大大增强。

一　2013 年房地产政策特征及市场运行特点

（一）2013 年房地产政策特征

2013 年，延续十年的国家以高频率出台房地产政策及从国家层面对房地产不断深化的宏观调控发生了一定改变。除 2 月份出台的"国五条"及相关细则外，其他时间均未从国家层面出台更加严厉的房地产调控政策。房地产调控思路、方向出现了新变化，国家层面更关注房地产健康发展的长效机制及"保基本"，不同城市根据自身特点出台或紧或松的微调政策。

1. "国五条"及相关细则延续并强化了 2012 年的调控政策

2013 年 2 月 20 日，国务院召开常务会议研究部署了房地产市场调控工作，会议提出了完善稳定房价工作责任制、坚决抑制投机投资性购房、增加普通商品住房及用地供应、加快保障性安居工程规划建设和加强市场监管等五个方面的政策措施，即"国五条"。3 月 1 日发布了"国五条"细则（《关于继续做好房地产市场调控工作通知》，国办发〔2013〕17 号），即继续严格执行商品住房限购措施，同时进一步提高第二套住房贷款的首付款比例和贷款利率。对出售自有住房按规定应征收的个人所得税，通过税收征管、房屋登记等历史信息能核实房屋原值的，应依法严格按转让所得的 20% 计征。

2. 房地产政策及调控方向发生了较大改变

2013 年年中以来，国家调控政策已经开始朝差异化、多元化方向迈进，在国办发 17 号文出台后，中央政府一直没有出台国字头的房地产调控文件。10 月，中共中央总书记习近平在主持加快推进住房保障体系和供应体系建设第十次集体学习时强调："从我国国情看，总的方向是构建以政府为主提供基本保障、以市场为主满足多层次需求的住房供应体系。"习近平同志的讲话为房地产调控思路与方向转变奠定了基础。

党的十八届三中全会、中央城镇化工作会议以及中央经济工作会议都强调要发挥市场的决定性作用，从而为建立健全促进房地产市场稳定健康发展的长效机制提供了理论依据。尽管十八届三中全会通过的《中共中央关于全面深化改革若干重大问题的决定》没有明确提及房地产业，但为房地产业长期健康发展指明了方向。

3. 从土地、金融等长效机制入手先行改革

国务院办公厅发布的《关于金融支持经济结构调整和转型升级的指导意见》（国办发〔2013〕67 号），提出对房地产行业继续秉持"有保有压"原则，在防控融资风险的前提下，进一步落实差别化信贷政策，加大对居民首套住房的支持力度，同时抑制投资投机需求，促进市场需求结构合理回归。11月发布的《中共中央关于全面深化改革若干重大问题的决定》明确提出："建立城乡统一的建设用地市场，在符合规划和用途管制前提下，允许农村集体经营性建设用地出让、租赁、入股，实行与国有土地同等入市、同权同价。"

4. 棚户区改造成为保障性住房建设的重点

中央经济工作会议提出："努力解决好住房问题，探索适合国情、符合发展阶段性特征的住房模式，加大廉租住房、公共租赁住房等保障性住房建设和供给，做好棚户区改造。特大城市要注重调整供地结构，提高住宅用地比例，提高土地容积率。"进一步确定今后政府将更多地在房地产民生保障领域发挥作用，而由市场来满足居民日趋多样化的住房需求。

今后政府的重点是"保基本"，将加快保障房建设和棚户区改造。明确了2013 年城镇保障性安居工程基本建成 470 万套、新开工建设 630 万套的目标。2014 年城镇保障性安居工程建设的目标任务是基本建成 480 万套以上、新开工 600 万套以上，其中棚户区改造 370 万套以上。

5. 地方政府政策分化

分城施策即不同地区、不同城市不再"一刀切"。2013 年，以各城市为主的房地产政策细则或措施不断加强。"国五条"出台后，北京明确严格落实"国五条"相关要求。出台相关细则的除北京外，还有上海、天津、重庆、广

东等省份以及广州、深圳、合肥、沈阳、福州、呼和浩特、济南、昆明、宁波、青岛等城市，同时有 21 个城市公布了房价控制目标。

2013 年房地产热点城市特别是房价上涨较快的城市，政策继续收紧。如郑州、北京、深圳、上海、广州、南京、武汉、西安、福州等。而温州等地出台了刺激市场释放需求的政策。

6. 其他相关政策不断跟进

3 月，提出拟建立不动产登记制度，明确整合不动产登记职责，2014 年 6 月底前出台不动产登记条例。

9 月，国务院印发《关于加快发展养老服务业的若干意见》，明确提出将开展老年人住房反向抵押养老保险试点，即实行"以房养老"。

11 月，国土资源部办公厅、住房与城乡建设部办公厅联合下发《关于坚决遏制违法建设、销售小产权房的紧急通知》。

（二）2013 年房地产市场运行特点

2013 年，房地产市场各主要指标均呈增长态势，但上涨程度不同。商品房成交价增速虽然低于 2012 年，但仍保持 7.7%[1]的较快上涨。增长较快的主要是和成交量相关的指标：商品房成交量大幅增加，销售旺盛导致房地产开发资金增速大幅上升；投资增速全年基本保持在 20% 左右；土地购置面积与新开工面积由 2012 年的负增长转为 2013 年的正增长。唯一增长缓慢的是竣工面积，其创下 1998 年以来最低。

1. 全国商品房成交价同比增长 7.7%，略低于 2012 年，中部地区商品房成交价增速高于东、西部

2013 年全国商品房成交价增速比 2012 年减缓，各省份商品房成交价都有不同程度的上涨。东部地区[2]商品房成交价仍维持高位，远远高于中、西部，

---

[1] 除本文注明外，2013 年以前年度数据来源于《中国统计年鉴》（2013），2013 年度及月度数据来源于 2013 年房地产统计快报。

[2] 东部地区包括北京、天津、河北、辽宁、上海、江苏、浙江、福建、山东、广东、海南；中部地区包括山西、吉林、黑龙江、安徽、江西、河南、湖北、湖南；西部地区包括内蒙古、广西、重庆、四川、贵州、云南、西藏、陕西、甘肃、青海、宁夏、新疆。

中部地区增速高于东、西部。

（1）全国商品房成交价增速略低于 2012 年，各省份成交价普遍上涨

2013 年，全国商品房成交价为 6237 元/平方米，同比增长 7.7%，比 2012 年低 0.4 个百分点，比 2004~2013 年的平均增速低 2.5 个百分点，但比 1998~2013 年平均增速高 0.3 个百分点。2013 年住宅成交价为 5850 元/平方米，同比增长 7.7%，比 2012 年低 1.0 个百分点；办公楼成交价为 12997 元/平方米，同比增长 5.6%，比 2012 年高 5.8 个百分点；商业营业用房成交价为 9777 元/平方米，同比增长 8.4%，比 2012 年高 2.1 个百分点（见图 1）。2013 年，全国各省份商品房成交价普遍为上涨态势。超过全国 7.7% 增速的有 15 个省份，其中增速超过 10.0% 的省份有 5 个，分别为上海（16.8%）、广东（12.1%）、山西（14.5%）、黑龙江（16.5%）、西藏（27.7%），西藏是商品房成交价上涨最快的省份。增速低于 5.0% 的省份有 10 个，分别为辽宁（3.6%）、江苏（2.7%）、浙江（3.8%）、福建（4.7%）、湖北（4.4%）、湖南（4.8%）、四川（0.9%）、贵州（4.4%）、陕西（2.4%）、青海（2.8%），四川增速最低，仅为 0.9%（见图 2）。

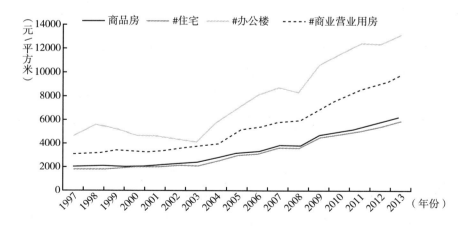

图 1　1997~2013 年商品房成交价及增长情况

（2）东部地区商品房成交价远远高于中、西部，中部增速高于东、西部

2013 年，东部地区商品房成交价为 7771 元/平方米，分别高出中、西部

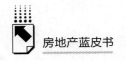

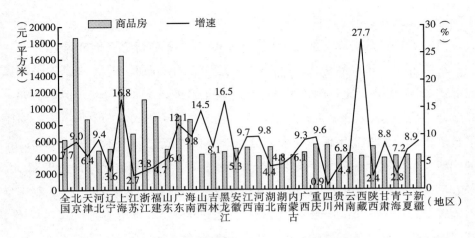

图2　2013年全国及各省份商品房成交价及增长情况

地区3075元/平方米、2886元/平方米。东、中、西部地区商品房成交价同比增长分别为7.7%（与全国持平）、8.7%、4.8%，中部地区商品房成交价增速高于东、西部，东、中部地区增速分别比2012年高1.0、2.4个百分点，西部地区比2012年低4.7个百分点。其中，东、中、西部地区住宅成交价分别为7374元/平方米、4361元/平方米、4520元/平方米，同比增长分别为7.3%、9.5%、5.2%，东、西部地区增速分别比2012年低0.6、3.0个百分点，中部地区增速比2012年高2.8个百分点。东、中、西部地区办公楼成交价分别为15437元/平方米、8785元/平方米、9143元/平方米，同比增长分别为7.0%、−5.5%、4.0%，东部地区增速比2012年高7.9个百分点，中、西部地区分别比2012年低18.0、2.3个百分点。东、中、西部地区商业营业用房成交价分别为11062元/平方米、8156元/平方米、9174元/平方米，同比增长分别为9.8%、7.9%、5.4%，东、中部地区增速分别比2012年高6.5、3.3个百分点，西部地区比2012年低8.9个百分点。

2. 商品房成交量大幅增长，增速创2010年以来新高

2013年，全国商品房成交量大幅增长，增速创2010年以来新高。不同类型、不同区域增长幅度不同。住宅销售面积增速略高于商品房销售面积增速，办公楼销售面积增速高出商品房销售面积增速10.6个百分点，而商业营业用房增速低于商品房增速8.2个百分点。分区域看，东、中、西部地区差异明显，东部地区销售面积及增速均高于中、西部地区。

（1）全国商品房成交量大幅增长，各省份增速差异较大

2013 年，全国商品房销售面积为 130551 万平方米，同比增长 17.3%，比 2012 年高 15.5 个百分点，比 2006 ~ 2013 年销售面积平均增速高 6.0 个百分点（见图 3），创 2010 年以来新高、2006 年以来第三高（2007 年为 25.1%、2009 年为 43.6%）。除 1 ~ 12 月累计外，其余月度累计商品房销售面积增速保持 20% 以上，均高于 2012 年同期水平，但总体上 2013 年商品房销售面积月度累计增速呈下降态势，由 1 ~ 2 月累计的 49.5% 下降到 1 ~ 12 月累计的 17.3%。

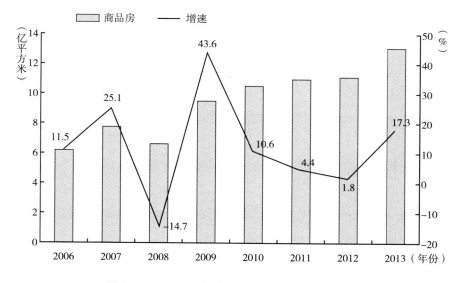

图 3　2006 ~ 2013 年商品房销售面积及增长情况

2013 年商品房销售面积前三位的省份分别是江苏（11455 万平方米）、山东（10330 万平方米）、广东（9836 万平方米），第一位、前三位商品房销售面积占全国的比重分别为 8.8%、24.2%。商品房销售面积增速前三位的省份均超过 40%，分别为青海（45.1%）、福建（43.5%）、新疆（41.0%）；有三个省份呈负增长，分别为北京（-2.1%）、吉林（-9.7%）、黑龙江（-12.7%），首尾增速相差 57.8 个百分点。其中，住宅销售面积为 115723 万平方米，同比增长 17.5%，比 2012 年高 15.5 个百分点，占全国商品房销售面积

的比重为88.6%，比2012年高0.1个百分点。办公楼销售面积为2883万平方米，同比增长27.9%，比2012年高17.3个百分点，商业营业用房销售面积为8469万平方米，同比增长9.1%，比2012年高10.5个百分点。

（2）商品房成交量地区差异明显，东部地区销售面积增速高于中、西部

2013年，东、中、西部地区商品房销售面积分别为63476万平方米、35191万平方米、31883万平方米，同比增长分别为19.3%、16.8%、14.1%，增速分别比2012年高13.6、14.8、19.4个百分点。东部地区商品房销售面积占全国比重为48.6%，比2012年高0.8个百分点。东、中、西部地区住宅销售面积分别为55667万平方米、31573万平方米、28483万平方米，同比增长分别为19.3%、17.3%、14.4%，增速分别比2012年高12.9、15.2、19.9个百分点。东部地区住宅销售面积占全国的比重为48.1%，比2012年高0.7个百分点（见表1）。东、中、西部地区办公楼销售面积分别为1799万平方米、590万平方米、494万平方米，同比分别增长31.4%、40.9%、6.0%，东、中部增速远远高于西部。东、中部地区增速分别比2012年高25.7、31.8个百分点，而西部地区比2012年低36.9个百分点。办公楼销售以东部地区为主，销售面积占全国的比重为62.4%，比2012年高1.7个百分点。东、中、西部地区商业营业用房销售面积分别为3998万平方米、2397万平方米、2074万平方米，同比分别增长9.8%、8.3%、8.8%，增速分别比2012年高9.5、10.6、12.3个百分点。东部地区商业营业用房销售面积占全国的比重为47.2%，比2012年高0.3个百分点。

表1　2013年东、中、西部商品房、住宅销售面积及增长情况

单位：万平方米、%

地　区	商品房		住宅	
	销售面积	同比增长	销售面积	同比增长
东部地区	63476	19.3	55667	19.3
中部地区	35191	16.8	31573	17.3
西部地区	31883	14.1	28483	14.4
全国总计	130550	17.3	115723	17.5

3. 房地产投资增速略有增长，中、西部地区投资增速高于东部

2013 年，房地产投资同比增长近 20%，扭转了 2012 年投资增速较低（1998 年以来第二低）的态势，特别是住宅投资增速比 2012 年（住宅投资增速 1998 以来最低）有较大提高。办公楼投资增速较快，成为 1998 年以来第二高。分区域看，中、西部地区投资增速高于东部。

（1）房地产投资平稳增长，除吉林省外均为正增长

2013 年，全国房地产投资为 86013 亿元，同比增长 19.8%，比 2012 年高 3.6 个百分点，总体上投资增速比较平稳，保持在 20% 左右，从二季度开始均高于 2012 年同期水平。该增速是 2010 年以来第二低，分别低于 1998 ~ 2013 年、2004 ~ 2013 年房地产投资平均增速 3.1 和 4.0 个百分点（见图 4）。投资超过 5000 亿元的有 5 个省份（均在东部地区），江苏第一，为 7241 亿元，最少的是西藏，为 9.7 亿元。增速超过 20% 的省份有 17 个，东、中、西部地区分别占 3 个、5 个、9 个，西藏最高，为 40.8%；低于 5% 的省份有 3 个，吉林最低，为负增长（－4.4%）。其中，住宅投资为 58951 亿元，同比增长 19.4%，比 2012 年高 8.0 个百分点，占房地产投资的比重为 68.5%，比 2012 年低 0.3 个百分点。办公楼投资为 4652 亿元，同比增长 38.2%，比 2012 年高 6.6 个百分点。商业营业用房投资为 11945 亿元，同比增长 28.3%，比 2012 年高 2.9 个百分点。

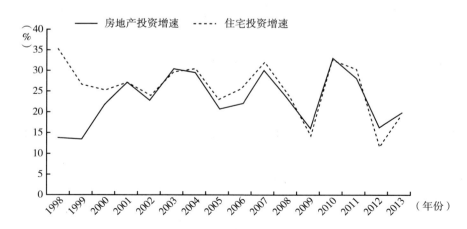

图 4　1998 ~ 2013 年房地产、住宅投资增长情况

（2）房地产投资继续保持东部量大态势，但中、西部投资增速高于东部

2013 年，东、中、西部地区房地产投资分别为 47972 亿元、19045 亿元、18997 亿元，同比增长分别为 18.3%、20.8%、22.6%，增速分别比 2012 年高 4.4、2.5、2.2 个百分点，中、西部地区房地产投资增速均高于东部。东部地区房地产开发投资占全国比重为 55.8%，比 2012 年低 0.7 个百分点。东、中、西部地区住宅投资分别为 32697 亿元、13265 亿元、12989 亿元，同比增长分别为 18.3%、19.9%、21.8%，增速分别比 2012 年高 8.7、7.7、6.3 个百分点。东部地区住宅投资占全国的比重为 55.5%，比 2012 年低 0.5 个百分点。

4. 房地产开发资金增速大幅上升，与销售相关的资金所占比重较高

2013 年，房地产开发资金同比增长为 2010 年以来最高，扭转了连续两年增速较低的状况。其中国内贷款、其他资金增速也均为 2010 年以来最高。与销售相关的定金及预收款以及个人按揭贷款增速同样为 2010 年以来最高。分区域看，房地产开发资金东部地区占比较高，增速高于中、西部地区。

（1）房地产开发资金增速大幅上升，定金及预收款、个人按揭贷款比重提高

2013 年，房地产开发资金为 122122 亿元，同比增长 26.5%，比 2012 年高 13.8 个百分点，房地产开发资金增速总体上保持高位态势，月度数据显示均高于 2012 年同期水平。上半年增速基本在 30% 以上。国内贷款、利用外资、自筹资金、其他资金同比增长分别为 33.1%、32.8%、21.3%、28.9%，增速比 2012 年分别高 19.6、81.6、9.6、14.2 个百分点。房地产开发资金、国内贷款、其他资金增速均为 2010 年以来最高，三者增速分别高于 1998～2013 年平均增速 2.3、11.9、3.5 个百分点（见图 5）。房地产开发资金排在第一位的省份是江苏（12682 亿元），排在最后的是西藏（12.6 亿元）；增速超过 26.5% 的省份有 18 个，西藏最高（54.4%），增速低于 10% 的只有 3 个省份，吉林最低（5.9%）。

2013 年，房地产开发资金结构中，国内贷款占 16.1%，利用外资占 0.4%，自筹资金占 38.8%，其他资金占 44.7%，国内贷款、其他资金比重分别提高 0.8 个百分点，利用外资比重与 2012 年持平，自筹资金比重下降 1.7

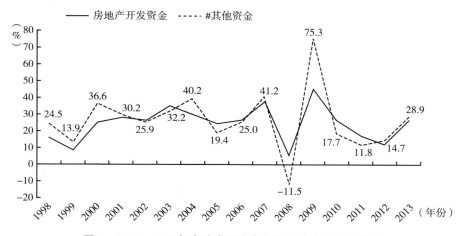

图 5　1998～2013 年房地产开发资金及其他资金增长情况

个百分点。直接体现销售的定金及预收款为 34499 亿元，同比增长 29.9%，比 2012 年高 11.7 个百分点，所占比重为 28.2%，比 2012 年高 0.7 个百分点；个人按揭贷款为 14033 亿元，同比增长 33.3%，比 2012 年高 12.0 个百分点，所占比重为 11.5%，比 2012 年高 0.6 个百分点；二者占全部资金的比重为 39.7%，为 2010 年以来最高，2006 年①以来第三高（见图 6），表明销售旺盛带来了房地产开发资金的高速增长。

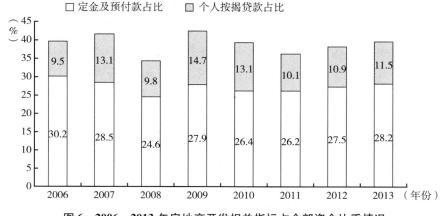

图 6　2006～2013 年房地产开发相关指标占全部资金比重情况

---

①　个人按揭贷款这个指标的数据，在统计年鉴上从 2006 年才开始有。

（2）房地产开发资金东部地区占比较大，东部地区增速高于中、西部

2013 年，东、中、西部地区房地产开发资金分别为 73755 亿元、23931 亿元、24437 亿元，同比分别增长 27.7%、24.6%、24.9%，增速分别比 2012 年高 13.8、6.3、4.5 个百分点。东部地区房地产开发资金在全国比重为 60.4%，比 2012 年高 0.6 个百分点。资金总量处于第一位、前三位、前五位的省份均在东部地区，占全部资金的比重分别为 10.4%、26.2% 和 38.3%，表现出东部地区房地产开发资金集中度较高，风险相对也高。

5. 土地购置面积增速年末由负转正，东部地区土地成交价款增速上升较快

2013 年，土地购置面积增速延续 2012 年负增长态势，1~11 月累计才由负转正。从月度累计看，增速基本上高于 2012 年同期。土地成交价款同比增长扭转了 2012 年下降态势并且上涨很快。分区域看，东部地区土地购置面积、土地成交价款及同比增长均高于中、西部地区。

（1）土地购置面积年末由负转正，土地成交价款增速大幅上升

2013 年，全国土地购置面积为 38814 万平方米，同比增长 8.8%，比 2012 年高 28.3 个百分点，比 1998~2013 年平均增速低 2.9 个百分点，但比 2004~2013 年平均增速高 8 个百分点，可以看出 2004 年以来土地购置面积增速较慢（见图 7）。从 2013 年月度累计看，总体上土地购置面积增速呈上升态势，由最低点（1~3 月累计）−22.0% 上升到（1~11 月累计）9.9% 的正增长，从二季度开始均高于 2012 年同期水平。土地成交价款为 9918 亿元，同比增长 33.9%，比 2012 年高 50.6 个百分点。土地购置面积和成交价款排在第一位的是江苏（4208 万平方米、1084 亿元），排在最后一位的是青海（80.1 万平方米、10.2 亿元）。土地购置面积增速超过 20% 的省份有 13 个，呈现负增长的省份有 11 个。土地成交价款增速超过 33.9% 的省份有 14 个，呈现负增长的省份有 7 个。土地购置面积、土地成交价款增速北京均为第一（196.1%、249.0%），二者增速青海均为最低（−59.3%、−60.5%）。

（2）土地购置面积增速东部地区最高，东部土地成交价款增速上升最快

2013 年，东、中、西部地区土地购置面积分别为 17901 万平方米、11001 万平方米、9912 万平方米，同比分别增长 12.8%、2.9%、8.8%，增速分别比 2012 年高 37.6、19.9、20.8 个百分点。东部地区土地购置面积在全国的比

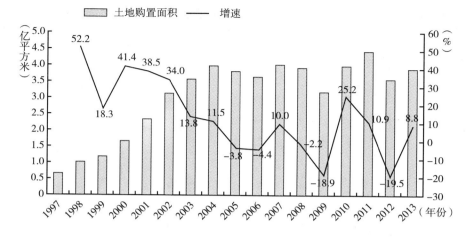

图 7 1997～2013 年土地购置面积及增长情况

重为 46.1%，比 2012 年高 1.6 个百分点。东、中、西部地区土地成交价款分别为 5860 亿元、2207 亿元、1851 亿元，同比增长分别为 44.8%、21.9%、19.3%，比 2012 年分别高 66.7、35.6、23.4 个百分点。东部地区土地成交价款在全国的比重较高，为 59.1%，比 2012 年高 4.5 个百分点。

6. 房屋新开工面积增速比 2012 年有较大提高，扭转了 2012 年负增长态势

2013 年房屋新开工面积增速快于 2012 年，这将有利于未来 1～2 年竣工面积的增长。分区域看，东部地区各类新开工面积均占较大比重，其中办公楼新开工面积增速及所占比重均较高。

（1）房屋、住宅新开工面积增速较快，扭转了 2012 年负增长态势

2013 年，全国房屋新开工面积为 201208 万平方米，同比增长 13.5%，比 2012 年高 20.8 个百分点，是 2010 年以来第二低，分别比 1998～2013 年、2004～2013 年平均增速低 4.6 和 0.4 个百分点（见图 8）。房屋新开工面积增速超过 13.5% 的省份有 15 个，贵州最高，为 48.6%，呈负增长的省份有 9 个，吉林最低为 -22.4%。其中，住宅新开工面积为 145845 万平方米，同比增长 11.6%，比 2012 年高 22.8 个百分点，占全国房屋新开工面积的比重为 72.5%，比 2012 年低 1.3 个百分点；办公楼新开工面积为 6887 万平方米，同比增长 15.0%，比 2012 年高 4.1 个百分点；商业营业

用房新开工面积为 25902 万平方米，同比增长 17.7%，比 2012 年高 11.5 个百分点。

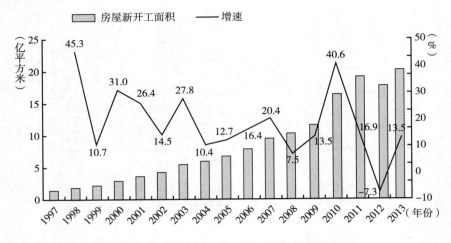

图 8　1997~2003 年房屋新开工面积及增长情况

（2）房屋新开工面积地区差异明显，东部地区办公楼占比较高

2013 年，东、中、西部地区房屋新开工面积分别为 93591 万平方米、55228 万平方米、52389 万平方米，同比增长分别为 12.4%、14.3%、14.4%，增速分别比 2012 年高 24.4、17.7、16.1 个百分点。东部地区房屋新开工面积占全国比重为 46.5%，比 2012 年低 0.4 个百分点。其中，东、中、西部地区住宅新开工面积分别为 66591 万平方米、41857 万平方米、37397 万平方米，同比增长分别为 10.1%、13.9%、11.6%，增速分别比 2012 年高 25.0、22.8、18.1 个百分点。东部地区住宅新开工面积占全国的比重为 45.7%，比 2012 年低 0.6 个百分点。东、中、西部地区办公楼新开工面积分别为 4129 万平方米、1302 万平方米、1456 万平方米，同比分别增长 27.1%、 -5.8%、7.3%，东部地区增速比 2012 年高 33.0 个百分点，中、西地区增速分别比 2012 年低 64.0、19.0 个百分点。东部地区办公楼新开工面积占全国的比重为 60.0%，比 2012 年高 5.7 个百分点，是不同类型新开工面积占比提高最快的。东、中、西部地区商业营业用房新开工面积分别为 11320 万平方米、6995 万平方米、7587 万平方米，同比增长分别为

14.9%、14.6%、25.4%，增速分别比 2012 年高 14.4、2.9、14.7 个百分点。东部地区商业营业用房新开工面积占全国的比重为 43.7%，比 2012 年低 1.1 个百分点。

7. 房屋竣工面积增速创历史最低，住宅增速出现负增长

2013 年，房屋竣工面积增速创 1998 年以来最低，办公楼竣工面积增速与其他类型的房屋竣工面积增速相比提高幅度最大。分区域看，东部地区房屋、住宅、商业营业用房竣工面积占全国的半壁江山，而东部地区办公楼竣工面积占绝大部分，但中部地区不同用途竣工面积增速均高于东、西部。

（1）房屋竣工面积增速创历史最低，办公楼竣工面积增速较快

2013 年，全国房屋竣工面积为 101435 万平方米，同比增长 2.0%，比 2012 年低 5.3 个百分点，创 1998 年以来最低，分别低于 1998～2013 年、2004～2013 年平均增速 10.3 和 7.4 个百分点（见图 9）。在全国各省份中房屋竣工面积超过 5000 万平方米的有 7 个省份，东部地区占 4 个，江苏排在第一位，为 9712 万平方米。房屋竣工面积低于 1000 万平方米的有 4 个省份，西部地区占 3 个，西藏排在最后，为 18.1 万平方米。房屋竣工面积增速超过 10% 的省份有 9 个，增速排在第一位的是西藏（96.1%）；增速为负的省份有 14 个，海南最低，为 –28.8%。其中，住宅竣工面积为 78741 万平方米，同比减少 0.4%，比 2012 年低 6.8 个百分点，创 1998 年以来最低，分别低

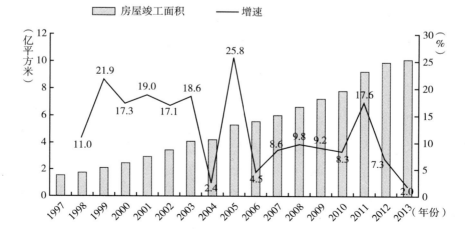

图 9　1997～2013 年房屋竣工面积及增长情况

于 1998～2013 年、2004～2013 年平均增速 12.6 和 9.2 个百分点。住宅竣工面积占全国房屋竣工面积的比重为 77.6%，比 2012 年低 1.9 个百分点。办公楼竣工面积为 2789 万平方米，同比增长 20.5%，比 2012 年高 18.4 个百分点；商业营业用房竣工面积为 10852 万平方米，同比增长 6.1%，比 2012 年低 1.9 个百分点。

（2）竣工面积东部地区占比较高，中部地区增速高于东、西部

2013 年，东、中、西部地区房屋竣工面积分别为 50480 万平方米、28042 万平方米、22913 万平方米，同比增长分别为 2.0%、6.9%、－3.4%，东、西部地区增速分别比 2012 年低 3.7、21.1 个百分点，中部地区比 2012 年高 4.7 个百分点。东部地区房屋竣工面积占全国比重为 49.8%，与 2012 年持平。其中，东、中、西部地区住宅竣工面积分别为 38210 万平方米、22537 万平方米、17994 万平方米，同比增长分别为 0.4%、4.2%、－7.0%，与房屋竣工面积一样，东、西部地区增速分别比 2012 年低 4.6、23.8 个百分点，中部地区比 2012 年高 3.7 个百分点。东部地区住宅竣工面积占全国的比重为 48.5%，比 2012 年高 0.3 个百分点。东、中、西部地区办公楼竣工面积分别为 1932 万平方米、459 万平方米、398 万平方米，同比增长分别为 16.2%、58.1%、10.0%，东、中部地区增速分别比 2012 年高 15.2、71.0 个百分点，中部地区增速上升很快，西部地区增速则比 2012 年低 16.3 个百分点。东部地区办公楼竣工面积占全国的比重为 69.3%，比 2012 年低 2.5 个百分点。东、中、西部地区商业营业用房竣工面积分别为 5038 万平方米、3242 万平方米、2572 万平方米，同比增长分别为 －0.5%、14.4%、10.4%，东、西部地区增速分别比 2012 年低 6.3、2.4 个百分点，中部地区增速比 2012 年高 6.2 个百分点。东部地区商业营业用房竣工面积占全国的比重为 46.4%，比 2012 年低 3.1 个百分点。

二 35 个大中城市房地产市场主要指标比较

35 个大中城市房地产市场指标比较，以 2013 年 6 个指标增速比较为主，同时增加了各城市不同用途住房成交价的比较。总体上看，6 个指标和 2012 年比呈现"四升两降"的特征。"四升"的指标分别为商品房成交价增速、商

品房销售面积增速、土地购置面积增速、房屋新开工面积增速，"两降"是指房地产开发投资增速、房屋竣工面积增速下降，特别是房屋竣工面积增速不仅下降而且是负增长。

2013 年 35 个大中城市房地产市场 6 个主要指标的具体情况是：不同用途房价深圳第一，商品房、住宅成交价增速也是深圳居首位；商品房、住宅销售面积增速西宁最高；房屋、住宅竣工面积增速济南最高；房地产开发投资、住宅投资增速海口最高；土地购置面积增速宁波最高；房屋、住宅新开工面积增速长沙最高。

（一）2013 年 35 个大中城市商品房成交价增速略超 2012 年，商品房成交价及其增速最高的城市是深圳

1. 2013 年 35 个大中城市商品房成交价增速比 2012 年高出 1.6 个百分点

2013 年，35 个大中城市商品房成交价为 8841 元/平方米，同比增长 8.5%，比全国高出 0.8 个百分点，增速超过 2012 年 1.6 个百分点，成交价高出全国商品房 2604 元/平方米。其中住宅、办公楼、商业营业用房成交价分别为 8284 元/平方米、15708 元/平方米、14181 元/平方米，分别增长 8.3%、7.5%、10.0%，增速比 2012 年分别高 0.3、9.0、4.4 个百分点，住宅、办公楼、商业营业用房成交价分别高出全国 2434 元/平方米、2711 元/平方米、4404 元/平方米。

2. 35 个大中城市商品房、住宅、办公楼、商业营业用房成交价深圳均居首位

2013 年，35 个大中城市中商品房、住宅成交价排名前三位的分别是深圳、上海、北京，广州、杭州分别位列第四和第五，一线城市引领房价的格局没有变化，排名前十位的均是东部城市。35 个大中城市中有 9 个城市商品房成交价超过 8841 元/平方米，有 10 个城市住宅成交价超过 8284 元/平方米。商品房、住宅成交价排名后三位的分别是贵阳、银川、西宁。商品房、住宅成交价最高的深圳分别是最低的西宁的 5.27 倍、5.35 倍。在 35 个大中城市中，商品房成交价低于 5000 元/平方米的城市由 2012 年的 4 个减少为 2 个，分别为银川和西宁；住宅成交价低于 5000 元/平方米的城市由 2012 年的 6 个减少为

5个，其中4个是西部城市。

办公楼成交价超过15708元/平方米的有8个城市，西部城市南宁入列，位于第八位，价格最高的深圳是最低的大连的6.03倍。商业营业用房成交价超过14181元/平方米的14个城市中，东部城市有9个，西部城市有4个，中部城市仅1个，价格最高的深圳是最低的银川的4.39倍。

3. 35个大中城市商品房成交价增速深圳仍居首位

2013年，35个大中城市商品房成交价增速超过平均值的城市有15个，深圳最高为24.6%，呼和浩特最低28.5个百分点。这15个城市中，东部城市有9个，中部城市有4个，西部城市仅有2个。商品房成交价增速低于平均值的城市有20个，其中有4个城市呈现负增长，包括3个西部城市和1个东部城市。

住宅成交价增速超过平均值的有14个城市，其中，东部城市有7个，中部城市有4个，西部城市有3个；增速最高的深圳比最低的福州高27.9个百分点。增速低于平均值的城市有21个，其中负增长的城市有2个，分别为呼和浩特（-3.5%）和福州（-4.6%）。

2013年，35个大中城市办公楼、商业营业用房成交价增速没有明显的地区差异，东、中、西部都有增速较高和较低的城市。其中，办公楼成交价增速最高的银川比最低的大连高出125.4个百分点；商业营业用房增速最高的福州比增速最低的海口高出123.0个百分点。办公楼成交价增速超过平均增速的城市有11个，其中增速超过20%的城市有5个。增速低于平均增速的城市有24个，其中有14个城市呈负增长。商业营业用房成交价增速超过平均增速的城市有18个，其中增速超过20%的城市有13个，增速低于平均增速的城市有17个，其中有12个城市呈负增长（见表2）。

（二）35个大中城市商品房销售面积增速比2012年大幅提高，增速西宁最高、呼和浩特最低

2013年，35个大中城市商品房销售面积为4.56亿平方米，占全国同期商品房销售面积的34.9%，同比增长14.6%，增速高出2012年7.3个百分点，但低于全国同期2.7个百分点。其中住宅销售面积为3.98亿平方米，占全国

表 2　2013 年 35 个大中城市不同用途房价、增速比较

城市	2013 年成交价（元/平方米）								2013 年增速（%）							
	商品房	排序	#住宅	排序	#办公楼	排序	#商业营业用房	排序	商品房	排序	#住宅	排序	#办公楼	排序	#商业营业用房	排序
平　均	8841	—	8284	—	15708	—	14181	—	8.5	—	8.3	—	7.5	—	10.0	—
北　京	18553	2	17854	2	23426	3	26405	4	9.0	13	7.9	16	5.9	14	29.0	11
天　津	8746	10	8390	10	11441	15	16550	12	6.4	17	4.7	22	-14.3	29	27.2	12
石家庄	5503	31	4943	31	8896	27	8695	33	11.6	9	4.9	21	6.1	12	20.1	13
太　原	7158	17	6668	17	13758	12	17336	11	5.2	19	4.1	23	31.4	3	-13.7	31
呼和浩特	5233	32	4631	32	8193	28	9449	31	-3.9	35	-3.5	34	12.7	7	-13.2	30
沈　阳	6348	22	6074	23	10671	18	8715	32	0.4	31	1.4	30	-5.5	26	-10.3	28
大　连	8263	12	7859	12	6489	35	13917	16	3.2	24	3.6	25	-58.0	35	10.0	19
长　春	6026	27	5729	27	6831	34	10064	28	8.8	15	8.6	14	-21.2	32	37.4	7
哈尔滨	6194	25	5884	24	7895	32	10024	30	12.3	7	15.1	5	-4.2	24	5.5	21
上　海	16420	3	16192	3	23623	2	19294	8	16.8	2	16.7	2	12.5	8	19.0	15
南　京	11495	7	11078	8	17939	7	19714	7	13.7	6	14.5	6	8.8	11	10.5	18
杭　州	15022	5	14679	4	19331	6	17511	9	11.7	8	10.4	11	12.1	9	39.5	6
宁　波	11100	9	11405	7	9751	23	13732	18	-1.2	32	0.2	33	3.3	17	-9.4	27
合　肥	6283	24	6084	22	8117	30	10043	29	2.1	27	5.7	17	-4.8	25	-18.3	33
福　州	11236	8	10155	9	19832	5	30992	2	0.4	30	-4.6	35	20.3	5	84.7	1
厦　门	13625	6	14551	5	14590	11	26589	3	10.9	10	12.3	9	6.0	13	30.0	10

续表

城市	2013年成交价（元/平方米）								2013年增速（%）							
	商品房	排序	#住宅	排序	#办公楼	排序	#商业营业用房	排序	商品房	排序	#住宅	排序	#办公楼	排序	#商业营业用房	排序
南昌	7101	19	6639	18	9960	22	12328	22	10.6	11	12.9	7	-10.9	28	36.4	8
济南	7152	18	7013	15	10335	19	12557	21	4.7	22	5.5	18	2.5	19	0.1	23
青岛	8435	11	7987	11	14767	10	14000	15	4.7	21	5.3	19	26.2	4	-1.3	24
郑州	7162	16	6587	19	9747	24	11994	23	14.5	5	16.7	3	3.1	18	-12.3	29
武汉	7717	13	7238	14	9372	25	13903	17	5.1	20	5.0	20	-30.1	33	5.7	20
长沙	6292	23	5759	26	12148	13	12826	19	3.1	25	2.8	27	-0.8	22	-1.8	25
广州	15330	4	13954	6	22914	4	23575	5	16.5	3	16.3	4	0.8	20	30.5	9
深圳	24402	1	23427	1	39132	1	34686	1	24.6	1	23.3	1	-6.4	27	40.0	5
南宁	6959	20	6155	21	16677	8	22496	6	15.9	4	9.5	12	-14.3	30	79.9	2
海口	7423	14	7342	13	15278	9	10496	27	8.8	14	12.7	8	-49.6	34	-38.3	35
重庆	5569	30	5239	30	11370	16	10780	26	9.6	12	9.0	13	-1.1	23	12.6	17
成都	7197	15	6708	16	10095	20	14781	14	-1.3	33	0.4	31	9.6	10	-9.2	26
贵阳	5025	33	4488	34	7591	33	14867	13	3.7	23	0.3	32	-19.5	31	42.3	4
昆明	5795	29	5615	28	10049	21	7927	34	0.9	29	3.9	24	19.0	6	-24.7	34
西安	6716	21	6435	20	8964	26	11679	24	1.2	28	3.4	26	4.6	15	-13.9	32
兰州	5868	28	5520	29	10896	17	11190	25	3.0	26	1.8	28	32.7	2	17.8	16
西宁	4628	35	4380	35	8168	29	17451	10	-1.9	34	1.8	29	3.4	16	59.4	3
银川	4856	34	4524	33	7992	31	7895	35	6.2	18	8.0	15	67.4	1	4.1	22
乌鲁木齐	6111	26	5858	25	11891	14	12763	20	8.4	16	11.5	10	0.7	21	19.0	14

同期商品住宅销售面积的 34.4%，同比增长 24.4%，比 2012 年高 15.9 个百分点，比全国同期高 6.9 个百分点。2013 年 35 个大中城市的商品房、住宅销售面积平均增速均比 2012 年有将近 1 倍的增长，其中西宁增幅最大，增速分别为 56.9% 和 64.0%，比最低的呼和浩特分别高 69.0 和 82.0 个百分点。

2013 年，35 个大中城市商品房、住宅销售面积增速超过平均值的城市分别为 22 个和 15 个，呈现负增长的城市分别比 2012 年减少了 6 个和 5 个。2013 年，商品房、住宅销售面积增速最低的 3 个城市分别为长春、沈阳、呼和浩特和北京、沈阳、呼和浩特。实际上，北京商品房销售面积也呈负增长，排倒数第四位（见表 3）。

表 3　2013 年 35 个大中城市商品房销售面积增速比较

单位：%

城　市	商品房	排序	#住宅	排序	城　市	商品房	排序	#住宅	排序
平　　均	14.6	—	24.4	—	平　　均	14.6	—	24.4	—
北　京	-2.1	32	-8.1	33	青　岛	22.0	18	24.7	15
天　津	11.2	27	13.8	22	郑　州	12.5	24	7.1	28
石　家　庄	23.7	17	12.3	24	武　汉	26.6	12	25.9	14
太　原	30.3	7	30.2	7	长　沙	21.9	20	19.8	19
呼和浩特	-12.1	35	-17.9	35	广　州	27.5	10	23.9	16
沈　阳	-8.4	34	-8.4	34	深　圳	11.9	25	7.9	27
大　连	13.5	23	14.2	21	南　宁	11.7	26	10.0	25
长　春	-6.7	33	-1.6	32	海　口	26.7	11	26.9	9
哈　尔　滨	14.7	22	18.9	20	重　庆	6.5	29	6.2	29
上　海	25.5	13	26.6	11	成　都	3.7	31	5.4	30
南　京	28.5	8	30.5	6	贵　阳	25.2	14	20.8	18
杭　州	4.5	30	5.3	31	昆　明	15.2	21	13.5	23
宁　波	23.7	16	26.9	10	西　安	6.5	28	8.5	26
合　肥	31.0	6	29.9	8	兰　州	33.2	5	34.3	5
福　州	49.3	2	50.6	2	西　宁	56.9	1	64.0	1
厦　门	27.8	9	21.1	17	银　川	35.9	4	39.9	4
南　昌	22.0	19	26.3	12	乌鲁木齐	44.1	3	44.8	3
济　南	24.7	15	26.0	13	—	—	—	—	—

（三）35 个大中城市房屋、住宅竣工面积均呈负增长，二者增速最高的是济南、最低的是南宁

2013 年，35 个大中城市房屋竣工面积为 3.64 亿平方米，占全国同期商品

房竣工面积的 35.9%，同比下降了 4.4%，增速比 2012 年低 13.9 个百分点，低于全国同期 6.6 个百分点。其中住宅竣工面积为 2.66 亿平方米，占全国同期住宅竣工面积的 33.7%，同比下降 8.3%，增速比 2012 年低 17.6 个百分点，低于全国同期 7.9 个百分点。2013 年 35 个大中城市房屋、住宅竣工面积负增长的城市比 2012 年分别增加了 5 个和 7 个。一线城市中广州、深圳、上海的房屋、住宅竣工面积均呈负增长。

2013 年，35 个大中城市房屋、住宅竣工面积增速超过平均值的城市分别为 17 个和 19 个，各城市之间增速差别较大，房屋、住宅竣工面积增速最高的济南比增速最低的南宁分别高 114.5 个百分点和 122.8 个百分点。房屋竣工面积增速排在第二、第三位的分别是合肥（55.84%）和福州（55.81%），增速排在倒数第二、第三位的分别是南京（-38.8%）和海口（-36.6%）。住宅竣工面积增速排在第二、第三位的分别是福州（50.5%）和合肥（47.8%），增速排在倒数第二、第三位的分别南京（-44.6%）和武汉（41.2%）（见表4）。

表4　2013 年 35 个大中城市竣工面积增速比较

单位：%

城　市	商品房	排序	#住宅	排序	城　市	商品房	排序	#住宅	排序
平　　均	-4.4	—	-8.3	—	平　　均	-4.4	—	-8.3	—
北　京	11.5	8	11.1	8	青　岛	-21.0	27	-27.3	29
天　津	10.3	11	10.6	9	郑　州	-21.5	28	-27.1	28
石 家 庄	-0.6	15	-7.4	19	武　汉	-35.6	31	-41.2	33
太　原	7.6	12	4.9	11	长　沙	-0.03	14	-5.6	16
呼和浩特	11.8	7	6.2	10	广　州	-11.6	23	-11.4	20
沈　阳	-29.4	30	-25.2	26	深　圳	-17.0	25	-32.2	30
大　连	39.5	5	44.6	4	南　宁	-51.0	35	-55.0	35
长　春	10.3	10	4.4	12	海　口	-36.6	33	-35.4	31
哈 尔 滨	-3.5	17	-5.9	17	重　庆	-4.7	19	-15.3	24
上　海	-2.2	16	-11.9	21	成　都	-10.8	22	-14.9	23
南　京	-38.8	34	-44.6	34	贵　阳	21.8	6	20.9	7
杭　州	11.1	9	25.4	6	昆　明	-4.3	18	-3.8	15
宁　波	3.3	13	-12.8	22	西　安	-25.2	29	-26.6	27
合　肥	55.84	2	47.8	3	兰　州	-5.8	20	-0.5	13
福　州	55.81	3	50.5	2	西　宁	45.2	4	30.5	5
厦　门	-18.6	26	-0.7	14	银　川	-13.6	24	-17.4	25
南　昌	-10.6	21	-6.1	18	乌鲁木齐	-35.7	32	-35.7	32
济　南	63.5	1	67.8	1	—	—	—	—	—

（四）35 个大中城市房地产开发投资增速略有下降，住宅开发投资增速有所上升，二者增速最高的是海口、最低的是长春

2013 年，35 个大中城市房地产开发投资、住宅投资分别为 4.18 万亿元和 2.70 万亿元，同比增长 16.1% 和 17.4%，增速分别比 2012 年低 0.5 个百分点和高 5.4 个百分点，分别低于全国同期 3.7 和 2.0 个百分点。其投资额分别占全国同期房地产开发投资、住宅投资的 48.6% 和 45.8%，比 2012 年分别低 1.1 和 1.0 个百分点。这种情况会在一定程度上影响今后 2~3 年的房屋供应。2013 年 35 个大中城市房地产开发投资增速超过平均值的有 19 个城市，比 2012 年减少了 2 个城市。增速最高的 3 个城市分别为海口、昆明、郑州。增速低于 10% 的城市有 6 个，分别为哈尔滨、济南、贵阳、南京、厦门和长春，其中长春的房地产开发投资为负增长。4 个一线城市中房地产开发投资增速深圳（19.0%）、上海（18.4%）略高于平均值，广州（14.7%）、北京（10.5%）则低于平均值。

住宅投资增速超过平均增速的城市有 14 个，一线城市只有深圳入列，位于第九。住宅投资增速最高的 3 个城市分别为海口、昆明、福州。住宅投资增速低于 10% 的有 8 个城市，比 2012 年减少 7 个城市，其中只有 1 个城市为负增长，比 2012 年减少 5 个城市（见表 5）。

表5　2013 年 35 个大中城市房地产开发投资增速比较

单位：%

城　　市	投资	排序	#住宅	排序	城　　市	投资	排序	#住宅	排序
平　　均	16.1	—	17.4	—	平　　均	16.1	—	17.4	—
北　　京	10.5	29	5.9	31	青　　岛	12.5	24	12.3	22
天　　津	17.5	19	17.0	15	郑　　州	32.0	3	34.8	4
石 家 庄	11.4	28	4.0	34	武　　汉	21.0	13	26.2	7
太　　原	15.9	21	16.8	17	长　　沙	11.9	26	9.8	28
呼和浩特	29.8	5	29.8	6	广　　州	14.7	23	14.9	20
沈　　阳	12.4	25	18.3	14	深　　圳	19.0	16	24.4	9
大　　连	22.5	10	19.2	12	南　　宁	14.8	22	19.1	13

城　市	投资	排序	#住宅	排序	城　市	投资	排序	#住宅	排序
长　春	-5.8	35	-11.7	35	海　口	46.0	1	58.0	1
哈尔滨	8.7	30	7.2	30	重　庆	20.1	14	19.8	11
上　海	18.4	17	11.3	24	成　都	11.8	27	10.2	27
南　京	6.8	33	10.3	26	贵　阳	8.5	32	10.5	25
杭　州	16.0	20	16.8	16	昆　明	40.5	2	48.3	2
宁　波	27.0	6	24.6	8	西　安	23.8	7	22.2	10
合　肥	21.0	12	16.6	18	兰　州	22.7	8	29.8	5
福　州	30.1	4	37.7	3	西　宁	22.1	11	4.9	33
厦　门	2.5	34	5.1	32	银　川	20.0	15	11.5	23
南　昌	17.9	18	9.0	29	乌鲁木齐	22.6	9	14.0	21
济　南	8.7	31	15.4	19	—				

（五）35 个大中城市土地购置面积增速大幅上升，增速宁波最高、西宁最低

2013 年，35 个大中城市土地购置面积 1.26 万亿平方米，占全国土地购置面积的 32.4%，同比增长 14.5%，比 2012 年提高了 34.2 个百分点，扭转了 2012 年负增长态势，高出全国同期 5.7 个百分点。各城市增速差别较大，其中增速超过 100% 的城市有 7 个，比 2012 年增加 5 个城市。增速最高的 3 个城市为宁波（318.5%）、北京（196.1%）和兰州（164.4%），增速最高的宁波比增速最低的西宁高 398.9 个百分点。兰州、乌鲁木齐、贵阳等西部城市的土地购置面积增速也大幅上升。

2013 年，35 个大中城市中土地购置面积下降幅度超过平均值的城市有 19 个，北京、上海、深圳、广州等一线城市位例其中，有 12 个城市土地购置面积为负增长，下降幅度超过 40% 的有 3 个城市，比 2012 年减少了 10 个（见表 6），土地购置面积增速的上升态势有利于今后 3～5 年的房屋供应。

表6 2013 年 35 个大中城市土地购置面积增速比较

单位：%

城 市	增速	排序	城 市	增速	排序	城 市	增速	排序
平 均	14.5	—	平 均	14.5	—	平 均	14.5	—
北 京	196.1	2	宁 波	318.5	1	南 宁	-20.8	26
天 津	-29.7	28	合 肥	38.2	17	海 口	-59.2	33
石 家 庄	-69.7	34	福 州	82.2	10	重 庆	-13.1	24
太 原	104.5	6	厦 门	-33.8	30	成 都	78.1	12
呼和浩特	-29.9	29	南 昌	98.6	9	贵 阳	115.3	5
沈 阳	6.1	21	济 南	-20.2	25	昆 明	72.7	13
大 连	-34.0	31	青 岛	80.4	11	西 安	98.7	8
长 春	-39.1	32	郑 州	32.0	18	兰 州	164.4	3
哈 尔 滨	-20.8	27	武 汉	10.0	20	西 宁	-80.4	35
上 海	40.3	15	长 沙	47.5	14	银 川	-2.5	23
南 京	0.4	22	广 州	27.4	19	乌鲁木齐	118.4	4
杭 州	102.6	7	深 圳	38.6	16			

（六）35 个大中城市房屋、住宅新开工面积增速由负转正，二者增速长沙最高、太原和哈尔滨最低

2013 年，35 个大中城市房屋新开工面积 7.07 万亿平方米，占全国同期房屋新开工面积的 35.2%，同比增长 14.2%，增速比 2012 年高 23.0 个百分点，比全国同期高 0.7 个百分点。其中，住宅新开工面积 4.77 万亿平方米，占全国同期住宅新开工面积的 32.7%，同比增长 13.6%，增速比 2012 年提高 28.1 个百分点，比全国同期高 2.0 个百分点。35 个大中城市房屋、住宅新开工面积出现负增长的城市分别为 9 个和 13 个，比 2012 年分别减少了 11 个和 9 个。新开工面积增速提高有利于 2015～2016 年的房屋供给。

2013 年，35 个大中城市房屋、住宅新开工面积增速相差较大，房屋新开工面积增速最高的长沙比最低的太原高 70.3 个百分点，住宅新开工面积增速最高的长沙比最低的哈尔滨高 88.8 个百分点。房屋、住宅新开工面积增速超过平均值的城市分别为 15 个和 16 个。一线城市深圳、广州的新开

工面积增速较高，尤其是深圳，房屋、住宅新开工面积增速均列第 2 位
（见表 7）。

表7　2013 年 35 个大中城市新开工面积增速比较

单位：%

城　市	房屋	排序	#住宅	排序	城　市	房屋	排序	#住宅	排序
平　　均	14.2	—	13.6	—	平　　均	14.2	—	13.6	—
北　京	11.0	19	6.7	21	青　岛	4.9	23	-5.0	28
天　津	4.2	24	-1.1	23	郑　州	29.7	9	45.0	4
石 家 庄	-9.5	30	-14.3	33	武　汉	31.5	6	28.7	9
太　原	-17.1	35	-3.2	25	长　沙	53.2	1	71.3	1
呼和浩特	30.4	8	44.5	5	广　州	38.0	5	36.8	7
沈　阳	-5.3	28	-5.9	29	深　圳	50.9	2	62.0	2
大　连	24.1	12	26.5	11	南　宁	4.0	25	12.4	17
长　春	-8.4	29	-3.5	26	海　口	5.5	22	-4.7	27
哈 尔 滨	-15.0	33	-17.5	35	重　庆	31.4	7	24.0	12
上　海	-0.7	27	5.1	22	成　都	13.5	16	13.8	16
南　京	19.3	13	29.1	8	贵　阳	17.4	14	41.9	6
杭　州	12.3	17	11.3	19	昆　明	9.4	21	11.6	18
宁　波	24.9	11	20.8	14	西　安	-9.7	31	-16.5	34
合　肥	48.5	3	54.3	3	兰　州	-12.3	32	-13.6	32
福　州	16.6	15	14.5	15	西　宁	1.5	26	-9.4	30
厦　门	-15.7	34	-12.4	31	银　川	25.6	10	23.8	13
南　昌	10.1	20	10.6	20	乌鲁木齐	41.6	4	26.8	10
济　南	11.5	18	-1.4	24	—	—	—	—	—

三　房地产市场存在的问题

2013 年中国房地产市场存在的问题，既包括 2013 年度的突出问题，也
包括长期存在的问题。主要包括以下几方面：土地价格上涨过快，加剧房价
上涨压力，增加金融系统风险；二手房的交易成本过高，不利于市场结构的
合理调整；农业转移人口无力在工作地购房、住房需求的异地释放，造成土
地及住房资源的浪费；房地产市场进一步分化，部分中小城市的房地产市场

风险加大；缺乏房地产市场稳定健康发展的长效机制，一些长期性问题依然存在。

（一）土地价格上涨过快，加剧房价上涨压力，增加金融系统风险

2013 年全国土地成交价格大幅上涨。2011 年全国土地成交的平均价格为 2006 元/平方米，比 2010 年下降 2%；2012 年全国土地成交的平均价格为 2077 元/平方米，比 2011 年上涨 4%；而 2013 年全国土地成交的平均价格为 2555 元/平方米，比 2012 年上涨了 23%（见图 10）。按土地用途分类看，住宅地价的上涨幅度高于商服地价和工业地价。国土资源部对全国 105 个城市地价监测的结果显示，2013 年一至四季度，住宅地价的环比涨幅一直在扩大，商服地价起伏较大，工业地价涨幅较小。从全年看，监测城市综合地价比上年上涨 7.02%，其中住宅地价上涨 8.95%，商服地价上涨 7.93%，工业地价上涨 4.45%，住宅地价的年度上涨幅度高于商服地价和工业地价。

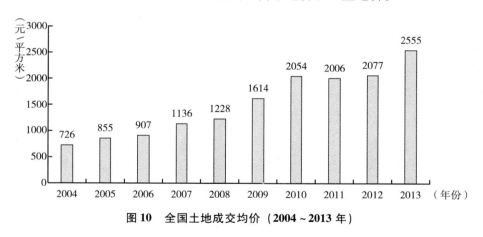

图 10　全国土地成交均价（2004～2013 年）

土地价格的过快上涨，尤其是住宅用地价格的上涨，将加剧房价尤其是住房价格上涨的压力。土地价格的上涨不仅直接增加了房地产开发的土地成本，而且影响房地产市场对未来房价的预期，从而间接影响交易价格。土地价格的过快上涨还会增加金融系统风险。在我国的金融体系中，无论是地方政府融资，还是企业融资，土地都是重要的抵押品，大量贷款以土地为抵押，土地价格的大幅波动，无疑会给银行等金融机构带来更大的信贷风险。

（二）二手房交易成本过高，不利于市场结构的合理调整

2013年3月1日，国务院办公厅发布《关于继续做好房地产市场调控工作的通知》（国办发〔2013〕17号），要求"对出售自有住房按规定应征收的个人所得税，通过税收征管、房屋登记等历史信息能核实房屋原值的，应依法严格按转让所得的20%计征"。这使得二手房的交易成本进一步提高。以已在税务、住房与城乡建设部门登记房屋原值的二手商品住房为例，二手商品房交易所需缴纳的税费，除了与新建商品住房交易相同的契税（非减免情况为成交价格的3%）、印花税（成交价格的0.1%）以外，还要缴纳营业税（非减免情况为成交价格的5.5%）、个人所得税（成交价格扣除原购买价格以及装修费用等后的20%）；而新建商品住房交易所需缴纳的税费除了与二手商品住房交易相同的契税和印花税以外，需要缴纳的登记费、办证费等仅有几百元（各地情况略有差异），远低于二手商品住房交易动辄上万元甚至几十万元的营业税和个人所得税。

实施住房限购政策之前，增加二手房的交易成本，可以部分抑制房地产市场中的投机行为；而在实施住房限购政策之后，仍然提高二手房的交易税费，则会抑制二手房的有效流转，不利于市场结构的合理调整。截至2012年底，我国城镇人均住房建筑面积32.9平方米，农村居民人均住房面积37.1平方米。可见，我国的人均住房面积并不小，解决住房市场的结构问题更为重要。同时，二手房交易成本过高，使更多的购房者转向新建住房，导致新建住房价格快速上涨。虽然新建住房的土地出让、开发销售等可以给政府财政带来更多的财政收入，但是，在抑制存量房市场交易的情况下，大量开发建设新房将不必要地耗费本已稀缺的房地产资源。

（三）农业转移人口住房需求的异地释放，造成土地及住房资源的浪费

多年来，我国实行的一直是城乡二元的土地制度和住房制度。在城乡二元土地制度和住房制度设计之初，我国城乡居民的住房配置按户籍分为两大类：一是农业户籍人口在农村配置宅基地和自建住房；二是非农业户籍人口在城市

配置公房。在城镇住房分配货币化改革后，城镇住房市场逐步建立和发展，公房上市流通。然而，农村的宅基地和住房的分配方式基本未变，"一户一宅""无偿取得和使用""限制流转和抵押"依然是农村住房制度的基本特征。虽然有的地方通过"宅基地换房"、城乡统筹试点等方式探索宅基地及住房的流转，但是绝大部分农村的宅基地和自建住房仍然只能在房屋所在地农村集体经济组织成员内部买卖，不能在市场上自由流转。

随着我国城镇化、工业化进程的推进，越来越多的人口从农村转移到城镇，从农业转移到非农产业。而且，农业转移人口迁移到城市的家庭化特征日益明显。与此同时，农业转移人口在农村老家的宅基地和住房，其利用率不断降低，部分甚至被完全闲置。然而，在现行土地制度和住房制度下，农村宅基地和住房既不能有效流转，又缺乏退出激励机制，所以，绝大部分农业转移人口在农村老家保留着自家的宅基地和住房。

同时，由于农业转移人口的收入与其工作城市的住房价格之间差距大，大部分农业转移人口无力在其工作城市购买住房。加之，农业转移人口的流动性强，相当一部分农业转移人口选择在农村老家或者老家附近的县城等地建房或购房。尤其是近年来，以农民工为主体的农业转移人口的收入得到较快增长，选择在老家县城购房的情况有所增加。农业转移人口在日常工作和居住的城市以外异地置业，可以说是一种农业转移人口住房需求的异地释放，也是一种将自住性需求扭曲为异地投资需求的不合理现象。这无疑造成了土地及住房资源的浪费，也增加了部分中小城镇的房地产市场风险，是房地产市场亟须解决的问题。

（四）房地产市场进一步分化，部分中小城市房地产市场风险加大

经过十几年的发展，中国房地产市场分化的趋势日益明显。一是 35 个大中城市在全国房地产市场中所占的份额逐渐减少，而其他城市在全国房地产市场中所占的份额逐渐增加。根据国家统计局的统计，35 个大中城市商品住宅销售面积占全国的比重，从 2002 年的 51.6% 下降到 2013 年的 37.1%，下降了 14.5 个百分点（见图 11）。二是 35 个大中城市的房地产市场进一步分化，人口规模较

大的城市住房销售面积增长速度明显低于人口规模较小的城市。35 个大中城市中，人口规模（以 2012 年末总人口为准）在 1000 万以上的城市，2013 年商品住宅销售面积平均同比增幅为 8%；400 万～1000 万人口规模的城市，平均同比增幅为 19%；人口规模在 400 万以下的城市，平均同比增幅为 27%。

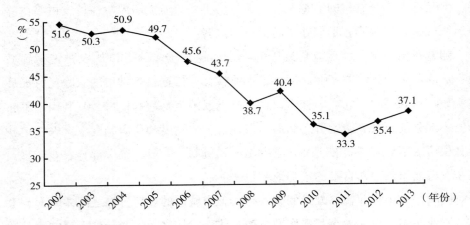

图11 2002～2013 年 35 个大中城市住房销售面积占全国的比重

然而，35 个大中城市中人口规模较小的城市及其他中小城市乃至小城镇房地产市场的快速发展、住房销售份额的显著增加，与人口的流向并不一致，从而使其房地产市场发展的不确定性增加，部分中小城市的房地产市场风险加大。由于统计数据所限，仅能对比 35 个大中城市的住房销售和人口变动情况：在 35 个大中城市中，人口规模（以 2012 年末总人口为准）在 1000 万以上的城市，2010～2012 年人口平均增幅为 3.1%；400 万～1000 万人口规模的城市，2010～2012 年人口平均增幅为 1.2%；人口规模在 400 万以下的城市，2010～2012 年人口平均增幅为 −1.0%。人口变动情况与住房销售情况形成了鲜明的对比，人口增幅较大的城市住房销售面积增幅较小，人口出现负增长的城市反而住房销售面积大幅增加。同时，尽管外出农民工向大中城市集中趋势明显，但近年来中小城市房地产开发投资迅速增长，尤其是 35 个大中城市以外的城市。这从一定程度上反映出部分中小城市的房地产市场将面临较大的风险。

（五）缺乏房地产市场稳定发展的长效机制，一些长期性问题依然存在

虽然历年的房地产调控取得了一定的成效，但是我国房地产市场存在的一些长期性问题仍然未得到较好的解决。例如，总体而言，我国大城市住房价格较高，政府对房价的调控效果与社会预期相比存在较大落差；地方政府过度依赖土地财政，对调控土地价格和住房价格的动力不足，中央调控政策的落实也受到一定影响；保障性住房的融资、分配与管理等方面均存在较大的问题；等等。

这与缺乏房地产市场稳定发展的长效机制密切相关。缺乏房地产市场稳定发展的长效机制，首先表现在我国房地产调控的长期目标不明确。在什么情况下需要政府对房地产市场进行调控，在什么情况下不需要政府对房地产市场进行调控，政府干预与市场配置的边界在哪里，政府调控的手段和力度应如何把握，等等，这些都没有相对明确的答案。政策从出台到效果显现，不可避免地具有一定的时滞，短期频繁出台调控措施，可能造成政策效果叠加，偏离政策调控意图。缺乏房地产市场稳定发展的长效机制，会使房地产市场供求主体对市场预期不明，致使房地产企业和购房者对风险的控制能力降低，加剧房地产市场的波动。缺乏房地产市场稳定发展的长效机制，我国房地产市场存在的一些长期性问题就无法得到较好的解决。

四　2014 年房地产政策展望和市场预期

在8%以下的平稳较快增长条件下，2013 年房地产市场仍然以交易量大增、价格较快增长的态势收官。这导致了 2014 年房地产市场矛盾和不确定性增加，也为房地产政策调控和形势预测加大了难度。

（一）2014 年房地产市场主要影响因素的变化趋势

快速城市化的发展中国家，宏观经济、城镇化和资本市场等因素对房地产市场具有重要影响。2014 年，这些影响因素也表现出若干新的变化趋势。

1. 宏观经济走势

2014 年我国宏观经济增速仍将保持 7% ~ 8% 的平稳较快增长态势，经济发展速度进入换档期，其对房地产市场的影响主要体现在两方面。

（1）经济增速放缓可能导致多数行业利润率下降，可赢利产业投资渠道萎缩。相对于过去 30 多年的高速经济增长，中国经济在 2012 年、2013 年连续两年 GDP 增长率低于 8%，增速明显放缓，进入平稳较快增长区间。经济增速放缓直接影响企业盈利和投资需求，近年来，房地产以外的大多数生产性行业赢利能力减弱。以国有工业企业成本费用利润率为例，2012 年仅为 6.52%，为 10 年来最低，2013 年这一数据应更低。生产性行业低利润率压缩社会可投资渠道，倒逼社会闲置资本被迫进军房地产领域寻求保值增值机会。特别对一些可以较低成本获得国有金融系统金融支持的国有开发企业，容易再次引发其囤房圈地高潮。

（2）居民收入和储蓄特别是普通劳动力工资增长较快。由于农村剩余劳动力基本转移，使得宏观经济增速相对放缓条件下，主要表现为企业获利不佳，而职工工资仍然保持了较快增长，特别是低端劳动力工资增长较快，如根据全国农民工监测调查报告，自 2010 年以来农民工月均收入一直保持 10% 以上的增长率。包括农民工在内的中低收入居民家庭收入持续快速增长和累积，使得住房支出占家庭收入财富比重呈下降趋势，必然促使其住房购置需求快速形成和累积。

2. 城镇化趋势

城镇化对房地产市场具有明显的拉动效应，近年来特别是党的十八大以来，城镇化出现了一系列新趋势，将对房地产市场产生深远影响。

（1）居住城镇化加速。近年来特别是十八大以来，一系列有利于居民迁移的公共服务和福利保障等相关制度改革相继突破，2014 年中央农村工作会议提出 2020 年实现三个"一亿人"[①] 目标，加速推进市民化进程。这使得进城就业农民工家庭和跨城就业迁移家庭也能逐渐分享与城镇原有居民家庭同等

---

① 即"要解决约 1 亿进城常住的农业转移人口落户城镇，约 1 亿人口的城镇棚户区和城中村改造，约 1 亿人口在中西部地区的城镇化"。

的城市公共服务和福利保障，相对于迁出地的农村和城镇，就业所在地的城镇居住生活吸引力更强，必然促使更多农民工家庭和跨城就业迁移家庭选择在现有就业的城镇生活定居，从而迎来一轮包括非劳动人口在内的居住生活城镇化高潮。不同于就业城镇化对生产场地的需求，居住城镇化将大大促进城镇住房需求。

（2）城城之间、区域之间的居住吸引力差异加剧。以自由迁移为导向的公共服务和福利保障制度改革，必然导致城城之间、区域之间城镇化吸引力差异加剧。东南沿海特别是临近大都市区的卫星城镇，有更多的就业机会和更多样化的良好都市服务，对包括农民工在内的外来就业职工的居住吸引力大大增强；而一些没有产业支撑的农村腹地城镇，将因为就业机会和城市服务缺乏，居住吸引力大大减弱。很明显，城城之间、区域之间居住吸引力差异的变化，必将对城城之间、区域之间房产特别是住房需求格局产生重要影响。

3. 资本市场形势和金融政策取向

在当前宏观经济条件下，资本市场和金融政策的不确定性增大，其对房地产市场的影响更加突出。

（1）国内外闲置资本在房地产套利投资的不确定预期增强。一方面，由于经济增速相对放缓、多数生产性行业赢利能力减弱，可投资渠道少，同时不断累积的国际贸易盈余及由此导致的人民币升值压力，使得国内外闲置资本始终存在进入房地产领域寻求保值增值的压力。另一方面，随着欧美特别是美国经济复苏，前期实施的量化宽松货币政策可能逐步退出，这使得短期内这些国家货币相对于人民币出现升值，从而形成对人民币贬值预期，而人民币贬值可能导致前期进入国内房地产市场的国际资本出逃。不过只要国内经济增长率高于全球或主要发达国家的增长率（如实现"十二五"规划中 7% 以上增长率的目标），不出现急剧的国际贸易逆差，就不存在人民币长期升值的空间，因此人民币贬值因素不可能对房地产市场具有长期性的逆转影响。

（2）金融货币政策操作不确定性增加。在经济增速相对放缓态势下，金融政策操作难度增大。在生产性行业赢利减弱、可投资渠道减少的形势下，如果没有差异化的金融结构政策，无论是宽松还是紧缩货币政策均可能促使社会资本对房地产领域寻求保值增值。宽松货币政策直接促使经济中不断增长的货

币资本转向房地产投资投机；而紧缩货币政策也同样因为促使生产性行业货币形式的赢利水平下降，导致生产性行业既有资本通过各种渠道转向房地产领域。

（二）2014年房地产政策展望

1. 房地产政策方向

经历近几年特别是2013年房价快速增长，房地产市场矛盾进一步累积，2014年调控难度进一步增大。随着党的十八大后一系列经济制度深度改革的推进，有可能迎来居住城镇化高潮，预期房地产调控方向也将围绕居住城镇化这一主题展开。

（1）调控难度增大，开始实施双向调控趋势。2013年在经济增速相对放缓条件下房价再次较快增长，使得房地产市场矛盾进一步累积，引发多方面对房地产市场泡沫化的争论和担忧，为防范房地产泡沫化以及由此引发的金融和经济风险，可能促使国家实施更加严厉的调控政策。但在房价高位运行和经济增速相对放缓的双重背景下，房地产调控难度大增，放任房价继续高增长，必将进一步累积泡沫化风险，房价下跌又可能对房地产行业构成颠覆性的赢利亏损影响，必然紧缩房地产及相关领域投资，也必将恶化前期深度参与房地产市场的金融机构资金风险，引发金融危机风险。因此调控政策取向可能以维持房地产市场稳定为目标，既要防止房价过快增长，也要防止房价下跌震荡。

（2）调控政策将强化差异化和多元化。长期以来全国一刀切的调控政策对房地产市场调控效果甚微，房价越调越高、市场矛盾越调越累积越激化，受到各方面诟病。我国各地区、各城市之间经济和社会发展不平衡仍十分严重，特别是对进城人口居住生活吸引力的差异明显，房地产供需矛盾主要表现为地区之间、城市之间的结构性矛盾，继续实施全国"一刀切"的调控政策将加剧快速城镇化地区的房价增长，而人口和经济增长较慢地区则房产严重供过于求，这对调控政策提出了差异化和多元化要求。实际上，2013年中期以来，国家调控政策已经开始朝差异化方向迈进，在2013年国办发17号文出台后，中央政府一直没有出台国字头的房地产调控文件，而城市政府的政策修正措施则不断推出，调控方式也往往多重政策并用，体现多元化的调控方向。不过由于地方政府在房地产领域存在太多的利益诉求，由地方政府主导的房地产调控政策与中央调控目标可能出现明显偏离，因此，预期 2014 年中央政府将重新主导房地产调控政策。不过具体的调控措施将强化城市分类条件，根据各分类城市标准实施差异化的调控政策，调控措施也更多体现针对不同人群的多元化方向。

2. 若干代表性房地产政策展望

结合房地产市场形势和改革大局，2014 年一些代表性房地产政策可以预期。

（1）房地产税费改革有望推进。中国当前房地产税费调控具有明显的重交易、轻持有特点，具有浓厚行政特色的费、金占比较高，而发挥市场机制作用的税占比较低。党的十八大以来，深化改革力度不断增大，优化房地产税费的诸多制度障碍正在逐步消除，如不动产登记制度等正在逐步展开，因此，我们预期 2014 年房地产领域税费优化改革有望推进，在重庆、上海等城市房产税试点基础上，以包括普通存量住房为征税对象的过量住房持有税有望在重点城市开征。同时，一些不利于优化住房资源配置的房产交易税也可能逐步取缔或淡化。

（2）特大城市特别是超大城市限购限贷政策必将延续。随着居住城镇化高潮来临，多样化的就业机会和多样化的消费服务，中心城市特别是超大城市对迁移人口尤其城城迁移人口的吸引力大大增强，新移民人口的过度涌入，对中心城市资源环境承载力提出挑战，也更造成城市交通、基础设施、公共服务使用的拥堵、不足、缺乏等，因此对城市人口增长实施适当限制成为必然选择，而住房限购限贷是对居住城镇化的最有效调控。

（3）城市土地供应制度可能有较大调整。城市土地供应制度调整可能在以下三方面展开：其一，新增建设用地审批将更加强调地区差异、城市差异，东部城市特别是特大城市新增建设用地将受严控；其二，城市辖区内农村集体所有的建设用地有望以适当形式转化为城镇建设用地；其三，城镇土地供应中居住用地占比将有所提高。

（4）保障性住房供应有望多元化、常态化。保障性住房作为一项重要的民生措施，在今后相当长时期内将被强化。2014 年保障性住房供应政策将在

前几年政策实践基础上有所突破，其一，保障性住房供应模式有望进一步多元化，更强调城市之间保障性住房需求的差异，更强调对不同人群差异化的保障性住房需求特征，在保障性住房土地供应、融资支持、分配管理中，将更强调多元化、差异化的设计；其二，保障性住房供应可能在一个相当长时期内常态化，逐渐成为城镇居民基本居住需要的主要住房来源。

（三）2014 年房地产市场预测

1. 房地产需求

2014 年房地产需求仍将保持一定的增长态势，消费性自住购房需求有望继续释放，但投资投机性需求则取决于国内外资本市场趋势和金融政策取向，存在较大的不确定性。

（1）消费性自住住房需求有望继续快速释放。居民收入持续增长，使住房支出占家庭收入和储蓄比重持续下降，既促使无房家庭的基本（首套）住房购置需求增长，也导致居民家庭改善性（二套）住房购置需求大增。同时，与人口迁移相关的一系列制度改革，对居住城镇化的推进，也必将促使各类乡城迁移人口和城城迁移人口对迁入地城镇住房的购置需求。可以预期，在一些能够较好提供多样化服务、多样化就业机会的城镇，随着一系列制度改革落到实处，外来居住迁移人口将快速增长，其住房购置需求也有望快速释放。

（2）投资、投机性房地产需求面临较大不确定性。房地产投资、投机性需求取决于资本市场和宏观经济前景，2014 年中国资本市场受国内外金融政策和宏观经济不确定性影响，由资本市场派生的房地产投资、投机性需求也面临不确定性。国家如实施与产业政策相结合的积极金融政策，可能对闲置资本形成有效的分流，减轻投资投机性房地产需求压力。中国国际贸易顺差和主要国家宽松货币政策退出，则可能对人民币汇率形成升值或贬值的相反预期，对国际闲置资本进入国内房地产的投资投机性需求形成相反的拉力。

2. 房地产供给

受 2012 年至 2013 年上半年房地产投资和新开工面积较为低迷以及 2013 年房产交易量放大的影响，2014 年新增房产供给将相对偏紧，但存量住房供给取决于调控政策走向。

（1）存量供给存在进一步快速释放趋势。一方面，2014 年，存量住房供应存在进一步快速释放的潜力。受宏观经济逐渐稳定和改革深化的影响，生产性领域投资机会和资本市场投资渠道增多，一些投机投资性存量住房持有者存在转换资产持有形态寻找新投资机会的冲动，一些城市近几年内房价涨幅数倍，多套住房持有者巨额的财富积累已经形成，其对未来住房市场价格变化风险担忧和获利了结心态增强，再加上中央加大反腐力度，官员财产公开制度实施预期增强，部分多套住房持有官员所持过量住房也可能加速入市。另一方面，实际的存量住房供应取决于调控政策走向。如果继续严格实施 20% 个人所得税政策，存量住房供应将延续 2013 年下半年继续萎缩趋势；如果调控政策转向持有环节税政策，则可能促使存量住房供应在中短期内加大释放。

（2）新增供给可能略有下滑或与上年大致持平。由于 2012 ~ 2013 年上半年房地产投资和新开工面积均表现出相对低迷态势，考虑到房地产开发投资建设周期，预期 2014 年开发企业新增房屋可销售量可能出现相对萎缩（尽管 2013 年末到 2014 年初房地产投资、土地购置面积和新开工面积均出现较快增长，但实际形成新增可销售量可能要推至 2015 年）。同时，由于 2013 年下半年房价大幅上涨以及由此导致的房产销售量增长，房地产开发企业 2013 年下半年去库存化明显，因此，预期 2014 年可供销售的新增房产供给有所下滑，或者与上年持平。

3. 房地产行业

2014 年房地产行业整体利润率可能呈下滑趋势，行业内竞争将延续 2013 年的重组格局，行业内市场垄断程度将进一步提升，企业间业绩分化加剧。

（1）房地产行业整体利润率可能呈下滑趋势。相对于 2013 年，2014 年房产供需关系有所缓和，这导致行业利润率可能有所下滑，但由于地区之间房产供需格局差异，房地产行业利润率下滑在地区之间可能具有不同的表现形式。热点城市，由于竞争加剧，从 2013 年下半年开始地价再次大幅增长，房地产开发成本大幅提升，不少新购地块楼面地价已经超出周边楼盘现有房价，利润空间被土地成本大大挤压；在部分三、四线城市特别是农村腹地的小城镇，房产需求增长乏力，在前些年房地产开发热潮推动下，房产库存累积严重，开发风险剧增。

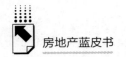
（2）企业超额赢利将主要取决于其对市场节奏的把握、开发区域的布控和开发经营成本的节约。经过多年调控，我国房地产开发环节规范化程度有较大提高，一级市场土地供应基本上透明化，房地产开发的资本准入和退出管理也更加标准化、科学化，房地产开发的行业利润将逐渐向社会平均利润看齐，行业高利润也将逐渐与行业高风险相匹配。行业内企业超额赢利将主要决定于企业经营成本节约和市场机会把握。特别在城市之间、区域之间房产供需结构分化条件下，房产开发企业开发活动的区域布局、城市布控显得尤为重要，那些以外来就业人口占比较高的东部沿海城市为开发重点的企业赢利优势可能更突出；而那些沉迷于利用地方政府关系低价拿地搞造城运动的企业可能面临更大的赢利风险。

4. 房地产交易

2014年房地产市场交易总体呈上升趋势，房价可能保持小幅增长，但城市之间、地区之间市场分化加剧。

（1）全年房产交易将稳中有增，房价可能保持小幅增长，具体涨幅取决于调控政策力度。

尽管2014年初全国月度房产交易呈萎缩态势，部分城市的个别楼盘出现了降价现象，我们判断经历一段时间的市场酝酿和政策观望后，2014年房产市场交易热度仍将延续，全年全国房产交易总量仍可能与上年持平甚至略有增长，成交价也可能保持小幅增长。其原因是：其一，由收入增长和城镇化趋势所推动的消费性购房需求仍将保持旺盛增长态势；其二，受多数大中城市限购限贷政策影响，投资投机性房产需求转向和房产持有退出对房产市场尤其住房市场影响有限；其三，一些媒体提到人民币贬值的汇率因素对房产交易市场的逆转性冲击，不可能长时间的持续，并且即使存在也影响甚微，因为汇率因素导致的房产需求观望预期将在汇率回归正常波动后，重新释放；其四，2013年末至2014年初，出现了一轮土地购置高潮，主要城市"地王"频出，出让地价快速增长，不少出让地块楼面地价超出周边房价，也必将在部分城市引发一轮土地成本推动的房价增长；其五，2013年的房产交易量大增、房价快速增长，大部分龙头开发企业获得了丰厚的销售收入和赢利，使其2014年以价换量去库存化压力并不大。

具体房价涨幅取决于房地产调控政策和资本市场取向。如果过量住房持有税等持有环节调控政策能及时出台，将对存量住房供应形成释放效应，也对投资投机性需求形成挤压效应，将能大大缓解房产特别是住房供需矛盾，房价涨幅将大大缩小，但由于 2010 年以来存量二手住房市场经历多次的较高换手交易，存量住房中多套住房持有比重已经有所下降，因此存量住房供应释放对整体市场供需关系的影响不会太大。金融政策特别是国际宽松货币政策退出对房产市场也将具有过量住房持有税类似的影响。

（2）城市间房产交易市场分化将加剧。在一系列与人口迁移相关的制度改革推动下，外来就业人口占比较高的工业化城市以及能够提供多样化就业机会和多样化消费服务的大都市，对乡城迁移和城城迁移人口居住城镇化的吸引力将大大增强，房产特别是住房需求将呈快速增长态势，必将推动这些城市房产特别是住房市场量价齐升。大多数普通城市在经历的 2013 年较大的成交量释放后，2014 年进一步的需求增长有限，其房产成交量和价格将保持相对平稳态势。而一些缺乏产业支撑，又在前期片面进行人为造城的城镇，房产供过于求的泡沫化风险将大大增强，鬼城、死城数量也将会在一定程度上增加。

五　政策建议

（一）探索建立房地产市场稳定健康发展的长效机制

房地产调控的实践证明，政策具有滞后效应，急于求成容易导致政策随市场波动调整，使调控效果逐步减弱。短期政策频繁出台，容易造成市场预期不明，关联产业不能稳定发展，影响实体经济。因此，在完成住房信息联网、不动产登记等基础工作的基础上，需要建立促进房地产市场稳定健康发展的长效机制。

长效机制是长期保证制度正常运行并发挥预期功能的制度体系。其主要目标应该是：通过市场机制和政府调控的和谐调节，高效、公平、合理地配置房地产资源，实现住有所居，使房地产市场稳定健康发展。建立房地产市场稳定健康发展的长效机制，主要从以下方面入手。

首先，充分发挥市场机制的调节作用。在分清市场和政府功能、作用和责任的基础上，充分发挥价格机制、供求机制、竞争机制等市场自身拥有的长效机制的调节作用，促进房地产资源高效配置。

其次，建立维护良好市场环境的制度体系。良好的市场环境，使价格、供求、竞争机制能够充分、正确、真实地发挥作用，防止市场机制扭曲并发出误导性信号。重点是建立遏制市场投机和炒作的制度（如征收利得税、持有环节税等制度），使市场价格机制真正发挥作用；建立预防和破除市场垄断的制度，维护市场竞争机制正常运行；建立规范的引导、制约制度，使供求基本平衡、房地产空间布局科学合理。

再次，建立住房保障的制度体系。建立保障性住房建设、分配、管理的系列制度，包括保障性住房的种类套型、资金筹集、土地供给、开发建设、建设标准、建后管理、准入门槛、退出办法等规章和制度，多元化供给保障性住房。帮助无力或暂时无力通过市场购房家庭实现住有所居，为市场调节占据主导提供条件。

最后，建立规范的政府调控制度体系。市场部分占据房地产的主体，为预防和抑制房地产市场泡沫、宏观经济过热或过冷，政府仍需对房地产市场进行调控，但需要法制化、市场化、科学化。逐步建立房地产调控政策提出、讨论、形成、公布、实施等的行政法规，依法进行调控；建立金融、信贷、税收、利率等市场化调控的制度，实行市场化调控；调控的目的、政策措施的选择和实施力度、造成的各种影响等要科学论证，具有前瞻性，做到科学调控。

具有长效机制的政策和制度不能原则化，需要细化、明确，具有可操作性，才能落到实处。长效机制不是一劳永逸、一成不变的，它必须随着时间、条件的变化而不断丰富、发展和完善。

房地产市场的稳定健康发展受到众多因素的影响，除直接影响房地产市场的体制机制外，其他行业或领域的政策制度如产业政策、社会闲置资本投资政策等的制定，也应考虑房地产市场的稳定健康发展。

（二）实行差别化的房地产调控政策

我国房地产基础信息系统、法规制度等尚不完善，建立房地产市场稳定健康发展的长效机制难以一蹴而就，需要逐步完善形成，即使建立了长效机制，因市场的复杂性和调节失灵，仍需要有政府调控。但是，我国房地产市场化至今已十多年，住房严重短缺的局面已经得到根本性改观，与过去的十几年相比，房地产市场已经发生较大变化，各类城市房地产市场主要指标上下浮动基本同向变化的态势开始不复存在，一、二、三、四线城市各具特点，出现明显分化。目前，一线城市和部分二线城市供求失衡，房价上涨压力依然较大，少数三、四线城市住宅市场出现下行，过去全国"一刀切"的调控政策已不适应日趋复杂的房地产市场，针对不同城市房地产市场的差异，实行差别化的调控政策势在必行。对不同区域、不同类型、不同规模的城市因地制宜地采取不同措施分类指导才能使政策更具有针对性，使调控更加有的放矢、"对症下药"，这样调控才能取得更好的效果。

所谓差别化调控，首先是调控对象的差别化。搞清不同城市市场的差别是差别化调控的基础，为此需要认真分析不同城市市场的现状、趋势等基本特征的差别，再对不同城市进行分类，其分类不必拘泥于所谓一、二、三、四线城市，根据反映市场状况的重要指标分类会更有意义。其次是调控方向的差别化。在对城市分类的基础上，针对不同市场类型提出不同的调控方向。如对房价涨幅过大、涨速过快的城市，其调控方向应是遏制房价；而对房价下跌的城市，其调控方向自然不同。再次是调控目标的差别化。即使同一类城市，因其区位、经济发展水平、对人口或劳动力吸引力等的不同，调控方向相同但调控目标也应不同。如对房价上涨的城市，其涨幅、涨速、支撑涨价的基础等也会有差异，调控目标的设定也应有差别。又次是调控措施的差别化。调控对象、方向、目标的差异，自然需要调控措施的差别化。如对房地产过热的城市，需要稳定市场预期，增加土地和保障房供给以缓解供求矛盾；对房价泡沫行将破裂的城市，则应采取柔性微调措施，消化存量，减缓或停止土地供应，控制新开发总量，促进市场"软着陆"。最后是调控时机的差别化。调控政策的出台时机也应根据各城市市场的差异，综合分析、相机抉择。差别化调控政策仍宜由国务院或其主管部门制定。

（三）制定和完善激励腾退农村闲置废弃建设用地政策

由于缺乏完善的激励闲置、废弃建设用地（如废弃闲置宅基地、工矿用

地）腾退的法规、政策、措施和流转市场，农村集体和进城农民没有腾退闲置、废弃建设用地的积极性，导致农村部分建设用地长期闲置、废弃，由此造成农村建设用地浪费严重。尽管对此已有一些探索，但尚未形成规范、完善的政策，需要进行探索并尽快形成政策，盘活农村集体建设用地，将低效、闲置的集体建设用地统一服务于城乡建设，促进城乡建设用地市场并轨。

开展农村建设用地流转的资源调查，摸清农村各类建设用地数量、使用权、分布等基本信息，在建设用地使用权的确权、登记、颁证工作基础上，探索激励农村闲置废弃建设用地腾退机制，促进城乡建设用地统一市场的建立。一是探索建立城乡统一的土地交易市场和交易平台。提供土地交易场所，发布资源及交易信息，组织交易，为交易服务。逐步实现申请、竞价报名、网上挂牌、在线竞拍、中标公示等全流程在线交易。二是探索制定流转土地的产权主体、权力和利益边界的法规。还原农民或农村集体作为建设用地使用权者的地位和应得的权利，明确其在建设用地流转中的主体地位，增强他们讨价还价的能力。三是探索农村宅基地在农户间的流转。应允许农村宅基地向符合宅基地申报条件的农户以市场化形式有偿有序流转，明确流转的地域范围，完善相关政策法规。四是探索建立农村集体建设用地及其指标的储备制度和建设用地指标异地交易制度。设立农村集体建设用地储备机构，通过市场化手段，直接收购退出的建设用地及进城农民退出的房屋，建立建设用地指标异地交易制度，农民或专门机构将闲置宅基地和拥有使用权的其他建设用地复垦转换为耕地，取得建设用地指标流转的权利，在交易市场上进行异地交易，其中宅基地交易收益，大部分或全部归农民家庭所有。五是探索农村宅基地及其住宅置换城市商品房制度。比如，进城农民退出原农村宅基地、住房后，在城市可购买政策性住房或享受购房补贴等，在激励农民腾退闲置宅基地的同时，促进农民工市民化。六是探索建立城乡一体的住房市场。完善农房交易税费，建立农村住房保障制度，建立城乡一体的房屋产权管理制度。

农村建设用地流转、城乡建设用地市场一体化等的实施，必须符合城乡规划、土地利用总体规划，纳入城乡增减挂钩，必须尊重农民意愿，严防炒作农村集体建设用地流转和资本借机圈地，严防违背农民和农村集体意愿的"被流转"，切实保障农民收益。

（四）多元化解决进城农业转移人口的住房

实现进城农民的市民化，使其住有所居是基础，只有"安居"才能"乐业"，只有安居才能使进城农民有归属感，真正在城市扎根，融入城市社会。但是，绝大多数进城农民的收入水平不高，没有能力购买商品房，各级政府也缺乏财力在短期内解决所有进城农民的住房问题，解决这些人的住房并非易事，进城农民的住房需要多元化、逐步解决。

一是建立进城农民购房的支持制度。探索农村住房商品化、资产化和市场化制度，对农村住房进行产权登记，建设农村住房产权交易市场，允许农村住房产权在农民间流转，缓解农民进城购房的资金压力。推进落实农民工住房公积金制度，因地制宜逐步完善农民工公积金政策，强化企业责任。对腾退农村宅基地和其他建设用地的进城农民给予购房首付比例、贷款额度、利率等金融支持以及购买政策性住房等方面的支持。督促各级地方政府落实中央"建立财政转移支付同农业转移人口市民化挂钩机制"，引导进城农民统筹其在城乡的住房投资与消费决策。

二是推进完善和真正落实涵盖农民工的城镇住房保障体系。将有稳定职业并在城市居住一定年限的农民工纳入城镇住房保障体系，废除一些城市将农民工纳入城镇住房保障体系的过多限制条件和过高门槛，真正落实将进城农民工纳入各类住房保障的制度。形成"由租到售"的梯度住房消费，让进城农民工实现梯次消费的多样化选择。

三是建立进城农民工租赁房市场。探索现阶段将农民出租屋纳入保障性住房体系，规范农民工住房租赁市场。允许城乡接合部、城中村的农民和集体组织利用集体建设用地建设出租屋，为出租屋建设做好相关服务和支持，改善农民工集中租住区居住环境，缓解城市政府建设保障房的资金压力。

四是探索建立农民工公共租赁房制度。在工业园区、产业聚集区等农民工较集中的区域建设农民工经济租用房，鼓励企业、社会机构和集体将闲置房等改建或投资建设成适合农民工居住的租赁房。

土 地 篇

Land

B.2
2013 年全国城市地价动态监测报告

中国土地勘测规划院全国城市地价动态监测组

摘　要：

　　2013 年，在我国宏观经济运行整体平稳、固定资产投资较快增长、货币信贷平稳增长的背景下，全国房地产开发投资、商品房销售面积和商品房销售额均有较快增长，增速分别为 19.8%、17.3% 和 26.3%，全国主要城市地价同比增长率止跌回升，平均增长 7.02%，较上年提高了 4.41 个百分点。全国各用途地价逐季增长，东、中、西部地区各用途地价增长率均大幅提高，中部地区各用途地价增长率高于西部地区。全国主要监测城市住宅地价同比上涨城市较上年增加 25 个，最大增幅为 37.98%。全国平均地价占房价比略有上升，各重点监测城市住宅用地地价房价比存在较大差异；国内生产总值、固定资产投资、城镇居民家庭人均可支配收入增速均高于地价增长率。2014 年，宏观经济的良好预期、不断完善的保障房政策和房地产市场调控长效机制的探索，将有利于促进城市土地市场平稳运行；"以人为本"的新型城镇化导向将有利于促进不同类型城市土地市场协调发展；货币流动性变化和差别化信贷政策仍将直接影响房地产市场的投机投资性需求；不动产统一登记制度和房产税试点扩围将影响房地产市场预期，有利于土地市场的长期稳定发展。

关键词：

城市地价　地价房价比　动态监测

一　全国主要监测城市地价状况分析

（一）地价水平值分析

1. 各用途地价水平值提升较大，重点监测城市地价水平高于主要监测城市

2013 年，全国主要监测城市综合地价水平值为 3349 元/平方米，比上年提高 220 元/平方米。各用途地价水平值均有较大提升，商服用地价格最高，为 6306 元/平方米；其次是住宅用地，为 5033 元/平方米；工业用地价格最低，为 700 元/平方米。其中商服地价与上年相比提高最多，增量达 463 元/平方米。

全国重点监测城市综合地价水平值为 4735 元/平方米，其中，商服用地价格为 8157 元/平方米，住宅用地价格为 7052 元/平方米，工业用地价格为 889 元/平方米（见图 1）。各用途地价均高于主要检测城市水平。

2. 除工业用地外，重点监测城市其他各用途地价水平呈东高、西次、中低格局

东部地区各用途地价水平值最高，商服、住宅和工业用地价格分别达到 15496 元/平方米、11706 元/平方米和 1095 元/平方米；中、西部地区各用途地价水平值均低于重点监测城市平均地价水平值，且远低于东部地区平均水平（见图 2）。

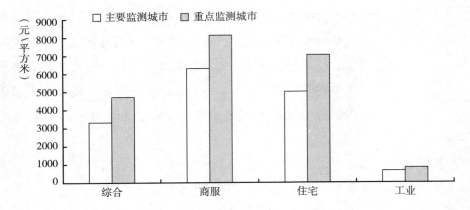

图1　2013年全国主要监测城市和重点监测城市地价水平值

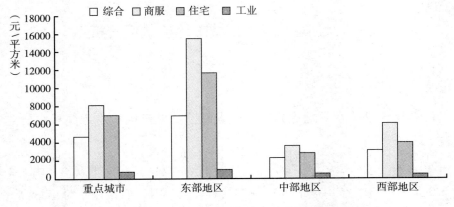

图2　2013年东中西部地区重点监测城市地价水平值

3. 长江三角洲、珠江三角洲和除工业用地外的环渤海地区其他用途地价水平值均高于全国主要监测城市平均水平，其中珠江三角洲商服地价水平仍最为突出

全国主要监测城市中，除环渤海地区工业地价低于全国主要监测城市地价水平外，长江三角洲、珠江三角洲各用途地价水平值，以及环渤海地区其他用途地价水平值均高于全国平均水平。其中珠江三角洲的商服、住宅和工业地价在三大重点区域中均处最高，分别为 17214 元/平方米、8633 元/平方米和 906 元/平方米；长江三角洲次之，分别为 8817 元/平方米、8054 元/平方米和 884 元/平方米；环渤海地区最低，分别为 6582 元/平方米、5639 元/平方米和 699 元/平方米。

自 2008 年以来，珠江三角洲商服地价在三大重点区域中一直处于最高水平，2013 年达到 17214 元/平方米，是全国主要监测城市平均水平的 2.7 倍（见图 3）。

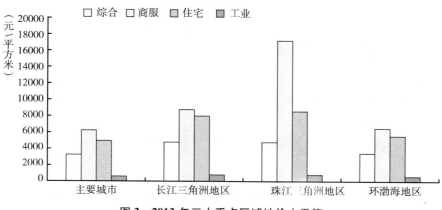

图 3　2013 年三大重点区域地价水平值

（二）地价增长率分析

1. 全国主要监测城市各用途地价增长率涨幅较大，且高于 2009 年水平

2013 年，全国主要监测城市各用途地价增长率均有所提升，增速均高于 2009 年水平。综合、商服和住宅地价增长较快，增速分别为 7.02%、7.93% 和 8.95%，与 2012 年相比，分别提高了 4.41、4.59 和 6.69 个百分点；工业地价低速增长，增速为 4.45%，提高 1.75 个百分点（见图 4）。

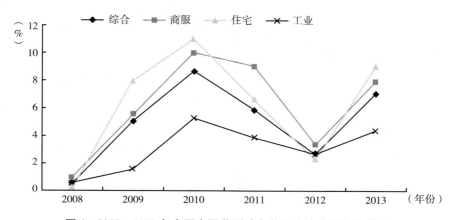

图 4　2008~2013 年全国主要监测城市各用途地价同比增长率

2. 全国主要监测城市各用途地价逐季增长，综合地价与住宅地价各季度环比增速逐季微幅上扬，第二和第四季度商服地价环比增速放缓，第三季度工业地价环比增速放缓

2013 年，全国主要监测城市综合地价各季度环比增长率分别为 1.47%、1.62%、1.85% 和 2.06%，住宅地价各季度环比增长率分别为 1.77%、2.06%、2.32% 和 2.64%，均呈现逐季增长态势；商服地价各季度环比增长率分别为 2.07%、1.34%、2.60% 和 2.29%，除第二季度增速较低外，其他三季度均保持较快增长；工业地价各季度环比增长率分别为 0.86%、1.25%、0.98% 和 1.32%，基本维持在平稳运行水平（见图 5）。

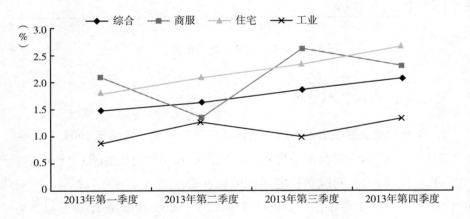

图 5 2013 年全国主要监测城市各用途地价季度环比增长率

3. 全国重点监测城市中，综合地价同比增速和环比增速均保持持续上扬态势

2013 年，全国重点监测城市综合地价各季度同比增长率分别为 4.92%、6.32%、7.66% 和 8.9%；各季度环比增速保持微幅上扬，与主要监测城市变化规律一致，环比增长率分别为 1.75%、2.00%、2.27% 和 2.87%（见图 6）。

4. 与 2012 年相比，东、中、西部地区各用途地价增长率均大幅提高，东部地区住宅地价和工业地价增长率最高，中部地区商服地价增长率最高

重点监测城市中，东部地区住宅地价增长率最高，为 13.23%；中部地区次之，为 11.73%；西部地区最低，为 6.86%。商服地价增长率从高到低依次

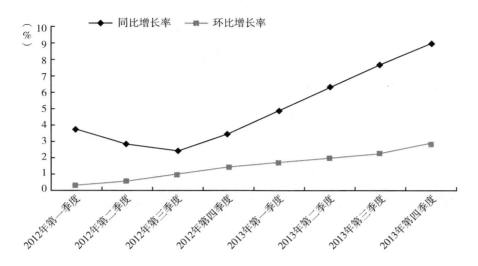

图 6　2012～2013 年重点监测城市综合地价同比、环比增长率

为中部、东部、西部，分别为 11.95%、8.51%、7.64%。工业地价增长率呈东高、中次、西低布局，分别为 7.40%、4.35% 和 2.88%（见图 7）。

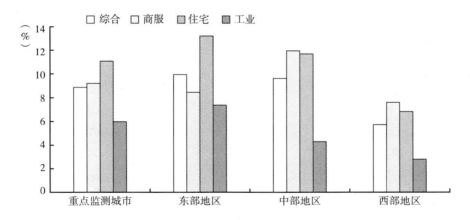

图 7　2013 年东中西部地区重点监测城市各用途地价同比增长率

从增长幅度看，2013 年东、中、西部地区各用途地价增长率的增长幅度均有较大提升，尤其是东部地区和中部地区。东部地区的商服和住宅地价增长率较 2012 年分别提高了 5.77 和 10.12 个百分点；中部地区的商服和住宅地价增长率较 2012 年分别提高了 7.35、7.54 个百分点（见表 1）。

表1　2013年东中西部地区重点监测城市各用途地价增长率同比增长幅度

单位：个百分点

地区	综合	商服	住宅	工业
东部	6.13	5.77	10.12	2.53
中部	5.78	7.35	7.54	1.68
西部	3.55	1.91	5.36	1.07

5. 三大重点区域各用途地价增长率均有所提升，珠江三角洲地区各用途地价增长率均为最高且涨幅最大，长江三角洲地区除商服地价增长率低于环渤海地区外，住宅和工业地价增长率均高于环渤海地区

2013年，三大重点区域各用途地价增长率较2012年均有所提升。综合地价增长率从高到低依次为珠江三角洲地区、长江三角洲地区和环渤海地区，分别为12.75%、5.14%和4.66%；此外，珠江三角洲地区的商服、住宅和工业地价增长率也都高于其他两个区域；长江三角洲地区除商服地价增长率低于环渤海地区外，住宅和工业地价增长率均高于环渤海地区（见图8）。

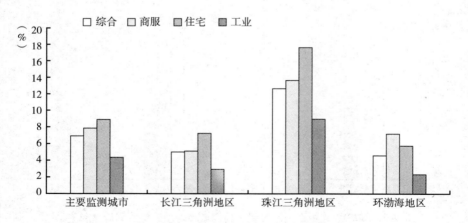

图8　2013年三大重点区域各用途地价同比增长率

从增长幅度看，除长江三角洲地区工业地价增长率略微下降0.31个百分点外，其他地区各用途地价增长率均有不同程度提升，其中珠江三角洲住宅地价增长率的上涨幅度最大，为15.4个百分点（见表2）。

表 2　2013 年三大重点区域各用途地价增长率同比增长幅度

单位：个百分点

地　　区	综合	商服	住宅	工业
长江三角洲地区	3.41	3.51	7.23	−0.31
珠江三角洲地区	9.31	11.5	15.4	4.5
环渤海地区	2.69	5.05	3.86	0.62

6. 全国主要监测城市住宅地价同比上涨城市个数与上年相比有所增加，温州市住宅地价跌幅仍居首位

2013 年，全国主要监测城市中，住宅地价同比上涨城市由 2012 年的 74 个增加至 99 个，其中太原市同比增幅最大，达到 37.98%，这与当地政府积极开展大规模城市建设和旧城改造有关。此外，南昌市、深圳市、广州市的住宅地价同比增幅也均超过了 20%。住宅地价持平的城市为大同市；住宅地价增长率在〔0，5%）的城市个数最多，为 45 个；其次是增长率处于〔5%，10%）和〔10%，15%）的城市，个数分别为 31 个和 18 个；增长率为负的城市仅有 5 个，比上年少了 22 个，温州市住宅地价跌幅仍居首位，但已由 2012 年的跌 11.82% 减少至跌 1.76%（见图 9）。

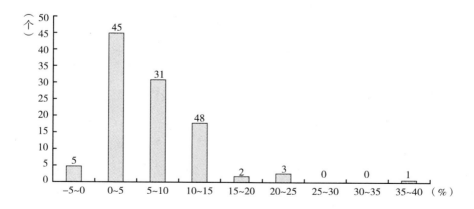

图 9　2013 年全国主要监测城市住宅地价同比增长率频数
分布直方图（每组含最小值，不含最大值）

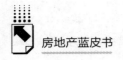

（三）地价指数分析

1. 全国重点监测城市各用途地价指数继续攀升，住宅地价指数高于商服、综合和工业地价指数

2013年，全国重点监测城市地价指数持续攀升，各用途地价指数均为历史最高，综合、商服、住宅、工业地价指数分别为218、230、257和173。从历年变化看，2004年以前，商服、住宅和工业用地地价指数相差不大，从2004年开始，商服和住宅用地地价指数逐渐高于工业用地地价指数，从2006年开始，住宅用地地价指数增速明显快于商服用地（见图10）。

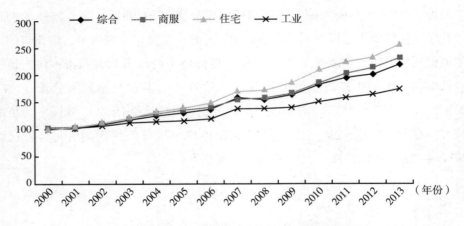

图10 2000年以来全国重点监测城市各用途地价指数

2. 三大重点区域地价指数连续增长，金融危机后环渤海地区综合地价指数持续高于其他两个重点区域

2013年，环渤海地区综合地价指数最高，达到238，其商服、住宅、工业地价指数分别为229、273、207；其次是长江三角洲，综合地价指数达到222，其商服、住宅、工业地价指数分别为267、271、151；珠江三角洲综合地价指数最低，为217，其商服、住宅、工业地价指数分别为240、256、192。长江三角洲和环渤海地区综合地价指数略高于重点监测城市，珠江三角洲地区综合地价指数低于重点监测城市平均水平（见图11）。

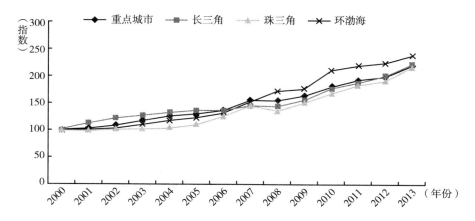

图 11　2000 年以来三大重点区域综合地价指数

3. 多数重点城市住宅地价指数超过 200，宁波市住宅用地地价指数最高

2013 年，全国 35 个重点监测城市的住宅用地地价指数均较 2012 年有所升高，尤其是广州、太原、深圳、宁波 4 个城市，同比增长点数均超过 40，分别为 53、63、74 和 88 个点数；住宅用地地价指数超过 200 的有 32 个城市，在 300 ~ 500 之间的有 7 个城市，其中宁波市住宅用地地价指数最高，为 724，较基期 2000 年增加了 6.24 倍（图 12）。

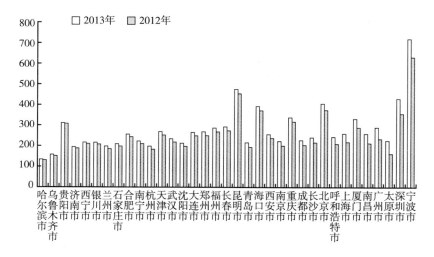

图 12　2012 ~ 2013 年重点监测城市住宅用地地价指数
（按 2013 年住宅地价指数升序排序）

二 地价与房地产市场关系分析

（一）地价占房价比例略有上升，各重点监测城市住宅用地地价房价比差异较大

2013 年，35 个重点监测城市住宅用地地价房价比的中位数为 33.36%，较 2012 年的 29.83% 提高了 3.53 个百分点。其中，厦门市、宁波市、福州市、南京市、上海市、杭州市、昆明市、深圳市、天津市的住宅地价房价比值超过 40%。而兰州市、呼和浩特市、海口市、重庆市、西宁市、太原市、乌鲁木齐市、南宁市、哈尔滨市的住宅地价房价比则低于 25%。最高值为厦门市的 70.19%，最低值为哈尔滨市的 15.70% （见图 13）。

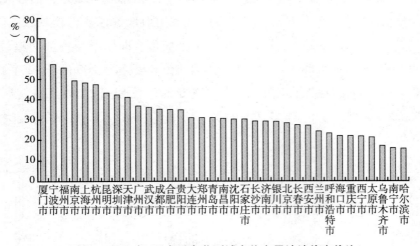

图 13　2013 年 35 个重点监测城市住宅用地地价房价比

数据来源：《2013 年我国城市地价与房价关系专题报告》。

（二）房地产开发投资增长率小幅提升，与综合地价增速呈现较强的一致性，但后者变动幅度小于前者

2013 年，全国房地产开发投资总额为 86013 亿元，同比增长 19.8%，较上年提高了 3.6 个百分点。2013 年，全国主要监测城市综合地价增长率为 7.02%，增速较上年提高了 4.41 个百分点。2008～2013 年，全国房地产开发投资总额和综合地价均保持持续上涨趋势，前者增速高于后者。从两者的增长率变动情况来看，2010～2013 年两者变动趋势完全一致，但后者变动幅度小于前者（见图 14）。

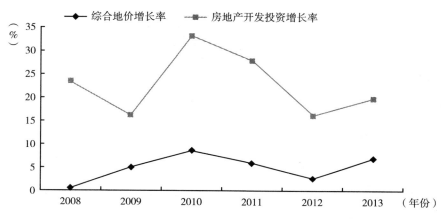

图 14 2008 年以来全国主要监测城市综合地价增长率与
房地产开发投资额增长率比较

数据来源：综合地价增长率来自中国城市地价动态监测系统；2008～2012 年房地产开发投资增长率来自《中国统计年鉴》，2013 房地产开发投资增长率来自国家统计局。

三 地价变化与社会经济发展关系分析

（一）2013 年全国综合地价增长率稍低于国内生产总值增长率

根据国家统计局发布的 2013 年经济运行数据，2013 年，全年国内生产总值为 568845 亿元，较上年增长 7.7%，增速与上年基本持平。稳定的经济增长预期对 2013 年的地价增长产生一定影响，2013 年，综合地价增长率为 7.02%，与上年相比有较大提高，二者之间差距大幅缩小（见图 15）。

（二）受经济结构调整影响，固定资产投资增速继续放缓，但增速仍高于同期地价增速

2013 年，全国城镇固定资产投资 436528 亿元，同比名义增长 19.6%，高于同期综合地价增长率 12.58 个百分点。固定资产投资增速继续放缓，对今后进一步抑制土地开发投资投机性需求应产生积极作用（见图 16）。

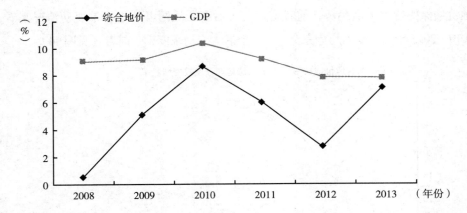

图 15　2008 年以来全国主要监测城市综合地价增长率与 GDP 增长率比较

数据来源：综合地价增长率来自中国城市地价动态监测系统；2008～2012 年 GDP 增长率来自《中国统计年鉴》，2013 年数据来自国家统计局。

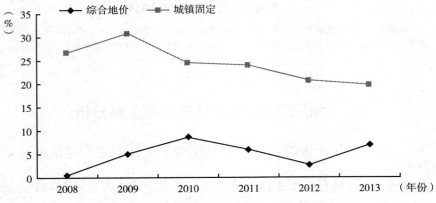

图 16　2008 年以来全国主要监测城市综合地价增长率与
城镇固定资产投资增长率比较

数据来源：综合地价增长率来自中国城市地价动态监测系统；2008～2012 年城镇固定资产投资增长率来自《中国统计年鉴》，2013 年数据来自国家统计局。

（三）城镇居民家庭人均可支配收入增长率均高于同期综合地价增长率

2013 年，全国城镇居民家庭名义人均可支配收入比上年增长 9.7%，连续 4 年保持 9% 以上的高位增长。2013 年，可支配收入增长率较上年略有下降，但仍高于综合地价增长率。综合来看，2008～2013 年城镇人均可支配收入基本维持快速增长态势，且增速始终高于同期综合地价增速（见图 17）。

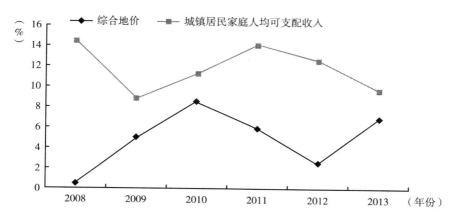

图 17　2008 年以来全国主要监测城市综合地价增长率与城镇居民家庭人均可支配收入增长率比较

数据来源：综合地价增长率来自中国城市地价动态监测系统；2008～2012 年城镇居民家庭人均可支配收入增长率根据《中国统计年鉴》计算得出，2013 年数据来自国家统计局。

四　影响地价变化的主要因素分析

（一）宏观经济的稳定增长为地价上涨提供了内在支撑

2013 年，我国经济平稳增长，世界经济继续缓慢复苏，发达经济体的经济活性逐步增强，增长稳定。在此背景下，我国国内生产总值同比增长 7.7%，增速与上年基本持平，投资、消费和出口均保持温和扩张态势，居民消费价格比上年上涨 2.6%，全年物价涨幅远低于 3.5% 的调控目标，通胀水平温和可控。总体来看，2013 年，宏观经济运行较为平稳，稳中有进。宏观经济的稳定增长为地价上涨提供了内在支撑，一至四季度全国主要监测城市平均综合地价持续上涨，环比增速分别为 1.47%、1.62%、1.85% 和 2.06%，全年增长 7.02%，较 2012 年提高了 4.41 个百分点，涨幅较大。

（二）房地产价格的上涨预期及市场相对充足的资金供给，为地价持续上涨提供了空间

2013 年，我国继续实施稳健的货币政策，年末广义货币（M2）余额 110.65 万亿元，同比增长 13.6%，比上年末低 0.2 个百分点，增速虽有所回落，但仍比 GDP 增长率高 5.9 个百分点，继续保持适度增长的态势。全年社会融资规模 17.29 万亿元，比上年多 1.53 万亿元，为年度历史最高水平，货币流动性总体相对充足。从房地产市场来看，2013 年，商品房销售呈现"量价齐涨"态势，全国商品房销售面积增长 17.3%，商品房销售额增长 26.3%，分别较 2012 年提高 15.5 和 16.3 个百分点，其中上半年商品房销售额累计增长率更是达到 43.2%。从 9 月起，北京、上海、广州、深圳四个一线城市新建商品住宅价格连续四个月同比上涨超 20%。据国家统计局数据，2013 年，房地产开发投资逐月累计同比增速由上年普遍低于 20% 回升至 20% 以上，结束了近两年增速下行的趋势，其中住宅开发投资增长幅度较大，由 2012 年 11% 左右的增长率上升至 20% 左右（见图 18）。因此，房地产价格的上涨预期以及相对充足的资金进一步带动了土地市场的升温，为地价持续上涨提供了空间。

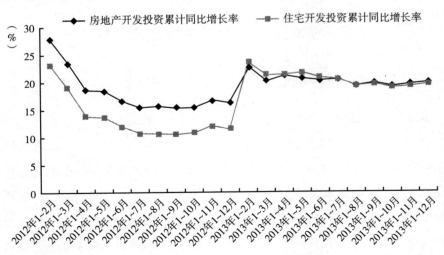

图 18　2012～2013 年房地产开发投资和住宅开发投资逐月累计同比增长率

数据来源：国家统计局。

（三）国家持续加大房地产用地供应力度，部分地方债务压力较大，城市土地市场供需两旺

国家为稳定房地产市场，从年初的"国五条"开始，就明确要求增加普通商品住房及用地供应，特别是对住房供需矛盾突出、房价上涨压力较大的部分热点城市和区域中心城市，以及前两年住房用地供应计划完成率偏低的城市，要进一步增加年度住房用地供应总量，提高其占年度土地供应计划的比例。在这一背景下，全年主要监测城市房地产开发用地供应总量 10.03 万公顷，住宅用地供应量大幅增加，全年供地总量约 7.02 万公顷，同比增加 32.71%。另据审计署 2013 年 12 月 30 日全国政府性债务审计结果公告，地方政府性债务对土地出让收入的依赖程度较高。截至 2012 年底，全国 11 个省级、316 个市级、1396 个县级政府承诺以土地出让收入偿还的债务余额为 34865.24 亿元，占省、市、县三级政府负有偿还责任债务余额 93624.66 亿元的 37.23%。地方政府性债务对土地出让收入依赖程度的提高无疑会助推地方政府加大土地供应力度。2013 年，全国 105 个主要监测城市建设用地供应总量同比增长 12.34%，较上年提高了 17.45 个百分点，其中房地产开发用地供应量显著增加，较上年提高了 47.15 个百分点，土地市场供需两旺的局面使得各类用地供应量价齐升。

五 2014 年全国城市地价变化趋势分析

（一）宏观经济平稳运行，住房保障政策不断完善，房地产市场调控长效机制的探索和逐步建立，将有利于城市土地市场的平稳运行

据国际货币基金组织（IMF）估计，2014 年世界经济将增长 3.6%，好于 2013 年。2013 年 12 月中央经济工作会议指出，2014 年要继续坚持"稳中求进"的工作总基调，把改革贯穿于经济社会发展各个领域各个环节，加快经济结构调整优化，促进经济持续健康发展。会议同时提出了探索中国特色的住房模式，特别是加大保障性住房建设，要求"努力解决好住房问题，探索适合国情、符合发展阶段性特征的住房模式，加大廉租住房、公共租赁住房等保

障性住房建设和供给，做好棚户区改造。特大城市要注重调整供地结构，提高住宅用地比例，提高土地容积率"。习近平同志在中共中央政治局第十次集体学习时也强调："要加快推进住房保障和供应体系建设，构建以政府为主提供基本保障、以市场为主满足多层次需求的住房供应体系，千方百计增加住房供应"。由此可以看出，保障性住房政策将得到进一步重视和完善，政府也将更加注重房地产市场调控长效机制的探索，即重点研究在推进新型城镇化的背景下，如何加强不动产统一登记、房地产税收、差别化信贷等手段，并通过保障房建设调整供需结构，有效平衡经济增长与抑制投资投机。综合来看，宏观经济的平稳运行，住房保障政策的不断完善，房地产市场调控长效机制的建立健全等，均将进一步影响土地市场的预期，有利于促进城市土地市场的平稳运行。

（二）新型城镇化导向将有利于促进全国不同类型城市土地市场协调发展

2013 年 12 月举行的中央城镇化工作会议强调，"要以人为本，推进以人为核心的城镇化"，会议提出"推进农业转移人口市民化，全面放开建制镇和小城市落户限制，有序放开中等城市落户限制，合理确定大城市落户条件，严格控制特大城市人口规模"。各地方政府也在积极落实新型城镇化路径，尤其是北京、上海等特大城市明确提出"控制人口规模"，陕西提出"要全面开放县城和建制镇户籍限制，有序放开地级市城区落户限制，合理确定西安城区落户条件"；福建省提出"将有序推进农业转移人口市民化。实施居住证制度，实行差别化落户政策，引导和鼓励农业转移人口优先向中小城市和建制镇转移"。城市人口规模的合理控制将在一定程度影响其城市土地和房地产需求，从而促进全国不同类型城市土地市场的协调发展。

（三）稳定货币投放政策和差别化信贷政策的持续实施将有利于抑制房地产市场的投机投资性需求，加之 2013 年房地产企业土地储备的增大，预计 2014 年土地市场将有所降温，地价增速将放缓

货币政策方面，2013 年 12 月 31 日，央行表示 2014 年将继续实施稳健的货币政策，保持适度流动性，实现货币信贷及社会融资规模合理增长，改善和优化融资结构和信贷结构。而在 2013 年年中、年末两度发生"钱荒"以及美国启动退出量化宽松政策的大背景下，短期内信贷和社会融资仍将平稳增长，但利率市场化、汇率改革等金融改革也将稳步推进，中长期货币信贷环境或将不再宽松。同时，2014 年央行将继续落实差别化住房信贷政策，加大对棚户区改造等保障性安居工程的金融支持。货币流动性变化和差别化信贷政策的持续将有利于抑制房地产市场的投机投资性需求。此外，据国家统计局数据，2013 年，房地产开发企业土地购置面积为 38814 万平方米，比上年增长 8.8%，比 2012 年提高了 28.3 个百分点，房地产企业土地储备增长较大。综合以上因素，预计 2014 年土地市场将有所降温，地价增速将放缓。

（四）不动产统一登记制度和房产税试点扩围将影响房地产市场预期，有利于土地市场的长期稳定发展

2013 年 2 月 28 日，国务院办公厅发布关于实施《国务院机构改革和职能转变方案》的通知，要求出台并实施不动产统一登记制度，并提出在 2014 年 6 月底前出台不动产登记条例。11 月 20 日，国务院总理李克强主持召开国务院常务会议，指出整合不动产登记职责、建立不动产统一登记制度，将分散在多个部门的不动产登记职责整合由一个部门承担，理顺部门职责关系，减少办证环节，减轻群众负担。而在 2013 年 5 月 24 日，国务院批准发改委《关于2013 年深化经济体制改革重点工作的意见》，提出扩大个人住房房产税改革试点范围。不动产统一登记和房产税改革试点扩围的逐步落实，对房地产市场预期将会产生一定的抑制作用，有利于促进土地市场的长期稳定发展。

B.3
北京土地市场 2013 年回顾及
2014 年预测

许丽兴　卢世雄*

摘　要：

2013 年，北京土地市场火热，成交额、成交量及成交价格同比均大幅反弹；土地市场上扬的驱动力主要在于企业销售持续向好、一线城市价值的重新认知、长期供不应求的预期及土地出让政策的助推。预计 2014 年土地成交量将稳中有升；土地成交价格快速上涨的态势将有所缓和，全年可能表现出先扬后抑的趋势，但出现大幅回落的可能性极小。

关键词：

北京土地市场　驱动力　预测

一　2013 年北京土地市场回顾

（一）土地成交总况

2013 年北京土地市场延续 2012 年下半年开始的土地市场回暖势头，市场火热程度接近 2010 年，全年土地成交表现为"量升价涨"。土地成交量的大幅回升体现在土地成交宗数、成交面积和成交额上，这主要得益于土地供应大幅增加和企业的积极参与；土地成交价格的快速上涨表现为土地溢价率高企、

---

* 许丽兴，房地产经济学硕士，远洋地产北京地区管理部投资经理；卢世雄，房地产经济学硕士，远洋地产北京地区管理部投资总监。

企业对热点地块的激烈争夺及区域楼面地价屡创新高。此外，值得关注的是 2013 年商业金融和多功能用地（以下统称"公建用地"）越来越受市场青睐，自住型商品住房用地的推出将对土地公开市场的竞争格局产生深远影响。

1. 成交量同比大增

从成交用地宗数看，2013 年，北京公开市场成交经营性用地①共 130 宗，其中住宅用地 67 宗，公建用地 63 宗。2013 年经营性用地成交宗数同比增长近 1 倍，且列 2005 年以来第二位（仅低于 2010 年的 142 宗），如图 1 所示。2005～2010 年土地成交宗数总体保持快速、持续增长（剔除 2008 年因受金融危机影响，成交宗数有所回落），并在 2010 年达到近 9 年来的峰值，但从 2011 年开始，受房地产业本轮"深度调控"影响及"土地供应瓶颈"制约，土地成交持续回落，2013 年实现反转。

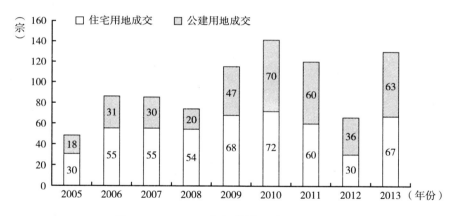

图 1　2005～2013 年经营性用地成交宗地数

数据来源：北京市土地整理储备中心，下同。

从成交面积及成交金额看，2013 年北京公开土地市场成交经营性用地总规划建筑面积约 1818 万平方米，同比增加 103%；土地出让金达 1746 亿元，同比增加 192%。土地成交面积及成交金额变化趋势与成交宗数变化规律基本一致，即 2010 年达到峰值，之后受调控及土地供应减少影响，土地成交面积和成交额持续下降，2013 年再次大幅回升，如图 2 所示。

---

①　本文所称经营性用地，指除工业、仓储用地以外的住宅、商业、多功能等用地。

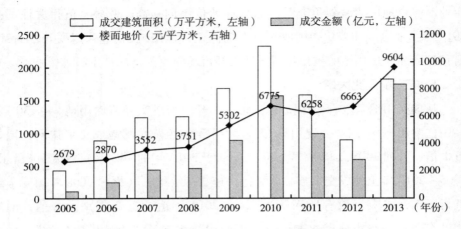

图2　2005～2013年经营性用地成交面积、金额及楼面地价

2. 成交价格大幅反弹

2013年，经营性用地成交价格与成交量变化趋势一致，亦大幅上涨。全年经营性用地平均楼面地价9604元/平方米，同比上涨44%，如图2所示。

此外，溢价率的变动更能体现市场交易的活跃程度。2013年，土地成交溢价率震荡上扬，尤其是第三、第四季度上升显著。全年经营性用地平均溢价率约40%，较2012年高出22个百分点；全年住宅用地平均溢价率约31%，较2012年高出14个百分点，如图3所示。

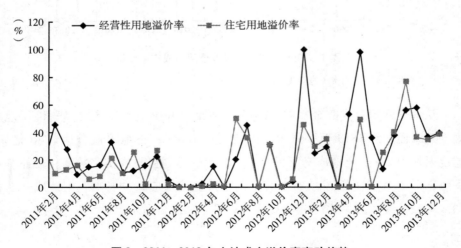

图3　2011～2013年土地成交溢价率变动趋势

从 2013 年 10 月开始，伴随着"京七条"及其实施细则的相继出台，原本竞争激烈的土地市场变得更加火爆。"京七条"出台后，规划有住宅用地的地块基本都通过"控制地价拐点、竞自住型商品住房面积"的竞价方式出让，这也使得地块的实际溢价率、地块规划剩余的纯商品房楼面地价被大幅推高。

3. 成交结构——公建比重加大，纯商品住宅用地被自住型商品住房挤压

在纯商品住房用地被自住型商品住房用地挤压、公建用地的价值提升双重背景下，公建用地市场表现抢眼。2013 年，公建用地成交量建筑面积 680 万平方米，占经营性用地 37%，纯商品住房用地成交建筑面积 640 万平方米，占经营性用地 35%，如图 4 所示；2013 年自住型商品住房用地 227 万平方米，占宅地的 20%，而纯商品住房用地占宅地的 56%，如图 5 所示。

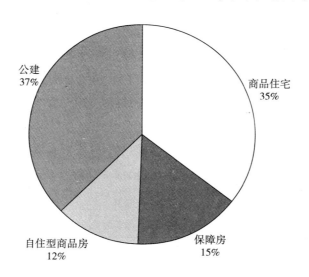

图 4　2013 年各类用地成交占经营性用地比例

4. 成交分布——以五环外近郊区为主，远郊提升明显

从土地成交区域看，2013 年近郊区（通州、大兴、房山、顺义、昌平）仍然为土地供应主要区域，且所占比重基本持平；内城区（东城、西城）出让了东城区崇文门路口东南角 1 宗优质地块，所占比重下降；亦庄开发区出让了 3 宗地，所占比例明显下降；城区（朝阳、海淀、丰台、石景山）与远郊区（平谷、门头沟、密云、怀柔、延庆）所占比重同比均有所提升。如表 1 所示。

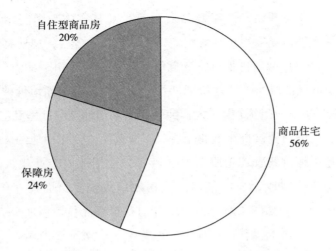

图5　2013年各类型宅地成交占住宅用地比例

表1　2013年各区县经营性用地成交宗数和建筑面积

区　县	宗数	规划总建面(万平方米)	区　县	宗数	规划总建面(万平方米)
东城区	1	9	顺义区	10	117
朝阳区	8	90	怀柔区	2	33
丰台区	6	84	亦庄开发区	3	40
海淀区	4	51	门头沟	8	111
石景山	7	113	密云县	4	92
昌平区	8	207	平谷区	4	43
大兴区	14	190	延庆县	5	35
房山区	20	305	合　计	130	1815
通州区	26	295			

　　从各区县土地成交比例看，房山、通州、昌平、大兴四区2013年经营性用地成交建筑面积占比过半，其次是顺义、门头沟、石景山、朝阳、丰台、密云，成交建筑面积占比为5%~6%，如图6所示。

5. 建设用地供应计划完成情况——近6年来首次完成供应计划

　　2013年，北京市计划供应经营用地1250公顷，同比上升4.2%。其中商服用地400公顷，同比上升14.3%；商品住宅用地850公顷，同比持平。

　　2013年，北京市经营性用地供地总体完成率达103.4%，近6年来首次完成年度建设用地供应计划，且向住宅用地倾斜。其中，成交商服用地314公

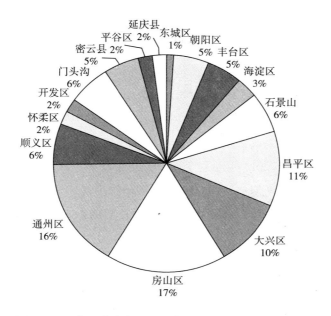

图 6　2013 年北京市各区县经营性用地成交建筑面积占比

顷，完成计划供应的 78.5%；成交商品住宅用地 978 公顷，完成计划供应的
115%。供地计划的顺利完成，在于前几年因供地不足，而在 2013 年 "促供
应" 背景下，政府加大供应力度，使得土地供应集中释放。预计 2014 年仍将
延续，如图 7 所示。

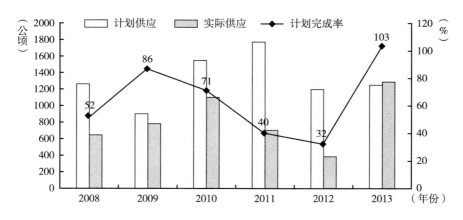

图 7　2008～2013 年建设用地计划供应与成交对比

（二）重点地块成交情况

在成交总价方面，2013 年，总价"地王"为门头沟新城 MC16－73 等地块，被融创住总骏洋三家联合体以 58.1 亿元获取，总价"地王"同比上年大幅提高 23.85 亿元。紧随其后的是东坝南区、昌平东小口镇两宗地，分别以总价 51.35 亿元、47 亿元成交。

在成交单价方面，2013 年北京土地单价再创新高，农展馆地块以实际楼面地价约 73000 元/平方米创造了北京土地市场新的单价"地王"；且热点区域热点地块的成交楼面均价也多次被刷新，如房山长阳破 2 万元/平方米、孙河突破 5 万/平方米、东坝南区达 5 万元/平方米、亦庄新城接近 6 万元/平方米等。

在溢价率方面，从 2013 年开始，北京政府创新性地对含有住宅的用地普遍推行"限地价，竞保障房面积"的出让方式，即每宗地均设定竞价上限进行控制，但基本上每宗地都达到竞价上限。这种竞价方式尽管使土地溢价率被有效控制，但由于土地市场的激烈竞争，竞配大量保障房实际上也大幅推高了经营性商品房楼面地价。值得关注的是，随着房企对公建用地的青睐，公建用地溢价率提升明显。

（三）重点房企市场表现

在 2012 年以来房地产市场快速回暖和持续火热的背景下，企业乐观预期逐渐增强，加上 2013 年土地供应量大幅反弹，且不乏优质地块，导致全年房企对土地市场表现出积极的热情。

表2　2013 年北京市土地成交总价排行

	宗地名称	成交日期	规划建面（平方米）	规划用途	成交价（万元）	楼面地价①（元/平方米）	受让单位
1	门头沟新城 MC10－73 等地块	12 月 19 日	347272	住宅混合公建、商业金融、托幼及医疗卫生	581000	18570	融创、住总和北京骏洋联合体
2	朝阳东坝南区 1105－654、656、658 号地	11 月 21 日	208373	居住、公建	513500	44055	恒大

续表

	宗地名称	成交日期	规划建面（平方米）	规划用途	成交价（万元）	楼面地价①（元/平方米）	受让单位
3	昌平东小口镇地块	1 月 21 日	516351	住宅混合公建	470000	10530	京投置地和北京基础设施联合体
4	海淀玉渊潭地块	1 月 18 日	329900	住宅混合公建	465000	—	京投置地和北京基础设施联合体
5	朝阳豆各庄地块	9 月 4 日	294605	住宅混合公建	404000	15963	恒大

注：如地块含有保障房、自住型商品住房，则楼面地价为折合经营性物业楼面地价，下同。

表3　2013 年北京市土地成交单价排行

	宗地名称	成交日期	规划建面（平方米）	规划用途	成交价（万元）	楼面地价（元/平方米）	受让单位
1	农展馆地块	9 月 5 日	59152	住宅混合公建	210000	73100	融创
2	亦庄开发区地块	11 月 4 日	101364	居住	122000	58195	住总首开联合体
3	朝阳孙河地块	7 月 23 日	76736	居住	236000	52828	中粮地产
4	海淀东升乡地块	11 月 4 日	27353	居住	54000	47233	合景泰富
5	东坝南区地块	11 月 4 日	84944	居住	175000	45695	保利首开联合体

表4　2013 年北京市公建用地成交溢价率排行

	宗地名称	成交日期	规划建面（平方米）	规划用途	成交价（万元）	溢价率（%）	受让单位
1	通州台湖镇 B–21 地块	5 月 30 日	76464	多功能用地	104000	242	世纪鸿和李金岭联合体
2	通州台湖镇 B–23 地块	5 月 20 日	62802	多功能用地	82500	230	世纪鸿和李金岭联合体
3	石景山鲁谷路用地	4 月 9 日	54665	商业金融	116500	174	新能（北京）国际
4	门头沟区新 MC09–065–066 地块	5 月 30	955–	商业金融	10600	121	北京慧友房地产
5	门头沟区新城 MC09–004 地块	5 月 22 日	32859	商业金融	36800	104	北京世纪今创

2013 年，随着地价快速上涨，品牌开发企业联合拿地的趋势进一步加强，尤其在一些规模较大、总价高的地块这种趋势更为明显，如万科获取 8 宗地中

有 6 宗、保利获取 6 宗地中有 3 宗、融创获取 4 宗地中有 3 宗、金地获取的 3 宗均是通过联合体取得。

表5　2013 年重点房企北京拿地情况

企业名称	获取地块	建筑规模（平方米）	获取价格（万元）	备注
万科	房山长阳镇 01－09－09、01－09－02 等地块	211084	110800	与山西明迈特、北京长阳兴业联合
	通州台湖镇 4－1－005、4－1－008、4－1－009 地块	123434	120000	与首开联合
	大兴新城核心区 I、J 组团 0101－009、012 地块	126996	112500	与首开联合
	房山长阳镇起步区九号地 03－9－02 等地块	156384	90000	
	顺义新城第 26 街区 2606－003－02 地块	44716	21800	与天竺联合
	通州区台湖镇 4－1－007 地块	103971	102000	
	顺义区高丽营镇于庄 03－38 等地块	170568	330000	与北京华雨鸿咨询有限公司联合
	延庆沈家营镇东王化营村西侧 A－03、B－05 地块	232564	70000	与北京天运、北京城建联合
保利	通州区运河核心区 IV－10 地块	51500	60513	
	通州区运河核心区 IV－11 地块	31500	37013	
	大兴区旧宫镇绿隔地区旧村改造二期 A2－1 地块	67937	128200	与首开联合
	通州区运河核心区 IV－06 地块	42000	48000	
	朝阳区东坝南区 1105－660、661、665 等地块	93534	210000	与首开联合
	通州区运河核心区 IV－04 地块 F3 用地	62000	80600	与佛山顺德晟鸿投资公司联合
融创	北京市大兴区亦庄新城 II－1 街区 B01R1－1 等地块	155036	204000	与葛洲坝联合
	北京市大兴区亦庄新城 II－1 街区 B02R1 等地块	174327	208000	与葛洲坝联合
	北京市朝阳区农展馆北路 8 号 0304－622 地块	59152	210000	
	门头沟新城 MC16－073 等地块	347272	586600	与住总、骏洋联合
富力	北京市通州区运河核心区 IX－09、08、13－A 地块	142800	182777	
	北京市通州区运河核心区 IX－11、12、13－B 地块	186200	232777	
	北京市通州区运河核心区 IX－10 地块 F3 用地	136800	173777	
	北京市通州区永顺镇居住、托幼及小学项目	466353	356000	
金融街	石景山五里坨南宫住宅小区（A、B 地块）	355890	381201	北京实兴腾飞置业发展公司联合

续表

企业名称	获取地块	建筑规模（平方米）	获取价格（万元）	备注
金隅	北京市房山区良乡组团 10 - 01 - 05 等地块	209222	176500	与北京市建筑装饰设计联合
绿地	顺义第 20 街区 20 - 28、20 - 37、20 - 40 地块	142382	101000	
	房山拱辰街道办事处 05 - 13 - 10、05 - 13 - 12 等地块	121340	63600	
	昌平小汤山镇 B - 04、B - 05、B - 07 地块	177941	118800	
	昌平北七家镇公建混合住宅用地	172084	105080	与北京科技商务区建设联合
	通州运河核心区 IV - 07 地块	43700	49650	
	房山拱辰街道办事处及长阳镇 09 - 05 - 03 地块	86513	42400	
	房山拱辰街道办事处及长阳镇 09 - 03 - 12 地块	116410	55300	
	顺义新城第 26 街区 2606 - 003 - 03 地块	45011	22600	
	通州运河核心区 IV - 01 地块	60000	78200	
城建	北京市密云县水源路南侧土地储备项目 A - 2 地块	442170	180000	
	房山区窦店镇 01 - 0050、01 - 0055 地块	91391	46000	
	大兴区魏善庄镇北区、西区 AA - 25 地块	184248	111500	
	大兴区魏善庄镇北区、西区 AA - 29 地块	90958	46000	
	房山区房山新城良乡理工大学 2 号地	194258	169000	
	延庆县沈家营镇东王化营村西侧 A - 03、B - 05 地块	232564	70000	与万科、北京天运房地产联合
	北七家镇平西府组团土地一级开发项目	288137	154800	
首开	大兴区旧宫镇绿隔地区旧村改造二期 A2 - 1 地块	67937	128200	与保利联合
	朝阳区东坝南区 1105 - 660、661、665 等地块	93534	210000	与保利联合
	大兴亦庄河西区 X13R2 地块	101364	122000	与住总联合
	大兴区亦庄新城 II - 1 街区 B01R1 - 2 地块	109550	164000	与住总联合
	北京市昌平区东小口镇 G06 - 2 等地块	67565	85500	
	昌平区东小口镇 G05 - 1、G05 - 3、G08 - 1 地块	62339	94500	
中国铁建	海淀区环保科技园 3 - 3 - 230 等地块	97511	181000	
	顺义新城第 7 街区 0701 - 013 地块	96992	102700	
金地	区门头沟新城 MC10 - 033 等地块	162583	213000	与中水电联合
	门头沟新城 MC10 - 037 等地块	176477	190000	与中水电联合
	大兴区孙村组团三期 B - 07 地块二类居住用地	134571	120000	与中水电联合
龙湖	北京市昌平区沙河镇 C - X06、C - X07、C - X10 地块	276965	216000	

（四）土地市场驱动力分析

2013 年北京土地市场的火爆，原因在于销售端持续向好、对一线城市价值的重新认知、长期供不应求的预期及土地出让政策的助推。

1. 商品房销售持续向好

2013 年，北京市商品住宅成交面积约 1194 万平方米，较 2012 年略有回落，但仍处于 2008 年以来的较高位水平（2009 年受调控政策利好，成交猛增），商品住宅成交价格同比上涨约 15%，如图 8 所示。

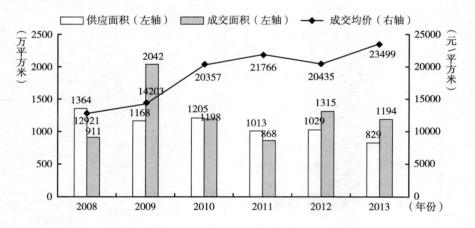

图 8 2008～2013 年北京商品住宅年度成交走势

数据来源：CRIC，数据包含住宅、公寓、别墅。

出售持续向好，一方面使企业现金流充裕、主动投资积极性高，另一方面快速的去化也要求企业补仓。这一点，从 2013 年房企对北京土地公开市场的参与情况可见一斑。因此，大量房企积极参与土地市场，必然加剧土地市场竞争。

2. 对一线城市价值的重新认知

经历了本轮调控后，包括北京在内的一线城市的价值被重新认知。房企逐渐意识到一线城市的潜力和三、四线城市的风险，这一点从 2012 年各线城市商品房销售增长速度不难发现。房企对一线城市的战略态度也随之发生变化，一是已经布局北京的品牌房企的战略中心再次向一线城市转移，加大了在北京的投资力度；二是部分尚未布局北京的企业争相入京，包括恒大在内的一线房企及一些中小开发商，北京土地市场竞争也随之变得空前激烈。

3. 对土地市场长期供不应求的预期

从图 8 可以看出，北京自 2008 年以来，仅 2013 年完成了经营性用地的供地计划；而从图 9 亦可以看出，北京商品住房市场基本处于供不应求的状态。此外，受制于土地资源的稀缺性和土地开发速度的刚性，土地供应紧缺的局面将长期存在。而土地资源的短缺，更加剧了土地市场的竞争和强化了乐观的市场预期。

4. 土地出让政策的助推

2013 年北京土地出让政策有两个显著的变化，一是大量地块需竞配自住型商品住房，二是成交地块规模以中小地块为主。自住型商品住房政策的出台，虽然在很大程度上制约了企业单块土地的利润、隐蔽地推高了楼面地价，但由于自住房部分的销售额基本提前锁定并能快速回款，企业风险仅来自地块中纯商品房部分，整体市场风险大大降低。因此，在风险与利润权衡下，加上对未来市场的乐观预期，企业竞价激进也不难理解。此外，政府通过控制出让地块规模有效地控制了单宗土地总价，但同时也降低了竞争门槛，使更多中小企业能够参与竞价。充分的竞争必然带来激烈竞争的市场。因此，当前的土地出让政策，无论是对单个企业的投资积极性，还是对完全竞争市场的构建，都起了助推作用。

二 2014 年北京市土地市场预测

（一）政策环境——政策基本见顶，但从严的政策基调不变

自 2011 年的本轮调控以来，政策密集出台，经过三年的深度调控，调控政策基本见顶，未来主要是通过市场作用、建立长效调控机制来引导市场持续健康发展。

但是，从 2012 年以来，房价再次持续快速上涨，成交量依旧在高位，而新建商品住房库存依旧不足，房价上行压力不减。因此，严格执行现有调控政策是 2014 年调控的主基调。

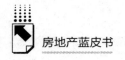
（二）市场供应——总量稳中有升，结构调整深化，节奏更平稳

从供应总量看，预计 2014 年土地供应仍会保持在高位，且较 2013 年整体表现为稳中有升的态势。首先，随着调控思路由"抑需求"向"促供应"的转变，政府主观上将有确保土地的有效供应的动力；其次，经过前几年土地一级开发的大量投入，土地出让市场逐渐进入收获期，具备大量供地的客观基础；最后，目前企业拿地积极性高，土地市场火热，更有利于土地价值的实现。

从土地供应用途看，宅地比重将有所提高。2014 年，北京市要实现 5 万套自住型商品住房的供地（2013 年为 2 万套），在供应总量总体稳定的前提下，土地供应将继续向自住房倾斜，纯商品房的供地将被进一步挤占。从供应区域看，自 2010 年以来，土地供应郊区化（五环以外）趋势逐年加强，2013年，超五成的土地供应集中在房山、通州、昌平、大兴四个区域，预计 2014年这种趋势将延续，且远郊区县的供应将提升。此外，热点区域热点板块阶段性集中供地仍是 2014 年土地供应的一大特点，包括朝阳孙河组团、朝阳东坝、朝阳金盏园区、丰台亚林西、亦庄经济开发区、运河商务核心区等。

从供应节奏看，2013 年，各季度经营性用地供应分别为 36 宗、20 宗、29宗和 45 宗，总体比较均衡。预计 2014 年全年土地供应节奏将更平稳，以避免地价的大起大落。

（三）市场成交——量升价稳

成交量方面，在土地供应有保障、房地产企业对 2014 年北京房地产市场预期向好、自住型商品住房用地刚性需求等因素作用下，预计 2014 年土地成交量依旧保持稳定增长态势。

成交价格方面，由于近年来土地开发整理中一级开发成本持续攀升，政府收益也参考周边土地交易价格、房地产交易价格，而 2012 年、2013 年北京市地价、房价均快速大幅上涨，土地价格相应较高，加上土地市场的激烈竞争，预计 2014 年土地价格很难回落。

溢价率方面，由于 2014 年将加大"限地价、竞自住型商品住房面积"土地出让方式的力度,以确保自住房供地任务完成,预计 2014 年土地溢价率将有所下降。

(四)企业表现——谨慎乐观,防范风险

2013 年土地成交虽有反弹,但多数企业仍面临土地储备不足的局面;而 2014 年,商品住房用地的比重将进一步降低,因此,多家企业激烈竞价同一宗用地的局面仍将存在。同时应该注意到,目前房价、地价已经在新的高位运行,要继续保持 2012 年、2013 年的快速增长略显乏力,市场存在高位盘整、进入一个新的调整周期的可能。因此,房企在取地上虽然会保持进取态度,但也会更注意风险的防范。

参考文献

北京市土地整理储备中心网站,www. bjtd. com。

王洪辉、傅淼:《2009 年北京土地市场形势分析与 2010 年前景预测》,载牛凤瑞主编《中国房地产发展报告 No. 6》,社会科学文献出版社,2010。

卢世雄、马建华:《2012 年北京土地市场形势分析与 2013 年前景预测》,载牛凤瑞主编《中国房地产发展报告 No. 10》,社会科学文献出版社,2012。

金融与企业篇

Finance and Enterprises

B.4

2013 年房地产投融资现状及
2014 年趋势分析

丁兴桥　严锦梅　徐 瑞*

摘　要：

本文对 2013 年房地产投融资现状进行分析，同时对 2014 年房地产投融资发展趋势进行判断，并提出相应政策建议。2013 年房地产投资增速显著提升，特别是住宅投资和土地投资增速提升最为突出；融资增速亦上升明显，融资结构逆势调整，融资渠道进一步拓展，房地产信托、房地产基金、境外融资等融资方式得到迅速的发展。展望 2014 年，房地产调控趋于常态化，行业分化发展格局愈加明显，预计房地产投资将趋于稳定化，而融资趋于多元化。

*　丁兴桥，中国社会科学院研究生院城市发展与环境系研究生，现供职于北京北控老年产业投资管理有限公司；严锦梅，中国社会科学院研究生院城市发展与环境系研究生，现供职于中国指数研究院；徐瑞，中国社会科学院研究生院金融硕士。

关键词：

　　房地产　投融资　趋势

一　2013 年房地产投资特征

　　2013 年，面对国内外复杂的经济形势，新一届政府持续推进经济结构调整，确保经济"稳中求进"。房地产市场经历了年初"国五条"及各地细则的陆续出台，调控基调继续坚持不动摇，市场却维持了强劲的复苏态势。特别是一、二线城市市场全面复苏，重点城市房价普涨、成交量持续回升，土地市场量价齐升，行业投资环境全面回暖。

（一）房地产开发投资增速显著提升

　　房地产调控的持续加强，使 2011 年、2012 年城镇固定资产投资、房地产开发投资和住宅投资增速均呈现不断下降的态势，2012 年达到了低谷，当年住宅投资增速创十年来新低，低于同期房地产投资增速 4.8 个百分点，增速较 2011 年大幅下降 18.8 个百分点。2013 年，在经济企稳回升和房地产市场全面回暖的背景下，房地产行业开发投资走出了连续两年的下跌趋势，投资力度明显加大。2013 年，全年房地产开发投资达 86013.38 亿元，同比增长 19.8%，增速较 2012 年提高 3.6 个百分点，较同期城镇固定资产投资增速高 0.2 个百分点，占城镇固定资产投资比重为 19.7%，与 2012 年持平。其中，住宅投资为 58950.76 亿元，增速为 19.4%，增速同比大幅提升 8 个百分点（见图 1）。

　　房地产行业的回暖，提升了行业投资的热情和信心。2013 年，房地产开发投资和住宅投资各月的累计增速均维持在较高水平。2~12 月各月房地产开发投资累计增速均超过 19%，2 月份最高，达到 22.8%；住宅投资各月累计增速最高为 23.4%，最低为 18.9%，各月累计增速亦较为稳定（见图 2）。

（二）住宅投资实现大幅提升，中高端住宅投资力度加大

　　2010 年房地产调控加大力度以来，大量的购房需求被积压下来，2012 年

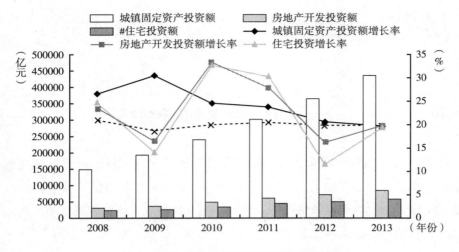

图1　2008～2013年房地产开发投资情况

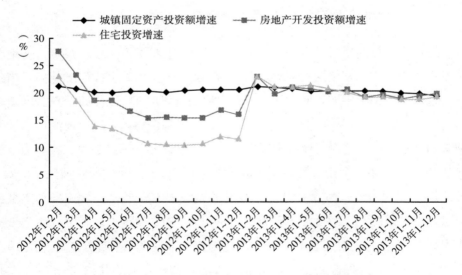

图2　2012～2013年各月房地产开发投资累计增速情况

下半年市场开始松动，前期积累下来的需求开始释放。2013年延续了市场复苏的趋势，需求得到集中释放，房地产市场交易量价齐升。在此背景下，住宅投资额显著增长，2013年住宅投资增长率达到了19.4%，增速较2012年提升8个百分点。其中，90平方米以下住房投资增速为15.8%，涨幅较上年回落6.1个百分点；而140平方米以上住房和别墅、高档公寓的中高端住宅的投资力度有所加大，140 平方米以上住房增速为 6.6%，增速较 2012 年上升 2 个百分点，别墅、高档公寓投资增速为 5.5%，较上年提高 4.8 个百分点。可见，在市场全面回暖环境下，住宅投资信心加大，除了 90 平方米以下小户型的刚需型住宅投资外，140 平方米以上住房和别墅、高档公寓的中高端住宅投资走出 2012 年的下跌态势，开始回升（见表 1）。

表 1　2012~2013 年全国房地产开发投资增长情况

单位：%

时间		房地产投资增长率	住宅投资增长率	住宅投资中			办公楼投资增长率	商业营业用房投资增长率	其他房地产投资增长率
				90 平方米以下住房	#140 平方米以上住房	#别墅、高档公寓			
2012 年	1~2 月	27.8	23.2	26.7	26.7	12.6	31.0	42.5	38.4
	1~3 月	23.5	19.0	31.6	19	-0.4	43.4	34.2	31.7
	1~4 月	18.7	13.9	26.7	13.4	1.3	37.1	34.2	25.3
	1~5 月	18.5	13.6	26.1	12.1	1.9	44.7	31.6	25.6
	1~6 月	16.6	12.0	24.3	10.8	4.6	31.9	26.3	28.1
	1~7 月	15.4	10.7	22.5	10.5	4.1	33.8	23.6	28.3
	1~8 月	15.6	10.7	21.6	8.9	2.9	35.0	25.7	29.0
	1~9 月	15.4	10.5	21.6	8.0	1.2	36.0	25.3	28.0
	1~10 月	15.4	10.8	21.9	9.3	0.5	31.4	25.8	27.2
	1~11 月	16.7	11.9	24.0	8.5	-0.2	32.7	27.3	29.6
	1~12 月	16.2	11.4	21.9	4.6	0.7	31.6	25.4	30.1
2013 年	1~2 月	22.8	23.4	24.7	15.4	16.4	53.3	22.4	9.7
	1~3 月	20.2	21.1	19.4	14.3	12.9	44.1	21.2	6.9
	1~4 月	21.1	21.3	19.1	14.1	13.6	48.6	22.7	9.6
	1~5 月	20.6	21.6	18.9	14.9	8.5	41	24.1	5.7
	1~6 月	20.3	20.8	20.3	13.8	2.5	42.8	26.1	5.3
	1~7 月	20.5	20.2	19.6	10.1	2.1	40.2	29.5	7.0
	1~8 月	19.3	19.2	18.3	8.7	2.8	40	26.5	6.1
	1~9 月	19.7	19.5	17.4	9.9	5.1	37.6	27.9	7.1
	1~10 月	19.2	18.9	16.5	8.5	5.5	36.9	26.9	7.1
	1~11 月	19.5	19.1	15.9	7.7	5.9	36	27.6	8.3
	1~12 月	19.8	19.4	15.8	6.6	5.5	38.2	28.3	7.3

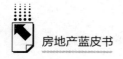

（三）住宅投资结构更契合市场需求

刚需依然是目前房地产市场的主流需求，随着市场的全面回暖，中高端需求持续释放。研究显示，2013 年的住宅投资结构更加切合市场需求结构，其中刚需型投资比重提升幅度较大，创 2007 年以来的新高，90 平方米以下刚需型住房投资占比为 33%，较上年大幅提升 9.6 个百分点。另外，追求品质生活的中高端住宅投资比重亦在市场复苏中得到提升，140 平方米以上住房占住宅投资 17.7%，较 2012 年上升 4 个百分点；别墅、高档公寓投资占比为 6.2%，较上年提升 1.4 个百分点（见表 2）。

表2　2004~2013 年全国房地产开发投资结构情况

单位：%

年份	住宅投资额	其　中			办公楼投资	商业营业用房投资	其他
		90 平方米以下住房	140 平方米以上住房	别墅、高档公寓			
2004	67.2	—	—	8.2	5.0	13.1	14.8
2005	68.3	—	—	6.6	4.8	12.8	14.1
2006	70.2	—	—	7.4	4.8	12.1	12.9
2007	71.2	16.6	—	7.1	4.1	11.0	13.7
2008	71.9	20.9	12.2	6.5	3.7	10.8	13.6
2009	70.7	23.0	14.3	5.7	3.8	11.5	14.0
2010	70.5	22.1	13.7	5.9	3.7	11.7	14.0
2011	71.8	22.1	14.7	5.5	4.1	11.9	12.2
2012	68.8	23.4	13.7	4.8	4.7	13.0	13.6
2013	68.5	33.0	17.7	6.2	5.4	13.9	12.2

（四）商业地产投资热度不减，增速、占比持续提升

在房地产调控政策持续从严背景下，不少房地产企业为了获得新的生存空间，抓住新型城镇化进程中带来的新机遇，实现长期的稳定发展，纷纷进入商业地产领域，持续加大对商业地产的投资。2013 年，办公楼投资增速为

38.2%，同比提升 6.6 个百分点，较同期房地产投资增长率高出 18.4 个百分点；商业营业用房投资增速为 28.3%，比上年提升 2.9 个百分点，较同期房地产投资增长率高 8.5 个百分点。从投资占比来看，2013 年办公楼投资比重为 5.4%，商业营业用房投资占比为 13.9%，两者均创十年来的新高。加大商业地产投资是房地产企业在新形势下的选择，而运作商业地产对企业的资金和管理具有更高的要求。

（五）中、西部投资增速较高，东部地区依然是投资重地

2013 年，东、中、西部地区房地产开发投资增长显著，增速均较 2012 年有显著的提升，其中市场复苏较为强劲的东部地区投资增速同比上升 4.5 个百分点，中部和西部地区同比分别上升 1.4 和 2.8 个百分点。是年，东、中、西部地区房地产开发投资额分别为 47972 亿元、19045 亿元、18997 亿元，同比分别增长 18.3%、20.8%、22.6%。从增速上来看，中、西部投资增速较高，投资增速均高于同期全国房地产开发投资增速，西部地区投资增速高于全国 2.8 个百分点。2011～2013 年西部地区投资增速一直位列三个地区之首，中部地区的投资增速在 2012 年超越东部地区，紧随西部地区增速，东部地区这两年的增速较中、西部而言，相对稍低（见图 3）。

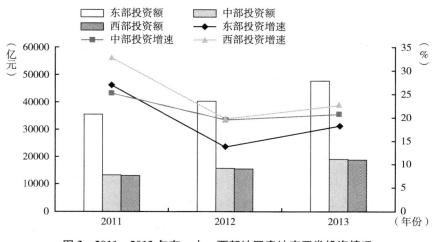

图 3　2011～2013 年东、中、西部地区房地产开发投资情况

从投资规模来看，东部地区依然是投资的重地，2013年，东部地区投资额为47972亿元，比中、西部两个地区投资总额高出9930亿元，投资占比达55.8%；中部和西部地区的投资占比相当，均为22.1%。2011～2013年，东部地区的投资占比一直处于下降态势，而西部地区的投资比重呈现持续上升的趋势，但是东部地区从投资规模和占比上都仍处于绝对优势地位（见图4）。东部地区各省份经济发展较快，居民购买力强劲，需求较为旺盛，未来在中、西部地区房地产开发投资比较有所上升的形势下，东部地区仍将是全国房地产开发投资的重地。

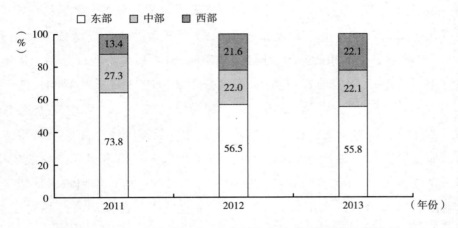

图4　2011～2013年东、中、西部地区房地产开发投资占比情况

（六）全年土地购置投资持续上升

2013年以来，房地产市场的回暖使房企对未来市场预期持续看好，积极储备土地，土地市场异常火热，"地王"频出，呈现量价齐升的态势。房地产业土地购置面积和成交价款累计增长率由负转正并持续上升，全年土地购置面积38814万平方米，累计增长8.8%，较上年累计增长率大幅上扬28.3个百分点；土地成交价款9918亿元，累计增长33.9%，较上年的累计增长率更是大幅上涨了50.6个百分点。土地购置投资的上升，为未来市场上房屋的供给量奠定了一定基础，有利于未来房地产市场价格的稳定。

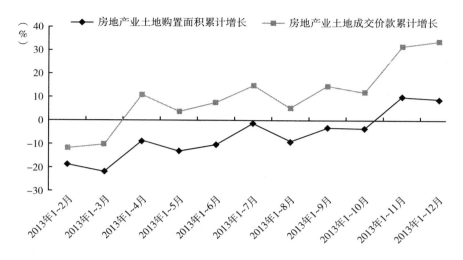

图 5　2013 年房地产土地购置投资情况

二　2013 年房地产融资

2013 年，没有放松房地产宏观调控，但受到市场回暖和货币政策微调的影响，房地产行业融资环境相对宽松，房地产企业进行了积极的融资拓展，行业融资局面出现改观。鉴于房地产行业对资金的巨大需求和货币政策调整的有限性，房地产业资金整体紧张局面依然延续。

（一）房地产融资增速上升明显，融资结构逆势调整

2013 年，房地产开发企业当年资金来源 122122 亿元，同比增长 26.5%，增速比 2012 年提高 13.8 个百分点。其中，国内贷款 19673 亿元，增长 33.1%；利用外资 534 亿元，增长 32.8%；自筹资金 47425 亿元，增长 21.3%；其他资金 54491 亿元，增长 28.9%。在其他资金中，定金及预收款 34499 亿元，增长 29.9%；个人按揭贷款 14033 亿元，增长 33.3%（见图 6）。

在房地产资金来源中，国内贷款、利用外资、自筹资金、其他资金占资金小计的比重分别为 16.1%、0.4%、38.8%、44.6%，其中定金及预收款、个人按揭贷款占比分别为 28.3%、11.5%；而 2012 年的占比分别为 15.3%、

0.4%、40.5%、43.8%，其中定金及预收款、个人按揭贷款占比分别为27.5%、10.9%（见表3）。受到房地产市场回暖的影响，银行对房地产业的贷款投放力度加大，国内贷款在房地产融资总额中的占比得到了逆势提升；另外，随着房地产市场成交量的提升，其他资金来源部分的定金及预收款、个人

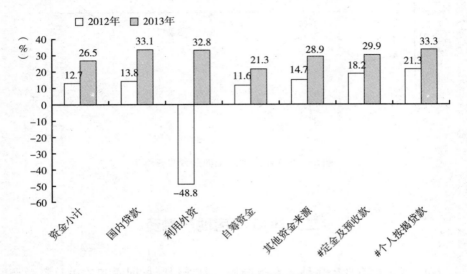

图6　2012～2013年房地产资金来源增长率

表3　2003～2013年全国房地产开发资金结构

单位：亿元，%

年份	当年资金小计	国内贷款占比	利用外资占比	自筹资金占比	其他资金来源占比	#定金及预收款占比	#个人按揭贷款占比
2003	13197	23.8	1.3	28.6	46.3	38.7	—
2004	17169	18.4	1.3	30.3	49.9	43.1	—
2005	21398	18.3	1.2	32.7	47.8	36.6	—
2006	27136	19.7	1.5	31.7	47.1	30.2	9.5
2007	37478	18.7	1.7	31.4	48.2	28.5	13.1
2008	39619	19.2	1.8	38.6	40.3	24.6	9.8
2009	57799	19.7	0.8	31.1	48.5	28.1	14.8
2010	72944	17.2	1.1	36.5	45.2	26.1	12.6
2011	85689	15.2	0.9	40.9	43.0	25.2	9.8
2012	96538	15.3	0.4	40.5	43.8	27.5	10.9
2013	122122	16.1	0.4	38.8	44.6	28.3	11.5

按揭贷款占比也有所提升；而利用外资占比与 2012 年持平，自筹资金占比略有下降。2013 年的房地产融资结构变化说明，房企自身筹集资金的渠道仍然有限，对商业银行贷款过分依赖的现象依然没有得到根本性的改善。

从月份数据看，2013 年房地产开发资金总体保持增长，但是增长率出现逐渐下降的态势，1～2 月份增长率为 33.7%，1～12 月份增长率下降到 26.5%。在房地产开发资金中，资金的变化趋势又各有特点：包括定金及预收款、个人按揭贷款在内的其他贷款的增长率保持了资金总体同样的趋势；而国内贷款增长率却从年初的 26.4% 增加到了年末的 33.1%；利用外资也在 1～3 月份扭转了 2012 年来持续递减的趋势，并且增资率保持了上涨态势；自筹资金增长率则保持了全年的波动状态（见表 4）。

表 4 2013 年全国房地产开发资金增长情况

单位：%

月份	资金小计	国内贷款	利用外资	自筹资金	其他资金	#定金及预收款	#个人按揭贷款
1～2	33.7	26.4	-18.4	22.3	53.5	66.5	58.8
1～3	29.3	19.8	13.6	13.6	53.8	63.3	63.3
1～4	33.5	26.8	28.5	16.2	55.9	61.9	67.7
1～5	32.0	27.9	18.2	14.3	53.7	57.9	61.6
1～6	32.1	30.4	15.9	16.3	50.3	51.2	60.4
1～7	31.5	31.1	18.0	18.2	45.5	44.7	56.0
1～8	28.9	30.3	17.2	16.7	40.9	38.1	50.3
1～9	28.7	32.3	23.4	18.4	37.7	36.1	45.8
1～10	27.2	31.9	23.4	17.7	34.8	34.1	40.9
1～11	27.6	33.8	28.0	20.8	31.9	32.1	36.5
1～12	26.5	33.1	32.8	21.3	28.9	29.9	33.3

（二）地区间差异缩小趋势扭转，东部地区优势凸显

2013 年东、中、西部地区房地产资金分别为 73755 亿元、23930 亿元、24436 亿元，占资金来源的比重分别是 60.4%、19.6%、20.0%。东、中、西部地区房地产资金同比增长 27.7%、24.6%、24.9%，全国房地产资金同比增长 26.5%，东部地区超过全国增速，中、西部地区低于全国增速，东部地

区优势凸显，扭转地区间差异缩小的趋势（见表5）。房地产资金占全国比重排在前十位的省份分别是江苏（10.4%）、广东（8.6%）、浙江（7.3%）、辽宁（6.1%）、山东（6.0%）、北京（6.0%）、福建（4.7%）、四川（4.4%）、上海（4.2%）、安徽（4.2%），东部地区占了8个、中部地区占了1个、西部地区占了1个。

表5 2013年东、中、西部地区房地产开发资金情况

单位：%

地区	资金来源		国内贷款		利用外资		自筹资金		其他资金	
	比重	增速	比重	增速	比重	增速	比重	增速	比重	增速
东部	60.4	27.7	67.4	30.3	72.2	28.4	55.8	22.0	61.7	31.5
中部	19.6	24.6	13.9	34.7	9.6	-10.6	22.8	18.8	18.9	28.9
西部	20.0	24.9	18.7	43.1	18.1	119.7	21.3	22.6	19.3	21.3
全国	100.0	26.5	100.0	33.1	100.0	32.8	100.0	21.3	100.0	28.9

（三）房地产贷款增长较快，凸显"差别化"特点

2013年房地产市场一片向好，房地产企业业绩表现良好，银行对房地产行业的信心逐渐增长，银行信贷对房地产支持力度有所提升。2013年，全国全部金融机构人民币各项贷款余额71.9万亿元，同比增长14.1%，全年增加8.89万亿元，同比多增6879亿元。房地产贷款余额14.61万亿元，占全部贷款余额的20.31%，同比增长19.1%，比2012年末高6.3个百分点；全年增加2.34万亿元，同比多增9987亿元，增量占同期各项贷款增量的28.1%，比2012年增量占比高10.7个百分点。其中地产开发贷款余额1.07万亿元，同比增长9.8%，增速比2012年末低2.6个百分点；房产开发贷款余额3.52万亿元，同比增长16.3%，比2012年末高5.6个百分点；个人购房贷款余额9.8万亿元，同比增长21%，增速比2012年末低7.5个百分点[①]。2013年，保障性住房开发贷款余额7260亿元，同比增长26.7%，增速比2012年末低20个百分点；全年增加1530亿元，占同期房产开发贷款增量的31%，比2012

---

① 《2013年金融机构贷款投向统计报告》，中国人民银行网站（http：//www.pbc.gov.cn）。

年增量占比低 35.5 个百分点。

2013 年，银行贷款进一步凸显"差别化"特点，贷款投向重点向大型房企和潜力型房企倾斜。随着房地产市场逐渐调整，房企内部开始分化，"马太效应"日趋明显，大型房企领先优势进一步显现，大型房企在获取银行贷款时具有明显的优势。大型房企相对容易获取较低利率的贷款，而小型房企在获取银行贷款难度较大的情况下，贷款利率还需保持在较高水平。另外，一些具有自身独特发展模式的潜力型房企也较容易获得银行贷款的支持，例如契合国家城镇化战略、致力于产业地产、养老地产的企业，近几年发展较为迅速，其发展潜力得到了银行的认可，银行对其支持力度加大。

（四）新兴融资渠道进一步拓展，直接融资渠道更加多元化

2013 年，在房地产企业融资结构中，房地产信托扮演着极为重要的角色，房地产信托发行规模增长显著。数据显示，2013 年房地产信托发行量为 997 款，规模总计 3161 亿元，与 2012 年规模相比上涨 73.20%；平均年化收益率为 9.52%，较 2012 年降低了 0.61 个百分点，三年来首次跌破 10%。另外，房地产信托一般时限较短，2013 年房地产信托平均时限为 1.90 年，易受市场波动的影响，兑付风险较大（见表 6）。2013 年，随着前两年房地产项目的陆续到期，房地产信托业迎来了大规模的兑付高潮，受到限购、限价、限贷等调控措施的影响，部分房企现金流受到一定的影响，地产信托出现了一定的兑付风险，但受到房地产市场整体回暖的影响，风险仍在可控范围之内。

表 6　2013 年房地产信托发行情况

年份	成立数量（款）	成立规模（亿元）	平均规模（亿元）	平均期限（年）	平均预期年收益率（%）
2007	60	118	1.97	2.44	7.20
2008	137	259	1.89	1.81	9.98
2009	213	422	1.98	1.94	8.16
2010	591	1845	3.12	1.86	8.87
2011	1026	2835	2.76	1.84	10.03
2012	752	1825	2.43	1.80	10.13
2013	997	3161	3.17	1.90	9.52

2013 年，房地产企业通过境外 IPO 方式融资行为活跃，共有 7 家房地产企业先后在香港上市，融资规模达到 83.91 亿港元（见表 7）。受到下半年房地产企业再融资开闸预期的影响，一批上市房企纷纷发布再融资方案，如果这些融资方案获得证监会审批，房企的融资成本将大大降低，部分房企的资金压力将进一步缓解。

表 7　2013 年房企在港 IPO 融资情况

单位：亿港元

时　间	企业名称	融资金额	上市地点
2013 年 1 月 16 日	金轮天地控股	6.95	香港
2013 年 6 月 13 日	五洲国际	13.30	香港
2013 年 7 月 12 日	当代置业	5.454	香港
2013 年 10 月 31 日	毅德控股	15.81	香港
2013 年 10 月 31 日	景瑞地产	13.15	香港
2013 年 12 月 11 日	时代地产	14.41	香港
2013 年 12 月 20 日	龙光地产	14.84	香港

随着房地产业对资金需求的不断增长以及传统融资手段的受阻，房地产企业对新兴融资手段进行了拓展和摸索，私募基金对房地产支持力度逐渐加大。房地产私募基金不断发展，规模持续扩大，投资方向也逐渐由住宅地产向商业地产、旅游地产和养老地产等多种业态延伸。

另外，随着房地产业逐渐走向"低利润时代"，一些房地产企业开始探索地产与金融相融合的全新发展模式（例如万科入股徽商银行）。通过与金融行业相结合，逐步打通与金融行业的边界，一方面寻求多元化发展路径，另一方面为将来低成本筹集资金奠定基础。

三　2014 年趋势分析

2014 年，全球经济复苏加快，深化改革成为国内经济发展的主基调，改革红利将会逐步释放。延续以往的调控主基调，房地产市场长效机制将逐步建立，市场因素将代替行政因素开始成为主导，房地产市场会逐渐走向"理性"

发展。

1. 政策——长期化、制度化、供给化、差别化

2013 年初的"国五条"、"国六条"及其细则把近十年的房地产调控推向了高潮,随后房地产调控逐渐向长期化、制度化政策转变。一方面,保障房建设和房地产税改革等长期化、制度化政策开始被重视,以往的短期性、行政化措施逐渐淡出,政府对房地产市场调控的思路开始变成"市场化交市场,保障性归政府",政府和市场的边界日渐清晰,同时房地产调控措施也开始由原来的"供给需求双压"向"增供给压需求"转变;另一方面,房地产调控"一刀切"局面开始改善,中央政府不再过多出台全国性的调控措施,房地产调控的权力开始逐渐下放到地方政府,地方政府开始逐渐承担起房地产调控的主要责任,这样有利于各地更加有针对性地对房地产市场进行调控。

2. 产业——企业分化、城市分化

在中国经济进行改革和转型的关键时期,房地产业会继续保持支柱产业的地位。随着中国城镇化的不断推进,房地产业规模将会继续扩大。但是,随着房地产市场的逐渐理性化、市场化,以及 2013 年房地产市场的逆势增温,房地产市场将逐渐呈现企业和城市两方面的分化。一方面,大企业优势进一步明显,中小企业劣势逐渐显现,这不仅表现在投资量、开发量方面,还表现在销售面积、销售金额、市场占有率等方面,尤其是融资拓展能力方面;另一方面,大城市房地产市场与中小城市房地产市场也将呈现不同的特点,大城市房地产市场发展的动力依然强劲,中小城市房地产市场将面临一定的衰退风险,企业的投资也将更加偏向于一线大城市。

3. 投资——平稳化、延伸化

2014 年,随着房地产业整体进入平稳运行期,对调控政策预期也将趋于稳定,房企投资意愿增强,同时受到房企对 2013 年拿地的影响,房地产投资将在 2014 年继续延续增长态势;但是鉴于长期以来房地产调控的影响以及房地产调控长效机制的出台,房地产开发投资也将趋于稳定。随着房地产调控的逐渐深入和房地产市场的不断成熟,房地产业利润受到压缩,部分房企开始涉足多种地产业态,例如商业地产、养老地产和旅游地产,还有些实力较强的房企也进行了跨业经营和跨国地产经营,例如房企涉足银行、国内房企到国外开

发项目等。

4. 融资——多元化、创新化

随着美国量化宽松的缩减、国内流动性趋紧、信贷政策进一步差别化执行，外资、热钱会逐渐撤离，国内银行贷款继续紧缩，"钱荒"会频频出现，资金需求巨大的房地产企业资金紧张的局面将会持续。在此背景下，房地产企业会进一步拓展融资渠道，"多收并举"依然是2014年房地产行业融资的基本特点，新兴融资渠道会进一步出现，房地产企业金融创新会进一步突破。

四 政策建议

1. 建立长效机制，稳定市场预期

长期以来，为了抑制房价增长过快等问题，政府出台了一系列措施对房地产市场进行调控，包括紧地根、缩银根、限需求等措施，但是历次调控收效十分有限，究其原因在于调控政策的短期性。在历次短期房地产调控之下，市场也逐渐产生了"免疫力"，调控效果在减弱。另外，短期政策需随着市场波动而调整，不能长期运行，因此房地产调控亟须升级为"长效机制"。未来房地产调控要在加强落实现有短期政策力度前提下，着重进行中长期政策制定，建立房地产调控长效机制。房产税试点运行、个人住房信息系统全国联网、不动产统一登记、保障房建设等长期机制的逐渐出台，将进一步明确政府与市场的边界，促使政府的调控逐渐向着"引导"方向转变，从而避免了政府对市场的过分干预，稳定市场预期。只有在稳定的政策之下，房地产市场才能有稳定的环境，辅之以较为完善的整套政策，房地产市场才能实现更加健康理性的发展。

2. 支持住房供给，构建完整住房体系

我国房价居高不下的最主要原因在于房屋的供不应求。在城镇化进程不断推进的今天，需求旺盛是我国长期无法回避的事实，房地产市场供不应求态势短期内无法改变。限制需求和增加供给是抑制房价的两个主要手段，过去的房地产调控中较多使用的是限制需求，而增加供给很少被使用。而且，以往的限制需求没有对自住型刚性需求与投机型需求进行有效区分，这就在一定程度上打击了自住型的合理需求。同时，限制需求的政策一定程度上只是把需求往后延了，而非消灭需求，无法从根本上解决房地产市场供不应求的基本面。鉴于此种情况，在不打击合理需求的同时改变房地产市场供不应求的局面、增加供给变得十分有必要。一个完整且合理的住房体系，应该是保障房和商品房并重的住房供给体系，所以对房地产供给的增加应该分为商品房和保障性住房的同时增加。

3. 降低对银行的过分依赖，拓展房地产融资新渠道

当前，中国房地产开发的资金来源主要为银行贷款、自筹资金、定金及预收款。其中自筹资金主要由销售收入转变而来，而销售收入也主要由购房者用银行按揭来支付；定金及预收款部分也有部分来自银行。银行贷款贯穿于土地开发、房屋建设、房屋销售整个过程，支撑了房地产开发的整个经营周期。房地产业对银行的依赖较为严重，超过了银行贷款占房地产投资 40% 的国际标准，加大了银行的金融风险，影响了国家的金融安全。为此，国家多次出台措施，紧缩银根，以降低房地产业对银行系统的过分依赖。这一方面降低银行系统的风险，另一方面加重了房地产开发企业的资金压力。资金对于房地产开发企业至关重要，在这种背景下，房地产开发企业也尝试拓展融资新渠道。在过去的几年，房地产信托、房地产基金、上市 IPO、海外融资等各种间接融资渠道被逐渐打开，但是受国家相关法律和政策的限制，其发展还有一定的局限。为了减轻房地产业对银行的过分依赖，同时不影响房地产业的健康发展，政府有必要对房地产企业拓展新兴融资渠道进行鼓励和支持。

B.5

2013 年我国个人住房信贷业务
现状分析及 2014 年展望

林 东　李云庆*

摘　要：

　　2013 年个人住房信贷政策总体稳定，但区域差异不断扩大。全年业务发展呈现贷款强劲增长、利率快速上升、质量稳中有升等特征。展望 2014 年，预计住房信贷政策区域分化将加剧，房贷增量可能出现下滑，利率水平仍将持续上升。

关键词：

　　个人住房信贷　现状分析　展望

　　2013 年，尽管经济增速放缓，流动性冲击加剧，房地产市场整体仍呈现"供需两旺、量价齐升"局面，全国商品住宅累计销售面积 11.6 亿平方米，同比增长 17.5%，销售额 6.8 万亿元，同比增长 26.6%，增速创近四年新高，平均销售价格 5850 元/平方米，同比上涨 7.7%①。在此背景下，2013 年个人住房贷款实现快速增长。本文重点对 2013 年的住房信贷政策和信贷投放情况进行分析，并展望 2014 年住房信贷业务可能呈现的新特征。

---

　*　林东，经济学硕士，中国农业银行总行住房金融与个人信贷部高级专员，研究方向为房地产经济学；李云庆，首都师范大学 MPA 硕士研究生，研究方向为土地管理、土地经济。
　①　数据来源：国家统计局编《2013 年全国房地产开发和销售情况》。

一　2013 年个人住房贷款政策环境

（一）政策总体稳定

新一届政府对房地产调控思路有所转变，更加重视增加市场供给和建立引导房地产市场健康发展的长效机制，对差别化住房信贷政策则未做调整，保持了较好的连续性和稳定性。具体为，居民家庭首套房贷款的首付款比例不低于30%，二套房贷首付款比例不低于60%、利率不低于基准利率1.1倍，三套房及以上住房贷款继续暂停发放，政策规定与 2011 年、2012 年一致。

此外，中国人民银行自 2013 年 7 月 20 日起全面放开金融机构贷款利率管制，取消金融机构贷款利率 0.7 倍的下限，由金融机构根据商业原则自主确定贷款利率水平。但出于继续严格执行差别化住房信贷政策的考虑，未对现行的商业性个人住房贷款利率政策做出调整，其利率下限仍保持为贷款基准利率的 0.7 倍不变。

（二）区域差异显现

2013 年，由于区域房地产市场表现分化加剧，不同城市二套房贷首付比例政策差异逐步显现。《国务院办公厅关于继续做好房地产市场调控工作的通知》（国办发〔2013〕17 号）要求，"对房价上涨过快的城市，人民银行当地分支机构可根据城市人民政府新建商品住房价格控制目标和政策要求，进一步提高第二套住房贷款的首付款比例和贷款利率"。根据上述规定，随着房价上涨速度超出全年控制目标，北京在 2013 年 4 月率先收紧"限贷"政策，之后上海、广州、深圳等一线城市以及武汉、厦门、南京、杭州等二线城市也陆续在 11 月出台收紧措施，将二套房贷首付比例提高至65% 或 70%（见表 1），进一步抑制投资投机性购房需求。与热点城市不同，大部分三、四线城市房地产市场较为平稳，仍按照差别化住房信贷政策底线执行。

表1　2013年不同城市差别化住房信贷政策调整情况

时　间	城市	政策调整情况
4月7日	北京	对贷款购买第二套住房的家庭,首付款比例不得低于70%;对在北京市住房和城乡建设委员会房屋登记信息系统中显示无房、在中国人民银行个人信用信息基础数据库中有一笔住房贷款记录、第二次申请贷款购买住房的家庭,首付款比例不低于60%
11月6日	深圳	对于二套房首付提升至不低于70%
11月8日	上海	对居民家庭向商业银行贷款购买第二套住房的,其首付款比例提高至不得低于70%及以上
11月18日	广州	对贷款购买第二套住房的家庭,首付款比例不得低于70%
11月25日	厦门	对贷款购买第二套住房的家庭,首付款比例不得低于70%;对在厦门市房地产交易权籍登记中心业务系统中显示无房、在中国人民银行个人信用信息基础数据库中有一笔住房贷款记录、第二次申请贷款购买住房的家庭,仍执行首付款比例不低于60%的政策
11月25日	沈阳	居民家庭申请贷款购买第二套住房,商业贷款和公积金贷款首付比例提高至65%
11月26日	南京	贷款购买第二套住房的家庭,首付款比例不得低于70%
11月26日	杭州	贷款购买第二套住房的家庭,首付款比例不得低于70%
11月27日	长沙	首套房在90平方米(含)以下的家庭,在市内六区贷款购买第二套住房继续执行最低首付款比例60%的规定;首套房在90平方米(不含)以上的家庭,在市内六区贷款购买第二套住房最低首付比例提高至65%
11月27日	武汉	贷款购买第二套住房的家庭,首付款比例不得低于70%
12月15日	南昌	第二套商业性个人住房贷款的首付款比例不得低于70%

二　2013年个人住房信贷业务发展特点

(一)贷款增势强劲

截至2013年末,全国金融机构个人住房贷款余额9万亿元,同比增长21%,比上年末高8.1个百分点,大大高于15.1%的各项贷款平均增速。全年贷款增加1.6万亿元,同比多增7204亿元,增量为上年的1.8倍①。

从贷款结构看,2013年房地产市场表现明显好于其他行业,个人住房贷

---

① 数据来源:中国人民银行编《2013年第四季度中国货币政策执行报告》。

款增速高于各项贷款，个人住房贷款结构占比明显回升，占金融机构境内人民币各项贷款增量的比例为 17.6%，比 2012 年大幅提高 7.3 个百分点，占住户贷款增量的比例为 42.0%，比 2012 年大幅提高 8.7 个百分点（见图 1）。

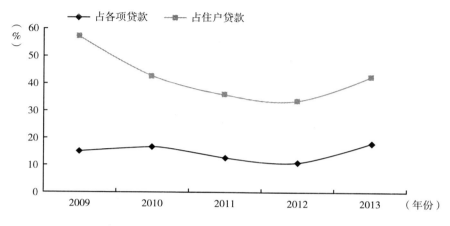

图 1　2009～2013 年个人住房贷款占各项贷款、住户贷款比例

数据来源：中国人民银行。

逐月看，2013 年个人按揭贷款①投放金额较为平稳，变动趋势与住宅销售金额基本同步见图 2。"新国五条"细则出台后市场成交量出现回落，受此影响，按揭投放金额在 5 月份达到全年最小值，此后随着政策效应逐渐消退，成交量和按揭投放金额自 8 月份开始震荡回升，并在 12 月份达到全年最大值。

（二）利率快速上升

根据中国人民银行规定，0.7 倍是对金融机构个人住房贷款执行利率下限，但这并不意味着商业银行必须实行 0.7 倍的"优惠利率"，银行可以充分考虑各种因素按照风险原则合理确定利率水平。2013 年个人住房贷款加权执行利率稳步上行，12 月份贷款加权平均利率 6.53%，达到全年高点，比上年末上升 31bp，平均利率水平已接近加权基准利率。利率上行原因，一是受利

---

① 由于个人住房贷款逐月数据无法获取，以房地产开发投资资金来源中的个人按揭贷款替代。

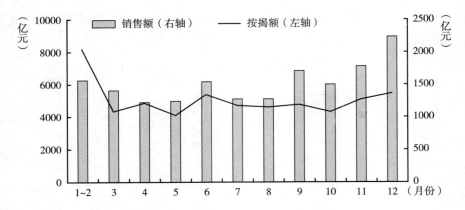

图2　2013年住宅销售额及房地产开发投资资金中个人按揭贷款情况

数据来源：中经网统计数据库。

率市场化改革和金融脱媒影响[①]，银行资金成本持续升高，净息差收窄压力不断增大，2013年净息差2.68%，较上年收窄7bp[②]，倒逼银行提升自主定价能力，提高利率定价水平；二是2013年房地产市场交易活跃，贷款需求旺盛，而供给相对紧张。

（三）质量稳中有升

2013年，商业银行个人住房贷款质量保持稳定，整体不良率仍保持低位，截至三季度末不良率仅为0.27%，比上年末下降0.01个百分点[③]。从上市银行公布的半年度报告数据看，个人住房贷款不良率下降主要受益于新增贷款快速增长带来的稀释作用。不良贷款绝对数量小幅上升，主要原因是受经济增速放缓影响，部分行业步入下行周期，部分区域民间借贷资金链条断裂，导致一些按揭客户收入明显下滑，信用风险向个人住房贷款业务蔓延。

---

① 金融脱媒是指在金融管制情况下，资金供给绕开商业银行体系，直接输送给需求方和融资者，完成资金的体外循环，在此趋势下商业银行主要金融中介的地位相对降低，储蓄资产在社会金融资产中所占比重持续下降，社会融资方式由间接融资为主向直接、间接融资并重转变。

② 银行业监督管理委员会编《商业银行主要监管指标情况表》（法人）。

③ 中国银行业监督管理委员会编《中国银行业运行报告（2013年第三季度)》。

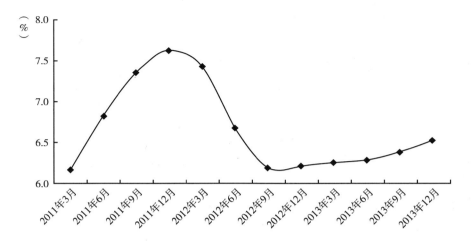

图 3　2011～2013 年个人住房贷款加权利率情况

数据来源：中国人民银行。

（四）调控效果稳定

一是金融杠杆率保持稳定。以"抑需求"为主线的差别化住房信贷政策对购房者金融杠杆作用程度有所抑制，尤其是针对投资投机性需求，将二套房贷首付比例提高至六成及以上、对三套房及以上购房需求则不予信贷支持。受此影响，2013 年购房者金融杠杆率为 1.41%，与近两年基本持平（见图 4）。

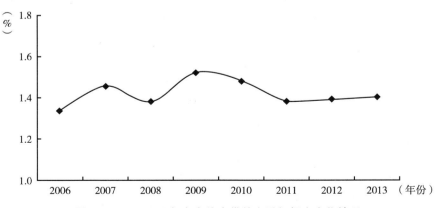

图 4　2006～2013 年个人住房贷款金融杠杆率变化情况

注：杠杆率 =（定金及预收款 + 个人按揭贷款）/定金及预收款。

数据来源：中经网统计数据库。

二是首次购房客户占比较高。在当前监管政策引导下，各商业银行均加大了首套房贷业务支持力度，优先满足居民家庭首次购买自住普通商品房的贷款需求。根据人民银行统计监测，2013 年前三季度商业银行新增的个人住房贷款中，首次购房贷款占比达到 76.5%①。此外，某代理行跟踪监测数据显示，2013 年投资客户占比在 14% 左右波动，11 月最低，为 10.8%，而投资客占比数据在 2010 年"国八条"执行时期的高点为 46.7%，也印证了市场需求以自住为主的特点。

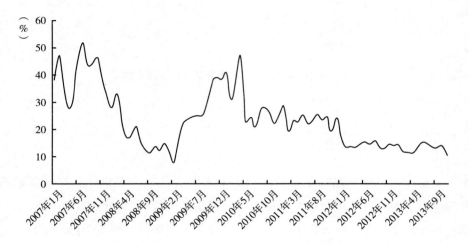

图5　2007～2013 年购房投资客户占比情况

资料来源：世联研究。

三　2014 年展望

（一）各地政策分化加剧

2013 年房地产市场成交总体活跃，不同城市表现分化、结构失衡的问题已较为突出，人口持续净流入的一线城市和热点二线城市住房面临供不应求局

---

① 中国人民银行编《中国人民银行新闻发言人就当前货币信贷形势答记者问》。

面，而就业和发展机会有限、人口持续净流出、资源和环境恶化严重的城市则面临供过于求问题。考虑当前城镇人均住宅面积达到 30.3 平方米，整体供不应求时期已经结束，未来区域市场表现分化局面仍将延续。在此背景下，热点城市限购、限贷、限外等行政手段短期内不会退出，部分过热城市政策仍有可能继续收紧；相反，库存较多、去化偏慢的其他城市，在监管底线范围内政策可能出现松动。

（二）房贷增量出现下滑

从政策面看，根据中国人民银行《2013 年第四季度中国货币政策执行报告》，2013 年，中国人民银行将继续实施稳健的货币政策，坚持"总量稳定、结构优化"的取向，保持政策的持续性和稳定性，由此推测整体信贷政策不会有大的调整。从需求面看，2013 年，房地产市场成交量明显放大，部分刚性需求已提前释放，透支了部分 2014 年市场需求。从供给面看，随着整体经济回暖，商业银行将继续加大结构调整力度，预计更多贷款将投向收益更高且符合政策导向的小微企业和居民消费等领域，而收益偏低的房贷业务可能面临收缩。在供需双减的形势下，2014 年个人住房贷款增量可能出现下滑，贷款增速将放缓。

（三）利率水平持续上升

利率市场化是一个从利率管制到重新找寻市场化均衡利率的过程。随着我国利率市场化改革提速，存贷款利率中枢将继续抬升。为实现可持续发展，商业银行将主动调整业务发展模式，提升贷款议价能力，并优化信贷资源配置，更多投向受益水平高的客户。受此影响，预计 2014 年新发放个人住房贷款加权利率水平将跟随各项贷款定价走势继续上升。

四 若干建议

（一）逐步推进存量房贷资产证券化试点

近年来，金融机构个人住房贷款规模快速增长，截至 2013 年末，贷款余

额已达到 9 万亿元，占各项贷款的 18%。由于个人住房贷款期限较长，资金周转速度慢、资金利用效率低的问题日益凸显。在当前国家扩大信贷资产证券化试点的背景下，建议有关部门研究推进存量个人住房贷款资产证券化工作，盘活存量房贷资金，提高贷款流动性，缓解资产负债期限错配问题，并促进信贷结构调整，更好地支持小微企业和居民消费信贷业务发展。

（二）完善保障性住房按揭贷款配套政策

近几年，国家不断加大保障性安居工程规划建设力度，商业银行积极响应，加大了保障性住房开发贷款投放。截至 2013 年末，全国保障性住房开发贷款余额为 7260 亿元，同比增长 26.7%，增速比住房开发贷款高 10.9 个百分点，占全部住房开发贷款余额的 27.7%[①]。比较而言，商业银行对居民保障房按揭贷款的支持程度仍处于较低水平，其主要症结在于第一、第二还款来源[②]的充足性、有效性存在瑕疵，一是保障房按揭贷款借贷主体偿债能力较差，二是经济适用住房和两限商品住房等配售型保障房均有五年的限售期，一旦客户出现违约，银行无法处置抵押物。建议相关政府部门尽快建立针对保障性住房的回购机制，借款人连续逾期三期以上的，由地方政府回购抵押房产，并安排配租型保障房，有效保障银行合法权益，引导商业银行进一步加大对保障性住房按揭贷款支持力度。

[①] 中国人民银行编《2013 年第四季度中国货币政策执行报告》。
[②] 第一还款来源是指借款人工作或生产经营活动产生的直接用于归还银行贷款的款项。第二还款来源是指当借款人无法偿还贷款时，贷款人通过处理贷款担保，即处置抵押物、质押物或对担保人进行追索所得到的款项。

B.6
2013 年房地产企业问题研究及 2014 年走势

郑云峰　卢世雄*

摘　要：

面对日渐严厉的房地产调控政策，2013 年房地产企业发展出现如下问题：企业融资难，开发投资增速放缓，重点房企净利率下降，发展优势向规模企业倾斜，房企集中度进一步增强，三、四线等非热门城市商品房库存较高，而海外布局又面临各种风险。2014 年，预计企业联合获取土地趋势明显，多元化融资、多方式扩张将成为趋势，保障性住房供应量的增加促使产品市场分化显著。

关键词：

房地产企业　问题　走势

国际金融危机爆发以来，全球经济持续低速增长，国际货币基金组织预计，2013 年，世界经济仅增长 2.90%，为金融危机后的最低水平[1]。相比国际，我国宏观经济情况较为乐观，国民经济呈现整体平稳、稳中有进、稳中向好的态势[2]。国家在保证经济整体稳定发展的同时，提出继续做好房地产市场调控工作：2013 年 2 月出台的"新国五条"提出坚决抑制投机投资性购房，

---

* 郑云峰，区域经济学硕士，远洋地产有限公司北京地区管理部投资专员；卢世雄，房地产经济学硕士，远洋地产有限公司北京地区管理部投资总监。

[1] 国际货币基金组织：《世界经济展望》，2013 年 10 月，第 2 页。

[2] 摘自 2014 年 1 月 20 日国务院新闻办举行的新闻发布会上，马建堂介绍 2013 年国民经济运行情况的讲话。

房地产蓝皮书

严格执行商品房限购政策；3 月出台的"新国五条细则"指出进一步提高二套房首付比例及房贷利率，出售自住房将按 20% 个人所得税征收差价，加快推进房产税扩大试点。

备受瞩目的十八届三中全会指明了当前及今后一段时期房地产行业发展的方向，公报中提出"要建立公平开放透明的市场规则，完善主要由市场决定价格的机制，建立城乡统一的建设用地市场，完善金融市场体系，深化科技体制改革"。

整体来看，"严厉"依然是国家对房地产行业调控的主基调，在严厉调控背景下，房地产行业发展在 2013 年暴露出了什么问题，2014 年又会呈现什么样的发展趋势，这些都成为社会各界广泛关注的焦点。

一　2013 年房地产企业问题研究

（一）房地产企业融资难

1. 企业资产负债率提高

2006～2008 年房企资产负债率呈现波动趋势，2008～2013 年房地产企业资产负债率呈现上升趋势，2013 年资产负债率最高，为 77.63%，高于 2012 年 2.44 个百分点。受国内外宏观经济环境影响，我国内地房地产企业资产负债率的升高加大了自身的财务风险，对资金链抗风险能力提出了考验，同时，资产负债率的升高会进一步加剧企业的融资成本（见图 1）。

中小规模房企由于资信较低，贷款能力有限，因此不得不从基金、信托、担保公司等非银行金融机构融资，私募融资成本普遍在 20% 以上。在国家调控房地产行业趋紧背景下，融资成本的逐渐提高对于国内房地产开发企业来说是一个严峻的考验。

2. 内地房企 IPO 及境外融资难度加大

面对日益加大的融资难度，部分房企把目光投向境外上市的渠道，然而效果并不乐观（见表 1）。2013 年 10 月，景瑞控股上市当天收跌 1.12%；12 月，时代地产上市当天收跌 1.39%。

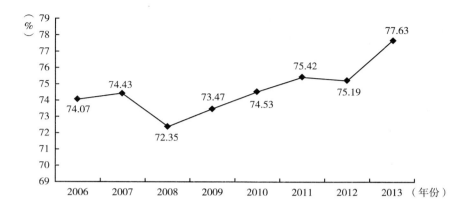

图 1   2006～2013 年房地产企业资产负债率

说明：2013 年为上市房企的自筹负债率估算值。

资料来源：国家统计局。

表 1   2013 年中国内地房企赴港上市情况

股票代码	公司名称	上市时间	招股价（港元）	拟融资（亿港元）
01232	金轮天地控股	2013 年 1 月 16 日	1.68	7.56
01369	五洲国际	2013 年 6 月 13 日	1.22	13.92
01107	当代置业	2013 年 7 月 12 日	1.49	5.45
01396	毅德国际	2013 年 10 月 31 日	2.15	15.81
01862	景瑞控股	2013 年 10 月 31 日	4.45	13.95
01233	时代地产	2013 年 12 月 11 日	3.60	15.50
03380	龙光地产	2013 年 12 月 20 日	2.10	14.84

（二）房地产开发投资增速放缓

截至 2013 年末，房地产开发投资完成额 86013.38 亿元，同比增长 19.79%，较上年小幅上升 3.59 个百分点，低于 21 世纪以来的平均水平（见图 2）。

2001～2013 年，房地产开发投资完成额增长率只有 2009 年、2012 年、2013 年低于 20%，其余年份均在 20% 之上。2008 年以来爆发的世界金融海啸

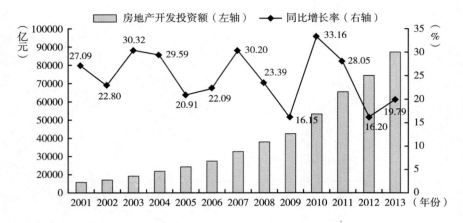

图2 房地产开发投资完成额增长情况

资料来源：国家统计局。

导致了世界整体经济环境的不景气，2011年之后国内经济面临物价上涨压力。2012年、2013年接连出台调控政策，抑制房地产投机行为，政策的出台一定程度降低了这两年房地产开发投资完成额的增长率。另外，尽管2013年一线城市及二线热门城市"地王"频现，但是由于三、四线城市土地供给占比较大并因自身住宅产品去化率①较低、存量过大，投资完成额增长率不及以前年份，因此2013年全国房地产开发投资完成额总体增长率水平较低。

（三）重点房企净利率下降

部分融资相对容易、成本更低的上市房企净利率已经从过去几年的20%以上降低到了2013年的15%以下。根据图3所示，首开股份的净利率由2011年的21.15%下滑到2013年的8.12%，此外，世贸地产由2011年的21.97%下滑到2013年的17.52%，2013年其他房企与往年相比净利率也呈现不同程度的下滑。面对"钱贵""地贵"现状，行业整体利润下滑也就成为必然趋势。

---

① 去化率：指的是一段时间内的销售率（销售率 = 已销售面积/总建筑面积），在房地产销售行业使用频率较高。

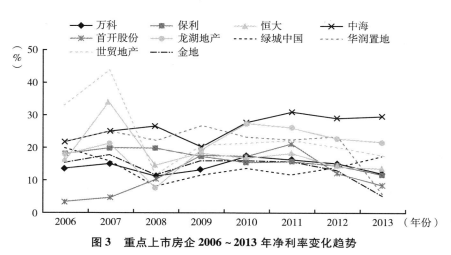

图 3　重点上市房企 2006～2013 年净利率变化趋势

说明：2013 年数据为三季度数据，其他均为整体年份数据。

数据来源：Wind 资讯。

（四）发展优势向规模房企倾斜

受公司规模、融资能力的影响，房地产企业逐渐进入分化期，金融、土地越来越多地流向大型房企，相比而言，中小型房企由于资产规模、项目规模的限制，难以得到优质资本。同是在 1 月份银行贷款，万科的 5 年贷款利率为 6.72%，阳光城集团 2 年贷款为 10%（见表 2）。

表 2　2013 年部分房地产企业银行贷款案例

企业名称	时间	融资金额（亿元）	利率（%）	期限（年）	银　行
万　　科	2013 年 1 月	7.65	6.72	5	—
阳光城集团	2013 年 1 月	4.10	10.00	2	兴业银行
金融街控股	2013 年 3 月	9.95	8.10	2	
保利地产	2013 年 3 月	12.00	—	3	中信银行
新湖中宝	2013 年 4 月	10.00	—	3	平安银行
首开股份	2013 年 5 月	11.70	6.15	2.5	兴业银行
	2013 年 8 月	20.00	—	3	
滨江集团	2013 年 5 月	8.00	7.07	3	兴业银行
金科股份	2013 年 5 月	16.00	9.70	2	中信银行、昆仑信托银团
	2013 年 6 月	8.00	基准利率上浮 1.95	2	平安银行

数据来源：中国指数研究院。

（五）房企集中度增强

由于融资能力差别，房企土地获取能力也出现了分化，继而销售情况也出现了强者恒强的局面。克尔瑞研究数据显示，2013 年，万达、中海、碧桂园与恒大进入千亿级集团，千亿级以上的房企数量由 3 家增加至 7 家。

销售金额集中度①方面，2013 年 50 强房企较上年显著提升。TOP10 企业销售金额集中度由 12.76% 上升至 13.27%，增加了 0.51 个百分点，与此同时 TOP20 及 TOP50 企业同比分别增加 0.63 个百分点及 0.79 个百分点。

销售面积集中度②方面，TOP10 企业增加 0.65 个百分点，TOP20 增加 0.74 个百分点，TOP50 增加 1.23 个百分点，其中 TOP50 集中度上升最多（见表3）。

表3　上榜企业销售金额及面积集中度

单位：%

级　　别	销售金额		销售面积	
	2012 年	2013 年	2012 年	2013 年
TOP10	12.76	13.27	7.72	8.37
TOP20	17.62	18.25	10.38	11.12
TOP50	24.56	25.35	14.19	15.42

数据来源：中国房地产决策咨询系统 CRIC。

（六）非热门区域存在高供给压力

2013 年，一、二线城市的土地市场竞争较为激烈，大型房企着重在该区域布局，内地 50 强房企在一、二线城市的土地获取量高达 1.31 万平方米，占企业自身土地获取总量的 75%，同比上涨 36%，其中销售业绩排名前十的房企表现更为突出，在一、二线城市获取土地建面同比增长 53%。

图4 显示，2013 年龙湖地产、绿城中国土地获取全部分布在一、二线城市，其他重点房地产开发企业在一、二线城市获取的土地都接近甚至超过当年

---

① 依据克尔瑞计算方法，销售金额集中度 = 入榜企业销售金额/统计局公布的全国商品房销售金额。
② 依据克尔瑞计算方法，销售面积集中度 = 入榜企业销售面积/统计局公布的全国商品房销售面积。

自身土地储备的八成，可见实力较强的房地产开发企业普遍加大了布局一、二线城市的力度。

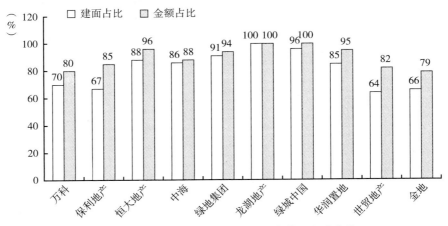

图 4　2013 年重点企业一、二线城市获取土地占比

数据来源：《企业公开市场土地获取》，中国房地产决策咨询系统 CRIC。

2013 年，50 强房企新进入城市数量总计为 67 个，而 2012 年房企新进入的城市数量为 95 个。图 5 显示，一、二线城市占比上升，其中一线城市上升2.03 个百分点，二线城市上升 15.74 个百分点，三线城市则下降了 17.77 个百分点。大型房企转战一、二线城市，导致该区域土地价格接连攀升，进入区域的门槛越发升高。

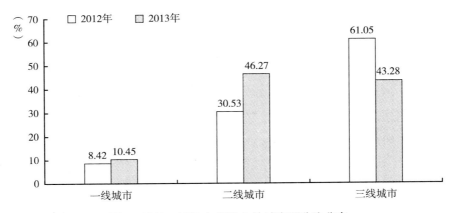

图 5　2012～2013 年新进入的城市百分比分布

数据来源：中国房地产决策咨询系统 CRIC。

中小房企在一、二线城市获取土地越来越难，纷纷转战三线城市，然而这些区域的商品住宅呈现供大于求的状况。图6反映的是2013年全年部分城市的供求比，比值小于1，表明供大于求；比值大于1，表明供小于求。在比值大于1的11个城市中，一线及省会城市占据9席；相反，供求比小于1的16个城市中，贵阳、沈阳和苏州等城市2013年前11个月商品住宅存量涨幅都在20%以上，贵阳甚至达到49%。

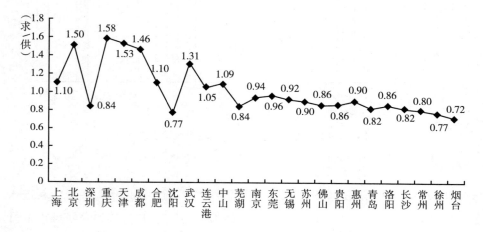

图6　2013年部分城市商品住宅供求比

说明：重庆数据为2013年1~11月份，其余为2013年全年数据。
数据来源：中国房地产决策咨询系统CRIC。

（七）内地房企海外布局风险大

2011~2013年，越来越多的内地房企布局海外，表4显示，2013年布局海外的地产项目达到7个，比2011年、2012年两年的项目总和还要多。由于国内与海外的投资环境差异较大，房企在海外投资时依然面临多重风险，主要体现在政治、经济、房企资金能力方面。由于当地政府出尔反尔，2011年，中航集团停止了科伦坡中航广场项目的运作，随后2012年中坤集团在冰岛开发旅游地产项目的计划也在最后阶段搁浅。经济方面，人民币面临升值压力，房企海外投资以美元支付，而国内的销售回款以人民币回笼，如果出现汇率不稳，则影响房企利润的锁定。国外房地产项目开发流程、模式及相关制度同国内的差异对于布局海外的房企来说也是挑战。

表 4　国内房企布局海外项目情况

企业名称	合作企业	时间	入驻区域	项　　目
万通地产	南国开发建设	2011 年 6 月	台北	万通台北 2011
碧桂园	Mayland	2011 年 2 月	马来西亚	加影碧桂园、万挠碧桂园
颐和地产		2012 年初	澳大利亚	颐和悉尼 Summer Court
光耀集团	韩国 JDC 公司、DK 集团	2012 年 6 月	韩国	中国城
绿地集团		2012 年 6 月	韩国	绿地韩国旅游健康城
碧桂园		2012 年 12 月	马来西亚	碧桂园金海湾
万科集团	铁狮门	2013 年 2 月	美国	富升街 201 地块
万科集团	吉宝置业	2013 年 4 月	美国	丹那美拉区一住宅楼
SOHO 中国	巴西财团	2013 年 6 月	美国	美国通用大厦
万达集团		2013 年 8 月	英国	伦敦万达酒店
绿地集团	美国森林城公司	2013 年 10 月	美国	布鲁克林大西洋广场
复兴国际		2013 年 10 月	美国	曼哈顿摩根大通第一大楼
富力地产		2013 年 11 月	马来西亚	116 英亩商住地块

资料来源：中国房地产决策咨询系统 CRIC。

二　2014 年房地产企业走势

（一）资金相对紧张，联合获取土地趋势明显

2013 年，诸多大型房企进账多幅土地，部分房企在已进入的土地市场存在"抬价"的可能，一部分中小房地产开发商迫切进入一线和部分热门二线城市树立自身品牌从而会表现较为激进，因此在这些区域依然存在土地成交价格上涨的可能。

2014 年，在国家宏观经济政策不作较大调整、外部经济环境依然严峻的条件下，房地产行业资金链会进一步收紧。面对融资成本过高、地块价格偏贵的情况，房地产开发商之间将更倾向于采用联合获取土地的方式，这样既分散风险、发挥企业自身优势，又保证开发企业规模增长的要求。

根据北京土地整理储备中心的数据，2012～2013年北京土地市场联合获取土地情况为，万科—首开获取土地4宗，金地—中水电获取3宗，保利—首开获取2宗，首开—住总获取2宗；中原数据显示，截至2013年12月初，上海土地市场联合获取39幅，土地面积194.81万平方米，出让金共计465.46亿元，分别占全市土地交易情况的15.98%、17.86%、25.24%。

（二）拓宽融资渠道，多元化融资成趋势

未来一年房地产开发企业在进行土地项目储备时，资金保证是重要一环，因此房企在考虑与其他房企合作的同时，也会考虑同房地产基金合作，房基合作模式日趋成熟。

2013年的数据显示，三季度房地产私募基金募集完成13只，其中披露金额的11只房地产基金共计到位23.96亿美元，表现较为活跃。受国家对房地产政策调控影响，随着商业银行对房企贷款逐渐收紧，房企与基金、信托公司的未来合作将越来越频繁。

除了金融机构融资的渠道，一些特大型房地产企业开始参股商业银行。2013年10月，万科以27亿元入股徽商银行参与徽商银行股份有限公司H股首次公开发行；2014年初，恒大投入33.03亿元收购4.52%的华夏银行股份，成为华夏银行第五大股东。房企投资银行业的目的是获取高利润以及降低融资成本。

此外，一些具有自身发展模式特点的房企，也加快了融资力度，如2013年11月，以产业新城为核心产品的华夏幸福基业与国家开发银行合作融资200亿元。

（三）纯住宅用地逐渐稀缺，多方式土地储备

在纯住宅用地逐渐稀缺的情况下，诸多企业开始尝试其他类型地产项目。恒大布局20余个旅游城项目后，2013年又进驻阳江海陵岛。2013年末和2014年初，荣盛发展先后连续获取秦皇岛一杯澜、湖北神农架、黄山太平湖项目，旅游地产布局三城。2013年5月，中水电在重庆璧山县投资居家养老健康生态城。

棚户区改造成为近年城市发展的一个亮点。根据 2013 年 7 月 12 日国务院公布关于加快棚户区改造工作的意见，棚改用地可获优先安排，简化审批流程，这也为开发商深耕重点布局城市提供了又一契机。

中小房企由于在二级土地市场竞争力有限，近年越来越多地介入土地一级开发中，这样做不仅可以获取一级开发利润，更重要的是可以与当地政府提前接触，一、二级市场联动，为在二级市场获取土地增加机会。

（四）保障房供给增加，产品市场分化明显

2013 年，国家计划新开工保障房 630 万套，基本建成 470 万套。11 月份结束的十八届三中全会指出需"健全符合国情的住房保障和供应体系"。

随着保障性住房制度的进一步落实，在"严控新增建设用地，用好存量"的总体方针下，政府鼓励企业利用自有用地向社会提供保障性住房项目。预计在 2014 年这类供地有扩大的趋势。以北京为例，2013 年末金隅嘉业获取原星牌建材制品厂用地项目，2014 年初首农集团获取崔各庄乡来广营北路项目，都是企业利用自有用地获取项目的典型案例。

保障性住房供应量的加大，一方面有效解决了社会中低收入人群的住房问题，另一方面使得房地产行业将出现显著的高、中、低档产品市场的分化，企业为适应政府对房地产的政策，也会对产品供应计划做出调整。

市　场　篇

Market

B.7
2013 年住宅市场形势分析及
2014 年预测

刘 琳　任荣荣*

摘　要：

2013 年住宅市场运行景气总体好于 2012 年。商品住宅施工面积和新开工面积增幅扩大；商品住宅投资增速回升；商品住宅销售面积增加较快；居住用地价格环比涨幅逐季扩大；70 个大中城市房价持续较快上涨，新建住宅价格涨幅高于二手住宅。在稳中求进的宏观经济背景下，预计 2014 年住宅价格涨幅回落，全年价格保持基本平稳可能性较大。

关键词：

住宅市场　价格　预测

* 刘琳，博士，国家发改委投资研究所房地产室主任、研究员，研究方向为房地产经济；任荣荣，博士，国家发改委投资研究所副研究员，研究方向为房地产经济。

一 宏观背景

（一）2013 年我国宏观经济保持平稳增长，城镇居民收入继续增加

2013 年，面对复杂严峻的国内外经济形势，党中央、国务院在延续 2012 年以来"稳中求进"指导方针基础上，把短期年度调控和处理不确定因素与复杂情况的中长期追求有机衔接。实施积极的财政政策和稳健的货币政策，加大政策预调微调力度，国民经济运行呈现经济运行企稳、结构调整加快、民生继续改善的积极变化。2013 年，GDP 增幅保持基本平稳。初步核算，全年国内生产总值568845 亿元，按可比价格计算，比 2012 年增长 7.7%。分季度看，一季度同比增长 7.7%，二季度增长 7.5%，三季度增长 7.8%，四季度增长7.7%。2013 年居民消费价格同比上涨 2.6%，各季度 CPI 分别同比增长2.43%、2.4%、2.8% 和 2.9%，下半年物价涨幅有所增加。

2013 年，全年城镇居民人均总收入 29547 元。其中，城镇居民人均可支配收入 26955 元，比 2012 年增长 9.7%，扣除价格因素实际增长 7.0%。在城镇居民人均总收入中，与 2012 年相比，工资性收入增长 9.2%，经营净收入增长 9.8%，财产性收入增长 14.6%，转移性收入增长 10.1%。

（二）2013 年房地产调控政策保持稳定，继续加快棚户区改造

2013 年，房地产市场调控以"国五条"为主基调。国务院办公厅于 2013年 2 月 26 日下发《关于继续做好房地产市场调控工作的通知》（国办发〔2013〕17 号，即"国五条"），其主要内容包括：完善稳定房价工作责任制，坚决抑制投机投资性购房，增加普通商品住房及用地供应，加快保障性安居工程规划建设，加强市场监管和预期管理，加快建立和完善引导房地产市场健康发展的长效机制。在房价上涨过快城市继续实施"限购"措施，并从严征收房屋出售个人所得税。6 月 26 日，国务院总理李克强主持召开国务院常务会议，研究部署加快棚户区改造，促进经济发展和民生改善；7 月 4 日，国务院出台《关于加快棚户区改造工作的意见》，全面推进各类棚户区改造，包括城

市棚户区改造、国有工矿棚户区改造、国有林区棚户区改造、国有垦区危房改造。

二 2013 年住宅市场运行状况

（一）商品住宅施工面积小幅增加，新开工面积增幅明显回升

2003～2011 年，商品住宅施工面积和新开工面积增幅总体保持较高水平，年均增幅分别为 20% 和 16%，商品住宅竣工面积年均增加 10%。2012 年，商品住宅施工面积和新开工面积增幅明显下降，其中，施工面积增幅仅为 10.4%，而新开工面积负增长，比 2012 年减少 10.5%。

2013 年，商品住宅施工面积和新开工面积分别为 48.63 亿平方米、14.58 亿平方米，同比增幅分别为 13.4%、11.6%，增幅分别比 2012 年高出 2.8 个百分点和 22.8 个百分点。受 2012 年商品住宅新开工面积负增长和销售面积减速的影响，2013 年的商品住宅竣工面积仅为 7.87 亿平方米，出现负增长，比 2012 年减少 0.4%。

从 2013 年各项建设指标月度变化看，住宅施工面积增幅相对平稳，全年施工面积同比增幅比一季度小幅减少 1.3 个百分点，比 2012 年小幅增加 2.8 个百分点。住宅新开工面积增幅明显回升，全年新开工面积同比增幅比一季度增加 12.4 个百分点，比 2012 年增加 22.8 个百分点。住宅竣工面积增幅低位回落，全年竣工面积同比增幅比一季度减少 5.1 个百分点，比 2012 年减少 6.8 个百分点。三季度以来，商品住宅新开工面积增幅较快增加，如图 1 所示。

2013 年，东部、中部和西部地区[①]商品住宅新开工面积均由 2012 年同期的负增长转为正增长，分别比 2012 年增加 10.1%、13.9% 和 11.6%，增幅分别提高 25 个百分点、22.8 个百分点和 18.1 个百分点。但全年仍有 11 个地区

---

① 东部地区：北京、天津、河北、辽宁、上海、江苏、浙江、福建、山东、广东、海南；中部地区：山西、吉林、黑龙江、安徽、江西、河南、湖北、湖南；西部地区：内蒙古、广西、重庆、四川、贵州、云南、西藏、陕西、甘肃、青海、宁夏、新疆。

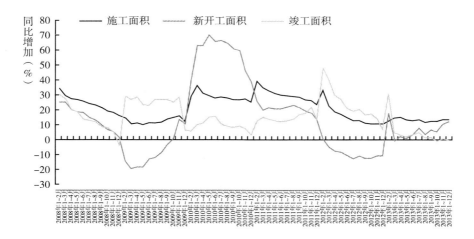

图 1　商品住宅各项建设指标变化

数据来源：国家统计局网站。

商品住宅新开工面积同比负增长，包括黑龙江（－22.9%）、吉林（－22.4%）、山西（－16.7%）、陕西（－11.2%）、河北（－9.0%）、辽宁（－4.7%）、天津（－1.1%）、内蒙古（－1.0%）、青海（－0.9%）、甘肃（－0.9%）、广西（－0.3%）。

2013 年，一、二、三线城市①商品住宅新开工面积均由 2012 年同期的负增长转为正增长，分别比 2012 年增加 19.0%、12.8% 和 19.5%。北京、上海、广州、深圳四个一线城市商品住宅新开工面积分别比 2012 年增加 6.7%、5.1%、36.8%、62.0%，北京和上海住宅新开工面积增幅较低。不同城市商品住宅新开工面积同比变化差异明显，2013 年全年，40 个重点城市中仍有 15 个城市住宅新开工面积同比负增长，包括北海（－33.3%）、哈尔滨（－17.5%）、西安（－16.5%）、石家庄（－14.3%）、兰州（－13.6%）、厦门（－12.4%）、西宁（－9.4%）、沈阳（－5.9%）、青岛（－5.0%）、

① 40 个重点城市中，一线城市为北京、上海、深圳、广州（4 个）；二线城市为宁波、天津、南京、苏州、杭州、重庆、无锡、温州、济南、青岛、呼和浩特、沈阳、大连、厦门、武汉、长沙、成都、石家庄、太原、长春、哈尔滨、福州、郑州、南宁、昆明、西安（26 个）；三线城市为合肥、南昌、北海、海口、三亚、贵阳、兰州、西宁、银川、乌鲁木齐（10 个）。

海口（-4.7%）、温州（-4.6%）、长春（-3.5%）、太原（-3.2%）、济南（-1.4%）、天津（-1.1%）。

（二）商品住宅投资增速回升

2003～2011年，商品住宅投资额年均增长26.4%，除2009年增速为14.2%外，其余年份增速均在20%以上。2012年，商品住宅投资增速明显回落，全年投资增速为11.4%，创历史新低。2013年以来，商品住宅投资增速自年初小幅回落，全年商品住宅完成投资58950.8亿元，同比增长19.4%，比2012年同期增加8个百分点，如图2所示。

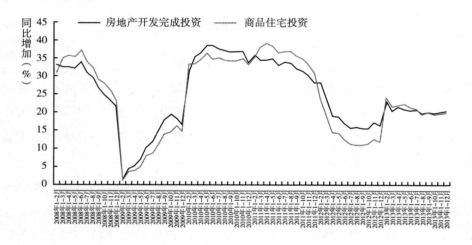

图2　商品住宅投资完成额变化

数据来源：国家统计局网站。

2013年，东部、中部和西部地区商品住宅投资分别为32696.8亿元、13264.7亿元、12989.2亿元，分别同比增长18.3%、19.9%、21.8%，增幅分别比2012年提高8.7个百分点、7.7个百分点和6.3个百分点。

2013年，一、二、三线城市商品住宅开发投资分别比2012年增长11.4%、18.1%和15.6%，其中，一线和二线城市投资增速分别增加10.7个百分点和4.6个百分点，三线城市投资增速减小7.8个百分点。一、二线城市商品住宅投资增速高于2012年，三线城市投资增速回落。2013年，40个重点城市中，有 2 个城市商品住宅投资负增长，分别是北海（−7.3%）、长春（−11.7%）。北京、上海、广州、深圳四个一线城市商品住宅投资分别比 2012 年增加 5.9%、11.3%、14.9%、24.4%，北京、上海商品住宅投资增速处于较低水平。

从商品住宅投资结构看，2013 年，90 平方米以下住房、别墅高档公寓在商品住宅投资中所占比重分别为 33.0%、6.2%，分别比 2012 年下降 1 个百分点和 0.8 个百分点。90 平方米以下住房、别墅高档公寓投资额分别同比增加 15.8% 和 5.5%，其中，90 平方米以下住房投资增速比 2012 年下降 6.1 个百分点，别墅高档公寓投资增速比 2012 年增加 4.8 个百分点。

（三）商品住宅销售面积增长较快

2006 ~ 2009 年，商品住宅销售面积年均增长 15.8%，其中，2008 年受全球金融危机的影响，商品住宅销售面积比 2012 年减少 15.5%。2010 ~ 2012 年，商品住宅销售面积增长幅度分别为 8.3%、3.9%、1.5%，增幅持续回落，且连续三年均为个位数。

2013 年，商品住宅销售面积较快增长，全年商品住宅销售面积为 115722.7 万平方米，同比增加 17.5%，增幅比 2012 年同期增加 15.5 个百分点。其中，现房销售面积为 25789 万平方米，同比增加 16.7%，增幅比 2012 年同期增加 15.6 个百分点；期房销售面积为 89934 万平方米，同比增加 17.7%，增幅比 2012 年同期增加 15.4 个百分点。从月度变化来看，2013 年商品住宅销售面积同比增幅高位回落，由一季度的 41.2% 降至全年的 17.5%，但该增幅仍处于近年来较高水平，如图 3 所示。

2013 年，东部、中部和西部地区商品住宅销售面积分别为 55667.4 万平方米、31572.7 万平方米、28482.5 万平方米，分别同比增长 19.3%、17.3%、14.4%，增幅分别增加 12.9 个百分点、15.2 个百分点、19.9 个百分点。

2013 年，一、二、三线城市商品住宅销售面积分别比 2012 年增加 13.0%、12.7%、29.7%，一线城市商品住宅销售面积增幅减小 3.7 个百分点，二线和三线城市增幅分别增加 5.4 个百分点和 19.2 个百分点。从月度变化看，下半年以来，三线城市商品住宅销售面积增幅基本稳定，而一线和二

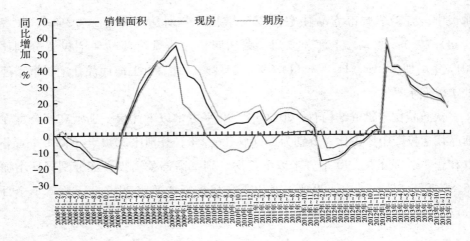

图3 商品住宅销售面积变化

数据来源：国家统计局网站。

线城市销售面积增幅继续呈回落态势。2013年，北京、上海、广州、深圳四个一线城市商品住宅销售面积分别同比增加 -8.1%、26.6%、23.9%、7.9%，北京和深圳销售面积增幅较低，其中，北京商品住宅销售面积负增长。40个重点城市中有5个城市商品住宅销售面积同比负增长，分别是呼和浩特（-17.9%）、沈阳（-8.4%）、北京（-8.1%）、长春（-1.6%）和无锡（-0.6%）。

（四）70个大中城市房价持续较快上涨，新建住宅价格涨幅高于二手住宅

以2010年为基期，2013年12月，70个大中城市新建住宅价格平均上涨14%，其中，新建商品住宅价格平均上涨14.6%。从结构上看，2013年12月，90平方米及以下、90~144平方米、144平方米以上新建商品住宅价格分别上涨16.2%、14.8%、12.45%，90平方米及以下住宅价格涨幅最高。

从价格月度环比变化看，70个大中城市新建住宅价格环比平均涨幅高位回落，由2月份的1%回落至12月份的0.4%，但各月份环比涨幅均高于历史均值。从结构上看，前8个月，90平方米及以下与90~144平方米住宅价格涨幅较高，9月份以来，144平方米以上住宅价格涨幅超过小户型住宅。1~12

月，90 平方米及以下、90 ~ 144 平方米、144 平方米以上新建商品住宅价格分别环比累计上涨 9.4%、9.5%、8.8%，如图 4 所示。

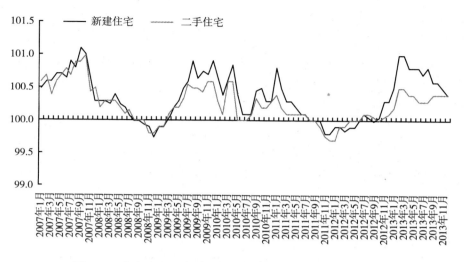

图 4　70 个大中城市新建住宅与二手住宅价格环比指数变化

数据来源：国家统计局网站。

从价格的月度同比变化来看，70 个大中城市新建住宅价格同比平均涨幅逐月上升，由 1 月份的 0.9% 上升到 12 月份的 9.3%。12 月份，90 平方米及以下、90 ~ 144 平方米、144 平方米以上新建商品住宅价格分别同比上涨 9.7%、9.7%、8.9%，如图 5 所示。

2013 年各月份，一、二、三线城市新建住宅价格环比涨幅均呈现高位回落态势，其中，一线城市 3 月份房价环比涨幅最高达到 2.5%，12 月份降至 0.6%；二线城市房价环比涨幅由 2 月份的 1.1% 回落至 12 月份的 0.3%；三线城市房价环比涨幅由 2 月份的 0.8% 回落至 12 月份的 0.4%，涨幅相对平稳。1 ~ 12 月，一、二、三线城市新建住宅价格环比累计涨幅分别为 18.6%、9.6%、7.9%，一线城市房价涨幅明显高于二、三线城市。一线城市中，北京和广州 2 月份新建住宅价格环比涨幅最高，分别为 2.4% 和 3.1%，其中，新建商品住宅价格环比涨幅均为 3.1%；上海和深圳 3 月份新建住宅价格环比涨幅最高，均为 2.7%，其中新建商品住宅价格环比涨幅分别为 3.2% 和 2.8%。12 月份，北京、上海、广州、深圳四个一线城市新建住宅价格分别环比上涨

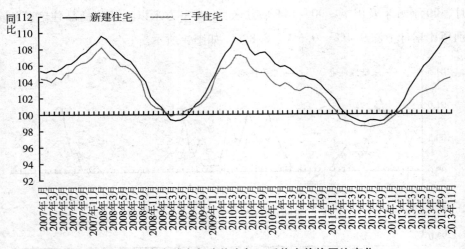

图5　70个大中城市新建住宅与二手住宅价格同比变化

数据来源：国家统计局网站。

0.5%、0.6%、0.7%、0.5%，其中，新建商品住宅价格分别环比上涨0.6%、0.6%、0.7%、0.5%，同比涨幅连续四个月超过20%，如图6所示。

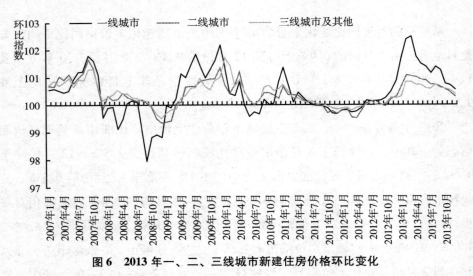

图6　2013年一、二、三线城市新建住房价格环比变化

数据来源：国家统计局网站。

2013年1~12月，70个大中城市中，除温州外，其余69个城市新建住宅和二手住宅价格均表现为环比累计上涨。新建住宅价格涨幅前十位的城市分别是广州（20.2%）、深圳（19.9%）、上海（18.4%）、厦门（16.4%）、北京（15.9%）、沈阳（13.3%）、福州（13.3%）、长沙（12.2%）、桂林（11.9%）、太原（11.8%）；涨幅最低的十个城市分别是温州（－2.9%）、唐山（1.5%）、海口（2.3%）、蚌埠（4.6%）、无锡（5.0%）、三亚（5.2%）、大理（5.4%）、安庆（5.4%）、韶关（5.8%）、昆明（5.8%）。二手住宅价格涨幅前十位的城市分别是北京（19.7%）、深圳（14.8%）、上海（13.8%）、广州（12.1%）、贵阳（10.0%）、常德（9.1%）、福州（9.8%）、宜昌（9.3%）、襄樊（8.9%）、银川（8.3%）；涨幅最低的十个城市分别是温州（－7.4%）、海口（0.3%）、牡丹江（1.7%）、徐州（2.0%）、吉林（2.1%）、三亚（2.2%）、安庆（2.2%）、秦皇岛（2.3%）、大连（2.3%）、赣州（2.4%）。

（五）居住用地价格环比涨幅逐季扩大

2013 年一至四季度，全国 105 个城市居住用地监测价格环比分别上涨 1.77%、2.06%、2.31%、2.64%，涨幅连续 7 个季度逐季增加；同比分别上涨 4.1%、6.1%、7.6%、8.95%，如图 7 所示。

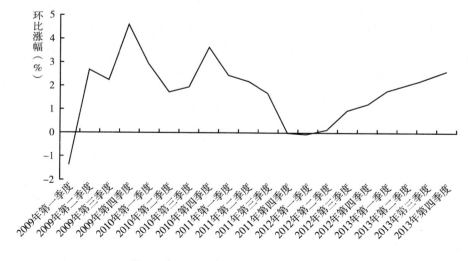

图 7　全国 105 个城市住宅用地价格变化

数据来源：国土资源部土地市场交易网。

三 2014 年住宅市场发展趋势

2014 年商品住宅市场发展趋势主要受宏观经济环境和住房市场自身供求关系的影响。

（一）经济增长存在放缓压力

2013 年以来，我国经济仍处于复苏轨道，各季度 GDP 增速分别为 7.7%、7.5%、7.8%、7.7%，全年 GDP 增长 7.7%，与 2012 年持平。世界银行、亚洲开发银行、国际货币基金组织对 2014 年中国经济增长的预测分别为 7.7%、7.4%、7.3%，经济增长速度放缓的可能性较大。根据经济周期与房地产周期的关系，经济增速的放缓意味着房地产市场运行景气将呈现下行趋势。

（二）货币环境中性偏紧

中央经济工作会议定调，2014 年必须继续实施积极的财政政策和稳健的货币政策。要保持货币信贷及社会融资规模合理增长，改善和优化融资结构和信贷结构，提高直接融资比重，推进利率市场化和人民币汇率形成机制改革，增强金融运行效率和服务实体经济能力。无论是合理信贷规模增长的控制，还是利率市场化的推进，对房地产市场而言都意味着资金成本的提高。此外，美联储宣布削减 QE 规模，意味着包括中国在内的新兴市场国家面临资本流出压力。总体而言，2014 年货币环境中性偏紧，这将增加房价下行压力。

（三）房地产调控政策更加注重区域差别化

全国住房城乡建设工作会议强调，"2014 年继续抓好房地产市场调控和监管工作。保持调控政策的连续性和稳定性，执行好既有调控措施。更加注重分类指导，房价上涨压力大的城市要从严落实各项房地产市场调控政策和措施，增加住房用地和住房有效供应；库存较多的城市要注重消化存量，控制新开发总量。继续强化市场监管。鼓励地方从本地实际出发，积极创新住房供应模式，探索发展共有产权住房"。分化的调控政策取向有利于促进市场平稳发展。

（四）市场潜在供应量增加

在本轮从紧的房地产调控政策作用下，2011 年第四季度以来，商品住宅新开工面积持续负增长，导致从 2012 年第三季度开始，市场潜在供给量出现负增长。2013 年第一季度，市场潜在供给量负增长幅度最大。2013 年二季度以来住宅新开工面积同比变化由负转正，市场潜在供给量同比减幅逐步缩小。根据模型预测，2013 年第四季度，市场潜在供给量将停止负增长，2014 年潜在供给量将逐步增加。2013 年土地购置面积的增加也为未来市场潜在供应量的增加提供了基础。

（五）住宅销售面积增幅回落

根据我国人口年龄结构统计数据，2010 年，全国人口抚养比达到最低（34.2%），之后出现上升，人口抚养比已经出现由降转升的拐点。2012 年我国劳动年龄人口已出现绝对量的下降。从人口年龄结构和城镇化进程的角度分析，根据预测模型结果，我国"十二五"期间住房需求仍将保持较大规模，但需求增幅将减小。在 2013 年商品住宅销售面积超过 10 亿平方米、增幅超过 20% 的高水平下，预计 2014 年商品住宅销售面积增幅将出现明显回落。

综合以上因素，在稳中求进的宏观经济背景下，预计 2014 年住宅价格涨幅回落，全年价格保持基本平稳的可能性较大。

B.8
2013 年商业地产分析及
2014 年预测

梁尚鹏 李红玉*

摘 要：

相对于 2012 年商业地产热度明显降低的势头，2013 年中国商业地产保持了较好的市场热度，整体形势有向好趋势，表现出投资总额增速止缓回升、开工面积增长率有较大提升、商业营业用房和写字楼销售的结构性反差有所缓和、销售均价同比加快增长等特征，但仍存在结构性供求失衡问题。从地区对比来看，东中西部之间、各省份之间商业地产发展不平衡问题显著。未来，商业地产将呈现差异化发展新趋势，电子商务与传统商业地产的融合将成为新热点。

关键词：

商业地产 特征 趋势

商业地产（"办公楼"和"商业营业用房"）具有投资大、建设周期长、对资产管理能力要求高等特点，其发展长期以来一直滞后于住宅市场；2010年以来，在住宅地产调控政策的影响下，房地产企业、银行、保险、基金、信托等不断将资金从住宅市场转移到商业地产市场，商业地产投资增速达到30%左右；2012 年，在商业地产供大于求的市场压力下，商业地产热度明显降低；2013 年，中国商业地产又呈现回暖的发展趋势。

---

* 梁尚鹏，中国社会科学院城市发展与环境研究所硕士研究生；李红玉，中国社会科学院城市发展与环境研究所副研究员。

一 2013 年中国商业地产发展基本特征

不同于 2012 年偏冷的市场局面，2013 年中国商业地产表现出投资总额增速止缓回升、开工面积增长率有较大提升、销售结构性差异有所缓和、销售均价同比加快增长的向好势头，但二、三线城市面临空置率较高的压力。

（一）投资总额增速止缓回升

2013 年，中国商业地产投资额继续高速增长，商业地产投资总额达 16597.28 亿元，其中商业营业用房投资额 11944.83 亿元，同比增长 28.3%，办公楼投资额 3366.61 亿元，同比增长 38.2%，两者的增长率均远高于商品房投资额的平均增速（19.8%）。

商业营业用房投资方面，2003～2010 年经历了增长速度高位下落和增速加速增长两个阶段，其中 2003～2006 年，商业营业用房投资增长率从 39.5% 下落到 15.4%，此后的 5 年间，增长率从 2006 年的最低点 15.4% 提高到 2010 年的 35.1%；2011～2012 年，商业营业用房投资增长率开始放缓，2012 年增长率降至 25.4%；2013 年，商业营业用房投资增长率没有继续 2012 年放缓的趋势，出现了小幅上涨，增长率升至 28.3%。

办公楼投资情况方面，2001～2007 年经历了增长速度大幅上升和波动性下降两个阶段；从 2007 年开始进入加速阶段，从 2007 年的谷底 11.5% 增长到 2011 年峰值 41.6%，2012 年增速放缓至 31.6%；2013 年，办公楼投资增长率亦没有继续 2012 年放缓的趋势，出现了较大幅度的上涨，增长率升至 38.2%。从与房地产商品房整体投资增速的比较来看，2000 年以来，商业地产投资增长率经历了高于商品房投资增长率（2001～2003 年）、低于商品房投资增长率（2004～2008 年）、再次高于商品房投资增长率（2009 年至今）三个阶段，2009 年之后，受房地产调控政策影响，住宅地产投资受到抑制，商业地产投资相对而言以更快速度增长，其中办公楼投资增长率高于商业营业用房的增长率（见图 1）。

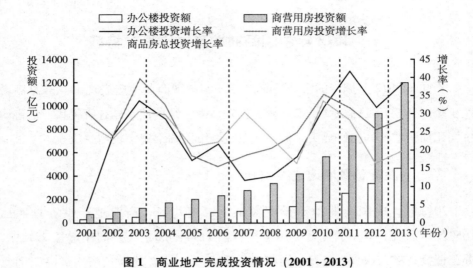

图1　商业地产完成投资情况（2001～2013）

资料来源：根据《中国统计年鉴》（2013）及国家统计局2013年相关数据整理。

（二）开工面积增长率有较大提升

商业地产新开工面积增长率经历了2012年大幅度下落后，2013年有所回升。2013年，商业地产新开工面积32789.24万平方米，其中商业营业用房新开工面积25902万平方米，办公楼新开工面积6887.24万平方米，增长率分别从2012年的6.2%、10.9%回升至2013年的17.7%、15.1%，增长率有较大提升。对比来看，商业地产新开工情况整体好于房地产商品房总体开工情况，2013年，商品房总新开工面积增加较快，从2012年的－7.3%增加至13.5%，但增长率均小于商业营业用房和办公楼增长率（见图2）。

（三）销售结构性差异有所缓和

2011年，商业地产销售面积和销售额增长率同比出现双降低。2012年，商业地产中的商业营业用房销售面积和销售额持续恶化，而办公楼销售总体情况基本稳定，办公楼销售面积同比增长率比2011年有所提升，商业地产销售情况出现结构性差异。2013年，商业地产销售情况结构性差异有所缓和，办公楼和商业营业用房销售面积和销售额增长率同比均出现了较大涨幅。

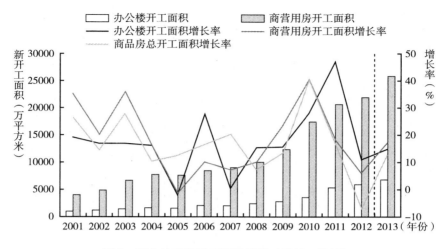

图 2　商业地产新开工面积情况（2001～2013）

资料来源：根据《中国统计年鉴》（2013）及国家统计局 2013 年相关数据整理。

从销售面积看，2013 年，商业营业用房销售面积有较大增长，从 2012 年的 7759.28 万平方米增至 2013 年的 8469.22 万平方米，同比增长率从 2012 年的 - 1.4% 增加到 9.2%；办公楼的销售面积持续好转，从 2012 年的 2253.65 万平方米增至 2013 年的 2883.35 万平方米，增长率也从 2012 年的 12.4% 提升到 2013 年的 28.0%。从与商品房总体销售面积增长率对比来看，2013 年，办公楼销售面积的增长率高于商品房总体销售面积的增长率（17.3%），而商业营业用房销售面积的增长率低于商品房总体销售面积的增长率（见图 3）。

从销售额看，商业营业用房销售额从 2012 年的 6999.57 亿元增至 2013 年的 8280.48 亿元，增长率为 18.3%，远高于 2012 年同比增长率（4.8%），但低于同期商品房销售额平均同比增长率（26.3%）；办公楼销售额从 2012 年的 2773.43 亿元增至 2013 年的 3747.35 亿元，增长率达 35.1%，亦远高于 2012 年的同比增长率（12.2%），且高于同期商品房销售额平均同比增长率（见图 4）。

（四）销售均价同比加快增长

2013 年，中国商业地产销售均价同比增长速度加快。其中，商业营业用房平均销售价格从 2012 年的 9021 元/平方米上涨到 2013 年的 9777 元/平方

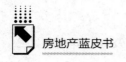

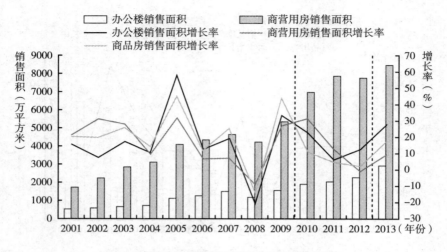

图3 商业地产销售面积情况（2001~2003）

资料来源：根据《中国统计年鉴》（2013）及国家统计局2013年相关数据整理。

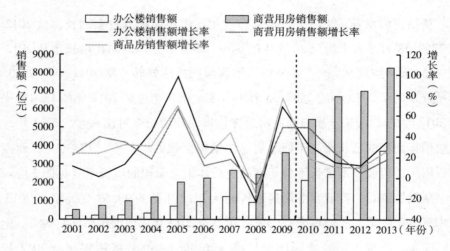

图4 商业地产销售额情况（2001~2013）

资料来源：根据《中国统计年鉴》（2013）及国家统计局2013年相关数据整理。

米，同比增长8.4%，高于2012年6.3%的同比增长率，且超过了2013年商品房整体销售均价同比增长率（7.7%）。办公楼平均销售价格从2012年的12306元/平方米增加到2013年的12997元/平方米，同比增长5.6%，终止了2012年出现的同比负增长（-0.2%）趋势。

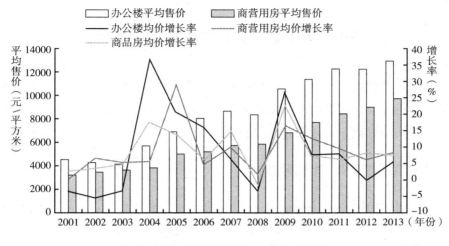

图 5　商业地产销售均价（2001～2013）

资料来源：根据《中国统计年鉴》（2013）及国家统计局 2013 年相关数据整理。

（五）二、三线城市空置率较高

国家统计局数据显示，2013 年 1～7 月份，中国商业营业用房空置面积高达 8465 万平方米，同比增长 32.7%。这一方面是由于国家对住宅市场的调控政策使得商业地产成为开发商和消费者的投资洼地，另一方面来自各地区新区建设热潮的推动，在商业地产投资高速增长的同时，供给的盲目性和同质性问题严重，使得商业地产供给量与当地商业开发量和消费需求无法匹配。这里不能忽视电子商务对商业地产的影响，电子商务降低了消费者对线下消费的需求，从需求方提升了商业地产的空置率。

除一线城市外，中国商业地产市场现阶段供求失衡问题严重，导致二、三线城市较高的空置率。以写字楼为例，根据咨询机构世邦魏理仕的统计数据显示，成都、天津、沈阳等地的优质写字楼空置率超过 40%，如果把范围拓展到整个写字楼物业，空置率还将大幅抬升，高空置率意味着商业地产泡沫。判断城市商业地产泡沫的一个重要指标是人均商业面积。在西方发达国家的核心城市，人均商业面积一般在 1.2 平方米上下。以苏州为例，苏州商业联合会的一份报告指出，苏州部分区域人均商业面积超过 3 平方米，商业地产已出现"生产过剩"。

二 2013 年中国商业地产发展地区差异分析

从中国商业地产发展的空间特征来看，东中西部之间、各省之间均表现出比较显著的差异，商业地产向东部地区、发达省份集中的特点比较明显，其中办公楼的集中度高于商业营业用房的集中度。

（一）东中西部比较分析

表 1 显示中国 2013 年东、中、西部地区办公楼和商业营业用房销售面积与新开工面积情况。东、中、西部商业地产发展情况主要表现出以下特征。

第一，从集中度来看，东部地区相对集中，尤其是办公楼的集中度更高。2013 年，东部地区办公楼销售面积、新开工面积分别占全国的 62.4% 和 60.0%，相比 2012 年东部地区办公楼销售面积、新开工面积分别占全国 60.7% 和 54.3% 的比例，办公楼集中度有增加的趋势。2013 年东部地区商业营业用房的销售面积和新开工面积这两个指标分别占全国的 47.2% 和 43.7%，与 2012 年变化不大，2012 年这两个指标分别占全国的 46.9% 和 44.8%。相比东部地区的高度集中，2013 年中、西部地区相关指标比较接近，占全国的比重均在 20.0% 左右，与 2012 年中、西部地区相关指标比较来看，西部地区的办公楼销售面积、中部地区办公楼新开工面积占全国的比重有较大下降，分别从 2012 年的 20.7% 和 23.1% 下降到 2013 年的 17.2% 和 18.9%，与此同时，西部地区商业营业用房的新开工面积占全国的比重有较大提高，从 2012 年的 27.5% 提高到 2013 年的 29.3%。办公楼逐步向东部地区集中、商业营业用房呈现分散化趋势，这与现代服务业在东部大城市集中以及中西部地区经济结构调整有密切关系。

第二，从增速看，与 2012 年中西部商业地产销售面积和新开工面积均快速增加、东部地区保持相对稳定相比，2013 年东、中、西部地区商业地产的供求增长情况表现出了较大差异。办公楼方面，2013 年，西部地区办公楼销售面积同比增加 6.0%，新开工面积同比增加 7.0%，而 2012 年西部地区这两个指标的同比增加率分别为 42.9% 和 26.3%。2013 年中部地区办公楼销售面积同比增加40.9%，新开工面积同比出现负增长，减少了6.0%，而2012年这两个指标的同比增加率分别为9.1%和58.2%，相比于2013年西部地区办公楼供求双冷的局面，中部地区办公楼的销售出现大幅增长，而新开工面积却大幅下降，这主要是由于中部地区办公楼存量较大，在整体消费市场相对稳定的情况下，短期内办公楼的销售以消耗存量为主，且与目前办公楼主要采用的"售后包租"的销售模式有关。相比于中西部地区办公楼市场出现的下行趋势，2013年，东部地区办公楼销售面积和新开工面积均出现快速增长，同比增长率分别为31.4%和27.0%，而2012年这两个指标的同比增长率分别为5.7%和-5.9%。

与办公楼市场东、西部地区出现的较大差异相比，商业营业用房市场东、西部地区表现出高增长趋势：需求方面，东、中、西部地区商业营业用房销售面积分别同比增长9.8%、8.3%和8.8%，2012年，该指标的同比增长率分别为0.3%、-2.3%和-3.5%；供给方面，东、中、西部地区商业营业用房新开工建设面积分别同比增长15.0%、15.0%和25.0%，2012年该指标的同比增长率分别为0.5%、11.7%和10.7%。

表1 东、中、西部商业地产发展情况比较（2013年）

单位：万平方米，%

地 区	销售面积		新开工面积	
	办公楼	商营用房	办公楼	商营用房
全国总计	2883.35	8469.22	6887.24	25902
增长率	27.9	9.2	15.1	17.7
东部地区总计	1798.99	3997.75	4129.36	11320.28
增长率	31.4	9.8	27.0	15.0
占全国比重	62.4	47.2	60.0	43.7
中部地区总计	589.76	2396.84	1301.55	6994.89
增长率	40.9	8.3	-6.0	15.0
占全国比重	20.5	28.3	18.9	27.0
西部地区总计	494.59	2074.64	1456.33	7586.83
增长率	6.0	8.8	7.0	25.0
占全国比重	17.2	24.5	21.1	29.3

数据来源：根据国家统计局2013年相关数据整理。

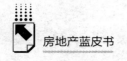

（二）省际比较分析

省际比较分析主要采用销售面积和新开工面积两项指标反映各省市场供求情况。图6和图7分别显示各省区2013年办公楼和商业营业用房的市场情况。办公楼方面，第一位、前三位、前五位省份销售面积集中度分别为11.0%、29.9%、44.8%，新开工面积的相应集中度分别为9.8%、26.4%、42.5%，均表现出较高的集中度；商业营业用房方面，第一位、前三位、前五位省份销售面积集中度分别为10.1%、26.9%、38.4%，新开工面积的相应集中度分别为7.9%、23.1%、35.1%，同样表现出较高的集中度，但商业营业用房两项指标的集中度均小于办公楼的集中度。这表现出现代高端服务业向经济发达地区集聚的特点，而商品零售、娱乐、餐饮等普通服务业在各省之间表现得相对分散。

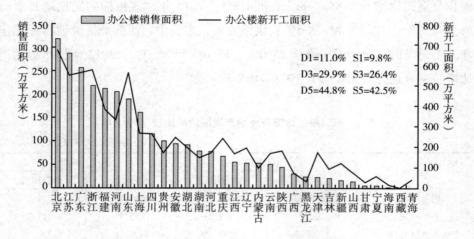

图6　2013年各省区办公楼市场情况

说明：D1、D3、D5分别表示销售面积前1、3、5位的大城市的销售面积占全体的比重，S1、S3、S5分别表示新开工面积前1、3、5位的大城市的新开工面积占全体的比重，下同。

资料来源：根据国家统计局2013年相关数据整理。

办公楼销售面积如图6所示，东部地区的北京、江苏、广东、浙江、福建是销售面积最大的省份，分别为317.93万、286.81万、256.86万、218.29万、211.42万平方米，排名后五位的省份分别为甘肃、宁夏、海南、西藏、青海，销售面积分别为5.9万、5.74万、2.08万、0.77万、0.69万平方米，前五位销售面积总和是后五位的 85 倍，差距巨大。新开工面积最大的省份与销售面积最大的省份基本保持一致，分别为北京、浙江、山东、广东、江苏，2013 年新开工面积分别为 671.4 万、576.71 万、567.24 万、563.2 万、547.94 万平方米，新开工面积排名后五位的省份分别为宁夏、青海、甘肃、海南、西藏，2013 年新开工面积分别为 59.86 万、43.75 万、34.72 万、30.13 万、14.59 万平方米，前五位新开工面积总和是后五位的 16 倍，差距与销售面积相比较小。总体来看，在供给方面，前五位省份与后五位省份之间差距较小，而需求方面，前五位省份与后五位省份之间表现出巨大差异，从新开工面积与销售面积的对比来看，所有省份 2013 年的办公楼新开工面积均大于销售面积，两者之比一般在 1~3 之间，个别省份高达几十（比如青海，2013 年新开工面积 43.75 万平方米，销售面积 0.69 万平方米，二者之比高达 63.41，远高于其他省份）。

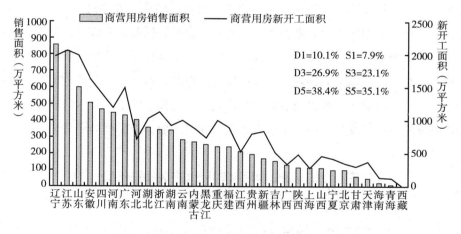

图7　2013 年各省区商营用房销售面积情况

资料来源：根据国家统计局 2013 年相关数据整理。

商业营业用房销售面积如图 7 所示，与办公楼的销售面积排名有所差异，辽宁、江苏、山东、安徽、四川为销售面积前五位的省份，销售面积分别为 859 万、817.48 万、600.12 万、506.29 万、468.64 万平方米，排名后五位的省份分别为甘肃、天津、海南、青海、西藏，销售面积分别为 63.72 万、51.6 万、25.08 万、10.27 万、1.85 万平方米，前五位销售面积总和是后五位的 21 倍，差距较大。新开工面积最大的省份与销售面积最大的省份基本保持一致，

133

分别为江苏、山东、辽宁、安徽、广东，2013 年新开工面积分别为 2047.9 万、1976.83 万、1965.5 万、1624.77 万、1481.58 万平方米，排名后五位的省份分别为甘肃、上海、海南、青海、西藏，2013 年新开工面积分别为 300.68 万、274.96 万、134.74 万、123.41 万、1.59 万平方米，前五位新开工面积总和是后五位的 11 倍，差距与销售面积相比较小。总体来看，在供给方面，前五位的省份与后五位的省份之间差距较小；而需求方面，前五位的省份与后五位的省份之间表现出较大差异，从新开工面积与销售面积的对比来看，所有省份 2013 年商业营业用房的新开工面积均大于销售面积，且二者之比在 2~4 之间，个别省份较高（比如青海，2013 年，新开工面积 123.41 万平方米，销售面积 10.27 万平方米，二者之比为 12.02，远高于其他省份）。

整体来看，商业营业用房新开工和销售面积的省际差距没有办公楼的省际差距大。这与房屋购买者所从事的行业关系密切，商业营业用房主要用于餐饮、娱乐、零售等普通服务业，办公楼则主要用于金融、保险、咨询、证券、总部经济等高端服务业，前者与省份经济发达程度的关联度相对后者来说较弱。从上述分析还可以看出，像上海这样经济高度发达的地区，普通服务业比较成熟，加之土地供应已十分紧张，所以商业营业用房新开工面积十分小，在上海商业营业用房市场基本以存量交易为主，这也符合上海向高端服务业转型的趋势。

三　2014 年中国商业地产发展形势

2014 年中国商业地产机遇与挑战并存，一方面，新型城镇化、产业结构调整、宏观调控、金融市场化改革的进一步深化以及互联网金融的发展将提高未来商业地产的需求，拓宽商业地产融资渠道，面临良好的发展机遇；另一方面，受电子商务冲击以及同质化竞争日益激烈影响，商业地产发展形势也面临着严峻的挑战。

（一）机遇

1. 新型城镇化进一步扩大内需

2013 年底，中国城镇化水平达到 53.7%，今后还将长期处于城镇化快速发展阶段。党的十八届三中全会明确提出："要坚持走中国特色新型城镇化道路，推进以人为核心的城镇化，推动大中小城市和小城镇协调发展、产业和城镇融合发展，促进城镇化和新农村建设协调推进。优化城市空间结构和管理格局，增强城市综合承载能力。"新型城镇化促进商业地产发展主要表现在新型城镇化会进一步促进农村人口向城镇集聚，促进消费需求；同时城镇化质量的提升，将有利于提高居民可支配收入，从而进一步扩大内需。城镇消费水平的提升有利于促进商业地产尤其是商业营业用房的发展，提高商业地产需求。数据表明，中国城市人口每增长 1%，可拉动 GDP 增长 1.5 个百分点。未来 10 年，中国城镇化率年均提高约 1%，每年新增城镇人口 2000 万，这将进一步拉动消费市场，促进商业营业用房的需求。此外，城镇化率的提高，将大大促进高端服务业发展，进一步加大办公楼的需求量。

2. 新型分工与现代服务业发展提升商业地产需求

随着中国城市间新型分工深化，企业管理部门、信息服务、科研等部门将进一步在大中城市集聚；同时，中国经济结构转型将进一步促进现代服务业发展，服务型经济必将成为未来主流。因此，未来一段时间，将是中国城市现代服务业大力发展的时期，无论是零售、餐饮、休闲娱乐以及生活配套服务等生活性服务业，还是商务服务、科研、咨询等生产性服务业，都将分别对综合性购物中心和写字楼形成巨大的需求，带动商业地产发展。

3. 宏观调控和金融市场化改革为商业地产资金松绑

自 2010 年以来，在住宅市场调控政策影响下，限贷限购导致住宅市场萎缩，房地产开发企业纷纷加大投资商业地产力度，与此同时，银行、保险、民间资本等多方资金也随之进入商业地产领域。银行资金方面，在流动性过剩形势下，住宅调控的收紧和贷款优惠政策的取消，势必引导更多资金流入商业地产。保险资金方面，国家对保险资金投资房地产正式放行，允许 10% 的保险资金投资房地产，其中住宅地产和商业地产的限额分别为 3% 和 7%；另外，保监会近期发布多项条文，指令数千亿元保险资金只能进入商业地产领域。民间资本方面，民间投资渠道单一，调控政策的收紧，让更多民间资本看到有潜力的商业地产市场成为最为安全的避险渠道。此外，近年来信托、基金等相对较新的融资模式成为房地产资金来源的重要组成部分。随着金融市场化改革的

深入，这些较新的融资模式将越来越重要，这在资金供给方面大大增加了商业地产的资金来源渠道。

4. 互联网金融为商业地产迎来新的发展契机

在所有较新的融资模式中比较值得关注的是互联网金融。互联网金融的核心是"平台＋金融＋大数据"。互联网金融的快速发展将改写金融业版图，而商业地产和金融休戚相关，金融格局改变，对商业地产发展也将产生很大影响。首先，互联网金融的脱媒效应将强力推动利率市场化，对传统金融的替代效应和对传统金融的竞争，将倒逼金融业收窄整体毛利，从整体上有利于商业地产融资成本的降低。同时，互联网金融的融资便利性有利于商业地产资金供需双方实现信息共享，在信息不对称最大限度被消除的情况下，风险发现和揭示程度也大大提高，从而可以促进商业地产投资和融资活动。此外，互联网金融将促进金融产品的流动性，从而大大提升商业地产的融资能力。

（二）挑战

1. 同质化竞争日益激烈

2013 年，中国商业地产开发投资的年增速连续第五年超过住宅开发投资，除万达、万通、华润等早期商业地产开发企业外，首创、中粮、海航、娃哈哈等大型企业也通过转变公司发展战略，开始涉足购物中心、奥特莱斯以及商业综合体等商业地产领域，此外红星商业、沃尔玛等原流通型企业、零售集团利用自身的终端优势向上游延伸，在扩张新址的同时也进入商业地产。多股力量的推动使得中国商业地产出现"井喷式"发展，据统计，2013 年，全国有300 多家购物中心开业，差不多平均 1 天开业一家。根据盈石集团研究中心跟踪监测国内 20 大城市商业地产市场的数据显示，截至 2013 年底，中国 20 大城市商业地产总存量已达 6461 万平方米，预计在 2014 年，新增供应量还将增加 1500 万平方米，到 2016 年底，三年新增商业地产供应量总共将达到 3500 万平方米，占目前总体存量的 54%。而整个商业地产市场中，与商业商铺、步行街奥特莱斯、购物中心等供应风险相比，写字楼市场尤其严重。据盈石监测统计数据，国内甲级写字楼物业三年后的增量将超过 5800 万平方米，占目前存量的 173%，成为整个商业地产市场中"风险"最大的商业物业。"模式高度雷同、定位高度雷同、品牌高度雷同"是目前商业地产面临的最大问题，在供给过量的情况下，形成了严峻的同质化竞争。差异化突围、强化体验是商业地产业内的共识，但在绝对过剩情况下，任何商家都难以实现真正差异化，"体验牌"亦出现同质化。以购物中心为例，购物中心商家差异化突围的路径趋同、手段单一，尤其是家家开打的"体验牌"也存在同质化，即所谓的"体验化"转型无非就是"去百货业、去主力店、去购物化"，提高餐饮、娱乐、儿童等业态比重，可用的"招数"并不多。2014 年，随着更多商业地产项目入市，同质化竞争将更加激烈，如何应对这样的困难，是商业地产下一步健康发展必须解决的问题。

2. 电子商务降低消费者线下消费需求

作为传统商业的承载平台，商业地产越来越受到电子商务的冲击。电子商务作为一种新的技术革命，不仅分食了线下商业的客流和销售，也重塑了消费习惯，改变了人们的生活，使商业地产购物中心面临线下需求降低的严峻考验。据统计，国内每年新增购物中心 300 个，而每年电子商务销售增长大概相当于 300 个购物中心的销售额，这意味着购物中心本来的市场空间被电子商务全部吞食，这是购物中心目前无法回避的现实，低端时尚类购物中心尤其遭受冲击。如何有效应对电子商务的冲击，是商业地产未来持续发展的关键。

四　2014 年中国商业地产发展趋势分析

（一）商业地产在房地产业中的重要性稳步提升

受住宅市场政策调控影响，以及在产业结构不断调整、人民生活水平不断提高的发展趋势下，商业地产在优化投资区域结构、产品结构、满足人民日益增长的物质文化需求方面将变得越来越重要，商业地产投资将继续保持同比 25.0% 以上的增速，商业地产的投资总额、销售总额占房地产业比重稳步提高，图 8 所示的 2001 年以来商业地产占房地产商品房整体投资比重的上升趋势将持续，销售总额占比将终止整体下降的趋势。

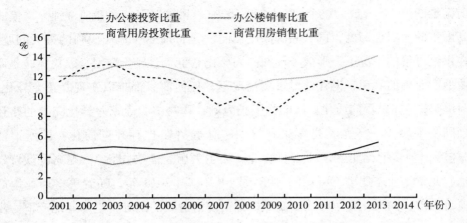

图8　中国商业地产占商品房投资与销售总额比重

资料来源：根据国家统计局 2013 年相关数据整理。

（二）一线城市商业地产市场整体向好

目前一线城市商业地产市场，消费热点比较多，商业地产的利益空间也比较大，因此核心城区和新城中心区商业地产的租售价格将继续攀升。将有更多的大企业将一线城市商业地产作为企业发展的战略转型方向，并逐步提升商业地产销售和自持运营的比重。一方面，一线城市总部经济的深度发展将带来都市 CBD 商业地产的新需求，同时，考虑商业地产周期长的特点，结合商贸商务和公寓为一体的城市功能性综合体性质的商业地产发展也将成为商业地产的主导开发模式。随着新型城镇化的进一步深入，一线城市对城镇化的吸纳能力将继续释放，相对于二、三线城市的高空置率，一线城市销售量也将持续上升，总空置率将不断降低。

（三）二、三线城市新增供给过剩压力与同质化竞争压力并存

从商业地产供求看，由于 2012 年、2013 年商业地产新开工面积均保持了较快增长速度，2014 年竣工完成的新增商业地产项目将不断增加，在需求保持基本稳定的情况下，新增供给过剩的压力将持续存在。再加上前期已有库存量，二、三线城市商业地产同质化竞争压力可能会更高，给开发商带来更大压

力。同质化竞争不仅会降低商业地产项目资金回收的效率，产生资金流动停滞风险，而且会影响整个市场的运作。在供给过剩和同质化竞争问题的同时，随着二、三线城市逐步替代一线城市成为城镇化最快发展的地区，以及二、三线城市零售市场结构正由以传统国有百货和街边小店为主的模式向以主力店和连锁店为支撑的大型购物中心模式的转变，商业和商务活动的国际化水平和区域外向度的不断提高，二、三线城市的商业地产发展潜力仍然不容忽视。因此，城镇化、商业模式升级、外向化等多重因素的互动将为二、三线城市的商业地产发展带来新的动力。

（四）商业地产进入差异化发展阶段

在商业地产市场竞争日益激烈情况下，商业地产企业将寻求发展模式的创新，发展模式将呈现差异化趋势，一线城市高端购物中心以及社区型购物中心将呈现小而精的主题化、细分化方向，三、四线城市则延续大而全的区域性购物中心和新城型购物中心发展，二线城市介于一线城市和三、四线城市之间，此外一线城市的办公楼将向绿色、宜居、便利等体验式方向发展。

（五）社区商业地产以及商业地产与电子商务的融合将成为新热点

社区商业地产的发展将成为新的热点。根据智库百科的定义，社区商业是一种以社区范围内居民委托服务为对象，以便民、利民、满足和促进居民综合消费为目标的属地型商业。社区商业地产是城市商业地产中的一个重要层次，是对住宅地产的补充，以住宅地产为依托，因此将随着住宅地产的发展而发展，同时为既有小区改造升级的社区地产提供新的发展空间。社区商业地产还具有稳定、短周期的赢利模式和灵活的退出机制。在商业地产结构性过剩背景下，社区商业地产将成为投资机构在商业地产领域的理想选择。

互联网时代，传统商业地产无法躲避电子商务的冲击，二者在线下、线上的各自领域均具有对方无法匹及的优势，二者的结合是未来互利共赢的大趋势。房地产与电子商务的合作从 2011 年就已开始。继 SOHO 中国首试网上卖房，在首家房产电商平台"易居购房网"进行了 8 次拍卖累计交易额达 4 亿元之后，富力、世茂、万通、新世界等品牌开发商均先后挺进电子商务平台。

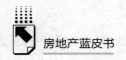
2013 年，万达也尝试与电商合作，其万达电商平台于年末开始上线试运行。2014 年初，腾讯公司宣布将斥资 15 亿港元，策略入股商贸物流运营商华南城控股公司，持股比例将达 9.9%，这是腾讯首次重仓线下商业地产经济。商业地产企业与电子商务企业之间的合作将进入加速阶段，是今后商业地产领域的新热点。

参考文献

中国房地产业协会商业和旅游地产专业委员会编《中国商业地产蓝皮书（2011～2012）》，中国建筑工业出版社，2012。

国家发展和改革委员会编《〈中华人民共和国国民经济和社会发展第十二个五年规划纲要〉辅导读本》，人民出版社，2011。

《中共中央关于全面深化改革若干重大问题的决定》，2013。

B.9

2013~2014年北京存量房
市场分析

靳瑞欣*

摘　要：

北京房地产市场继 2012 年筑底复苏后，2013 年持续升温。
2013 年调控政策持续且力度不断加强，从"新国五条""新国
六条"再到京版"国五条细则"、7~8 月份房地产调控向长效
机制转变的"传闻"、10 月北京住建委发布"京七条"，直至
11 月三中全会后开始的一、二线城市调控再收紧，在一系列强
劲政策压力背景下，刚性购房需求仍活跃难当，全年存量房成
交量价同比均现上涨，涨幅分别为 14% 和 22%。存量房成交
近九成为首次置业的刚性需求和改善性刚性需求，投资人群已
基本被挤出，刚需的庞大群体助推 2013 年北京存量房市场持
续升温。北京租赁市场需求旺盛，输入型大都市的特征决定了
大量外来人口对北京租赁市场强有力的支撑，总体呈现上升
趋势。

量价在持续一年多的上涨后，市场势必要理性回归。2014
年房地产市场将在资金流动性偏紧背景下量价增速回落，房地
产逐渐回归到市场与保障的双轨制，调控政策将以房产税等市
场调节手段代替行政干预手段。

关键词：

调控政策加强　量价齐涨　刚需支撑　租金上涨

---

* 靳瑞欣，中原地产研究部经理。

一 政策——2013 调控趋紧保障模式新探索

（一）调控趋紧，限购限价抑房价上涨

2013 年初，国务院再次发布楼市调控五项举措，随之各地纷纷出台细则版法规，北京是落地力度最重的城市。从设定房价调控目标、售房所得20% 缴个税、限房价竞地价等多个方面再度收紧调控，由此，新一轮调控周期开启。此轮调控仍是以打压供需双方为主要手段，而并非疏导为主，从短期看或将实现控制量价的目的，但是难以长效保持房地产市场健康稳定发展。

"北京市新建商品房的售价将接受政府指导，新开盘项目报价不能高于该楼盘此前成交价，也不能高于周边同质商品房价格，否则政府将不予发放预售许可证。"

"限价令"的发布在短期内确实对市场起到了一定的震慑作用，但市场很快消化，各类精装修、车位等捆绑销售方式层出不穷，项目实际销售价格仍在不断攀升当中。

由于"限价令"政策并未达到预期效果，2013 年 10 月，北京市再次发布继续收紧调控的"新京七条"，再次强调严查变相涨价项目，并且在之后的住建委"闭门会议"中传出两项精神，一是对于出现涨价情况的楼盘不予发放预售许可证；二是单价 4 万元以上的项目年底前不再发放预售许可证。分析认为，这两条新规的强制作用，再加上市场主体未来预期的变化，使得 2013 年底房价过快上涨的势头被抑制，开始进入平稳上升阶段。

（二）20% 个税，二手房调控力度最大

2013 年房地产调控政策持续，且力度不断趋紧，从"新国五条""新国六条"再到京版"国五条细则"，从住房限购、差别化住房信贷和税收到增加土地供应等房地产涉及的各方面出台综合性政策措施，以期达到引导住房需求、缓解供求矛盾、稳定房价的目的。

对于二手房市场来说，20%个税的增加无疑是影响力最大的政策。税收的增加势必增加购房压力，升值预期降低，加剧消费者购房观望氛围（见表1）。

表1　20%个税与总价1%征税金额对比

如果当年一套房子200万元购入,现准备300万元出售		
征收标准	按总价1%	按差价20%
征收金额	3万元	20万元
两种结果		
供不应求	卖方步调一致,统一加价,但加价会影响交易,导致买卖双方博弈,降低市场成交量,卖家之间的竞争也会对应加剧,价格下调可能性大	
供大于求	因为是买方市场,买方有条件选择,在购买需背负较高个人所得税的二手房时,会选择转向一手房或者选择观望,二手房将面临很大的降价压力	
自有住房能核实房屋原值的,应按转让所得的20%计征个人所得税;充分发挥税收政策的调节作用。税务、住房城乡建设部门要密切配合,对出售自有住房按规定应征收的个人所得税,通过税收征管、房屋登记等历史信息能核实房屋原值的,应依法严格按转让所得的20%计征		

（三）信贷环境趋紧，购房成本走高

信贷环境变化对市场影响举足轻重，即便是受到政策鼓励的首套自住需求，也不得不面临流动性紧张及资金价格上涨带来的房贷利率走高。2011 年末起，央行三次下调存款准备金率、两次降息，且 2012 年 6 月起首套房贷利率从之前的基准回落至 8.5 折优惠。然而，2013 年 6 月的银行"钱荒"事件发生后，银行贷款额度不断趋紧，部分银行在综合收益考量下缩减甚至暂停房贷业务，首套房贷利率又从 8.5 折优惠逐步恢复至基准（见表2）。事实上，银行体系外的资金利率以各种金融创新之名被提升，同时正规市场（如SHIBOR）中的利率水平也显著提高。因此，2014 年初即使延缓放贷现象有所缓解，多数刚需购房者也不得不面对利率走高带来的长期支付成本上升。

对于购买二套房的改善型需求而言，虽然利率保持基准的 1.1 倍不变，但部分调控升级城市对首付比例的要求从六成提高至七成。提高一成首付比例后，首付款将增加几十万元不等，这无疑将加重购房者短期资金压力（见表3）。而在一些发达的一、二线城市，存在着相当数量的改善型需求，其中部分人士或将被迫放缓入市步伐。

表2 贷款利率走高对购买首套房还款的影响

房屋总价 （万元）	（8.5折） 月还贷额（元）	（基准利率） 月还贷额（元）	月还贷增加额 （元）	总还贷增加额 （万元）
100	4005	4447	442	16
150	6007	6671	664	24
200	8010	8895	885	32
250	10013	11118	1105	40
300	12015	13342	1327	48

假设条件：首付三成，贷款30年，等额本息方式还款。

表3 首付比例提高对购买二套房还款的影响

单位：万元

房屋总价	首付六成	首付七成	首付款增加额
100	60	70	10
200	120	140	20
300	180	210	30
400	240	280	40
500	300	350	50
600	360	420	60

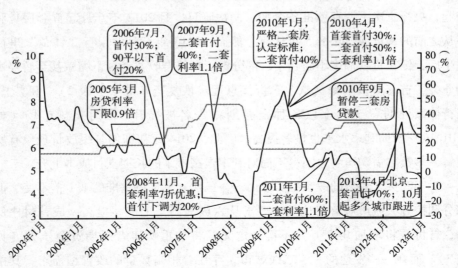

图1 基准利率与新建住宅销售增速走势（2003年1月至2013年9月）

（四）保障模式探索，自住房土地供应加速

纵观我国保障房市场，在"十二五"规划的刺激下，建设规模和建设速度虽然近几年来都处在高位，但制度建设始终滞后于规模建设。各个地方在分配主体界定、准入条件、收入划分方面差异大，且不尽合理，整体缺乏顶层设计。住房保障的体系规范与制度完善将是未来工作重点。根据 5 月国务院常务会议决定，中央层面即将统一保障房标准，针对租赁型保障房即公租房、廉租房或将实现两房并轨，以实物配租与阶梯式租金补贴的方式运行，满足住房困难家庭以及新就业职工需求，既简化管理，又提高使用效率，减少房源闲置。

另外，对于"夹心层"供应体系的探索加速启动，例如北京自住型商品房、多地的共有产权房等。无论是哪种形式的保障房都结合了市场与政府之力，旨在完善保障体系，满足各层次住房需要。但两者也都不同程度存在寻租获利的空间，其前景取决于政府的实际执行力度。

北京自住房土地供应从 2013 年 7 月第一块土地成交，到 11 月连续 14 块土地持续放量，2013 年自住型住房 2 万套已超额完成。按照目前挂牌土地预计上市量将接近 2.5 万套。2014 年商品房将有一半项目供应自住房，按 4～5 万套计算，从 2014 年二季度末开始将逐渐入市。

北京自住房供应主要集中在大兴、房山等区域，对这些区域的刚需及首改客户心理影响非常大，从之前恐慌入市转变为持币观望。

2013 年底北京自住房出现首个上市项目，恒大"御景湾"项目网站完成网上购房初步登记的家庭共 14.8 万户，其中经济适用房、两限房轮候家庭8023 组；另本市户籍家庭 12.4 万户，非本市户籍家庭 1.58 万户。

二　市场——持续活跃，二手房刚需支撑

（一）成交持续升温，二手房占市场地位不容小觑

纵观历年二手住宅的成交情况，2009～2013 年二手房年成交量依次为266854 套、196587 套、121239 套、142983 套、162688 套。2009 年和 2010 年

交易火爆主要原因是政策宽松，鼓励交易。但进入 2011 年以来调控政策不断趋紧，在强劲刚性需求的支持下，成交量虽不敌 2009 年和 2010 年，但二手住宅市场仍处于持续回暖的通道，2012 年和 2013 年二手房成交量连续两年上涨。

从二手房占住宅市场的比重来看，2010 年达到顶峰 63.9% 后连续两年下滑，2013 年首次出现回升，恢复至 57.8%。二手住宅成交稳稳地占据了北京住宅市场的半边天，对于整体住宅市场走势变化的影响不容小觑。

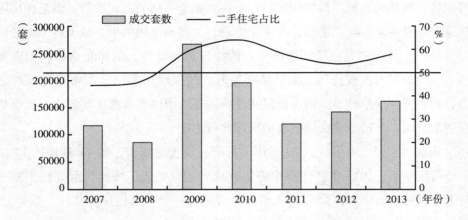

图 2   2007~2013 年二手住宅成交套数及占住宅总成交比重

数据来源：北京中原市场研究部。

从一、二手成交对比来看，二手住宅与新建住宅的成交高点均在 1 月、3 月和 9 月，成交套数和面积分别为 19561 套和 178.5 万平方米、43780 套和 415 万平方米、12854 套和 116.7 万平方米，步调基本一致。这三个月成交量大的主要原因是年初购房者对于房价上涨的预期较强；3 月则是受到"国五条"及京版"国五条细则"政策末班车效应导致成交量井喷；9 月的"金九效应"显现，政策层面稳定，新房成交冲高带动二手成交升温。

（二）报价指数 5 年最高，年度内呈现下滑趋势

从 5 年报价指数数据可知，2013 年的平均报价指数处最高位，甚至超过 2009 年数据（49%），高于 50%。这表明 2013 年二手住宅业主，对房价持上

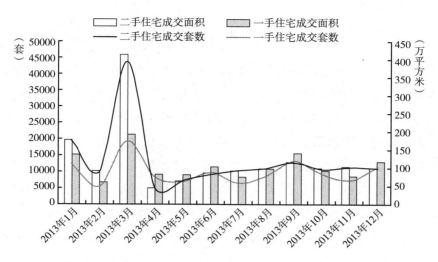

图 3　2013 年 1～12 月二手住宅和新建住宅成交套数与面积

数据来源：北京中原市场研究部。

涨预期。但从月度看，随着调控政策的持续深化，2013 年报价指数逐月呈下降趋势，这也体现出 2013 年业主信心有下滑趋势，二手房价上涨的后续动力不足。

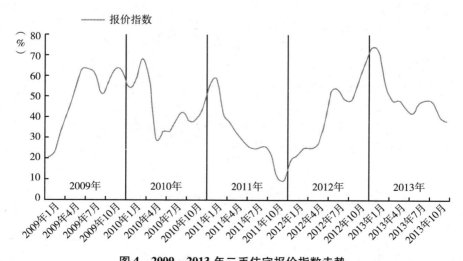

图 4　2009～2013 年二手住宅报价指数走势

数据来源：北京中原市场研究部。

147

（三）房价六年来最高，小幅稳步攀升

2013 年，二手住宅价格明显要高出前 5 年的价格，全年均价同比上涨 21.9%。纵观月度房价变化，以小幅微涨为趋势，其原因主要是刚需购买力强劲，新房的供应量、供应区位限制，在调控新政的背景下，仍有足够量的成交支撑二手房价稳定上行，年初（2 月、3 月）涨幅相对较大，主要是由于延续 2012 年的良好预期，对房价上涨的信心充足，3 月出台了"新国五条及北京细则"后，二手住宅交易成本大幅增加，再配之限购政策双管齐下，基本将投资需求挤出。刚需客户成为市场成交的绝对主力，由于这一群体的体量庞大，且对价格又比较敏感，导致二手住宅市场价格涨而趋稳。

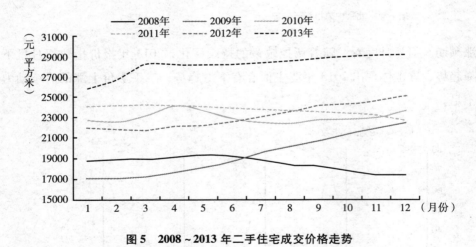

图 5 2008～2013 年二手住宅成交价格走势

数据来源：北京中原市场研究部。

（四）中心、次中心、边缘区成交比例 1：5：4

2013 年，中心城区、次中心区、城市边缘区三大区域成交套数占比为 1：5：4，即存量房的主力成交区域为次中心区外，按交通环线分布即三环路以外区域。从存量房市场发展的这七年变迁可以看出，次中心区的成交量一直占比最多，在一半以上，而城市边缘区的占比处于不断增长趋势，2013 年较

2008 年上涨 15.4 个百分点，但中心城区的占比不断下降，这也是城市发展的必然趋势。

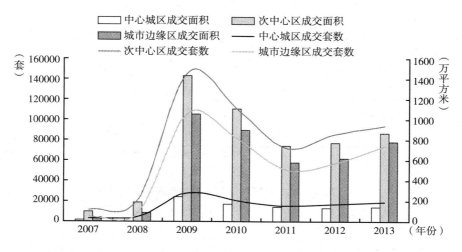

图 6　2007～2013 年不同成交区域存量房成交套数和面积

数据来源：北京中原市场研究部。

（五）100 平方米以内经济户型受青睐，7 年占比均在 70%

2013 年，60～100 平方米的一、二、三居成为主力成交，其中 60 平方米以下占三分之一，60～80 平方米和 80～100 平方米各占两成。在限购和交易成本增加的大背景下，紧凑型户型成为成交焦点，受到刚需客户的青睐。七年来，100 平方米以下的经济型户型经历了从 2007～2008 年占比最大，接近 75%，到 2009～2011 年楼市火热期的占比下降，低至不到 67%，再到 2012～2013 年楼市调控期的回弹，上升至 71% 的水平。

（六）租金持续 4 年上涨，达到 57.3 元/（平方米·月）

2013 年，北京市的住宅单位租金同比上涨 5.3%，达到 57.3 元/（平方米·月），涨幅在近 6 年里处于中等水平，相对其他年度较平稳。6 年来除了 2009 年因为 2008 年奥运年租金暴涨后出现回落外，其余年份均呈现上涨态势，6 年累计上涨 41.1%。北京租赁市场总体呈现上升趋势，这表明租赁需求

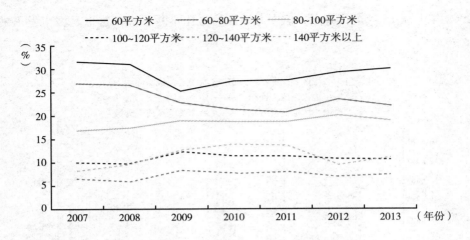

图7　2007～2013年不同面积段存量房成交套数占比

数据来源：北京中原市场研究部。

旺盛，输入型大都市的特征决定了大量外来人口对北京租赁市场强有力的支撑。

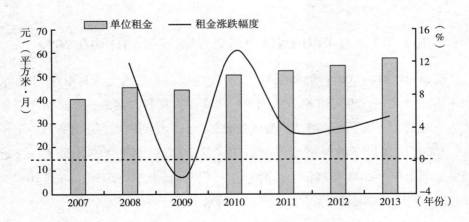

图8　2007～2013年北京住宅单位租金涨跌变化

数据来源：北京中原市场研究部。

（七）租金回报率6年最低，全年仅为2.4%

2013年租金回报率相对平稳，全年平均在2.4%的水平。从近6年来的数据看，处于最低水平。这表明 2013 年的房价上涨幅度高于租金上涨幅度，从而导致租金回报率明显下降。而租金回报率较高的时期，如 2008 年、2009 年和 2012 年上半年都是房价下降或平稳的时期。

图 9　2008～2013 年北京市住宅月度租金回报率

数据来源：北京中原市场研究部。

三　2014 年存量房市场展望

（一）商品房"限价"及自住房上市将稀释部分存量房客户

2013 年 11 月到 2014 年上半年期间，在自住型住房不入市稀释房价情况下，商品房限价政策将持续。自住型住房入市后，特别是 2014 年下半年，中低端商品房也很难提高价格。这也势必影响部分存量房客户观望或转投商品房或自住房。但对于高端市场来说，未来需求会平稳向上，高端项目具有一定的稀缺性。

（二）成交量稳定　价格涨幅回落

2014 年，北京的楼市调控政策仍将从严执行，同时自住型住房将有 5 万

套供应，且价格低于周边商品住宅 30%。这样的楼市政策环境将对整体住房市场的刚需供求紧张状况起到一定缓解作用，并对房价起到抑制效果。然而由于房屋地域属性的不可替代性，城区内的二手房需求量不会下滑，或将上升。政策保障房和自住房的供应更多地位于次中心区和城市边缘区，对这两大区域的价格影响颇大，价格大幅上涨动力不足。预计 2014 年二手住宅成交量较为平稳，价格涨幅将会收窄。

（三）租金和回报率均小幅上涨

2014 年存量房交易市场平稳发展，租赁市场也不会有明显波动，外来人口及高房价挤出的大量人群将助力租赁成交量平稳发展，租金仍将小幅上涨。在房价涨幅收窄的前提下，判断 2014 年的租金回报率将有所回升。

管理篇

Management

B.10

2013 年中国物业管理热点及
2014 年走势

叶天泉　叶宁*

摘　要：

2013 年，中国物业管理行业总体呈现平稳健康发展态势，但在发展进程中也暴露出诸多的矛盾和问题，住宅区电梯事故、火灾事故、养犬致人伤害等悲剧时有发生，已经成为社会热点、焦点问题，亟待理论上的破解和实践上的突破。本文对 2013 年物业管理热点问题进行了剖析，提出了解决思路与对策，并对 2014 年行业发展走势做出预测。

关键词：

物业管理　对策　走势

---

* 叶天泉，辽宁省住房和城乡建设厅副巡视员，中国物业管理协会行业发展研究中心研究员；叶宁，辽宁城市建设职业技术学院。

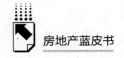
2013 年是中国物业管理的法制完善年。《中华人民共和国消费者权益保护法》（以下简称《消费者权益保护法》）的修订，对规范物业服务企业的收费和服务、保障业主合法权益提供了法律保障。《中华人民共和国特种设备安全法》（以下简称《特种设备安全法》）的颁布，标志着我国特种设备安全管理向法制化又迈进了一步。对规范包括电梯的生产、经营和使用管理，遏制电梯事故的发生，保障业主的乘梯安全提供了法律依据。2013 年是中国物业管理的转型升级年。越来越多的物业服务企业在创新运营模式、拓展经营领域等方面进行了大胆的探索和尝试，创造出许多成功的经验。一些企业通过运用新技术、新设备，在降低服务成本、提高工作效益和服务水平等方面取得了新的突破。特别是 2013 年 5 月 22 日，中国物业管理协会召开《物业管理向现代服务业转型升级的研究》开题会之后，企业向现代服务业转型升级的步伐进一步加快。2013 年也是中国物业管理的政策扶持年，又有一些省市政府或行业主管部门出台了规范物业管理行为、扶持物业服务企业发展的规章或规范性文件，使行业出现了新的转机。这些不仅为行业可持续发展营造了新的发展契机和环境，而且在中国物业管理发展史上留下浓墨重彩的一笔。

一　2013 年中国物业管理热点剖析

（一）规范养犬

2013 年无疑是养犬伤人的重灾年，这一年仅从 5 月 27 日至 6 月 27 日一个月时间，就发生多起烈性犬致人伤亡的悲剧。

5 月 27 日早，贵州省遵义市康海花园小区 62 岁的陈某某，在小区后山晨练时被两条杜高犬活活咬死。6 月 3 日，山西省运城市一名 8 岁女孩遭藏獒撕咬，经过路人营救，使女孩脱险。6 月 13 日，辽宁省庄河市一只藏獒蹿到街面上，见人就咬，多人被咬伤，一位 90 多岁的老妇因躲避不及，被藏獒咬穿胳膊。6 月 24 日，两只藏獒跑到北京市昌平区的马路上，将多名路人咬伤。6 月 26 日，重庆市一名 2 岁小女孩被自家养的土狗咬穿气管。6 月 27 日，王某领其 3 岁半的女儿李某到辽宁省大连市高新园区一小卖店买水喝，从院内蹿出的藏獒将李某的脖子左侧咬住，经抢救无效死亡。

此外，在住宅区中，因被犬咬伤、惊吓、噪声扰民等引发的邻里矛盾和纠纷偶有所闻，有的为此大动干戈、大打出手，甚至诉讼法院对簿公堂。

剖析烈性犬频繁致人伤亡的原因，一是缺少法规。目前国家没有一部专门用于规范养犬管理方面的法律或行政法规。尽管在《中华人民共和国民法通则》（以下简称《民法通则》）、《中华人民共和国侵权责任法》（以下简称《侵权责任法》）和《中华人民共和国治安管理处罚法》中有所涉及，但由于规定比较原则，操作性差，难以满足规范养犬管理的需要，亟待国家立法进行规范。二是责任落实不到位。目前北京、上海、辽宁等绝大多数省市虽然出台了规范养犬管理的地方性法规或规章，但多数省市在规范养犬方面，尚未形成从销售流通的源头上加强控制和监管，也没有从根本上理清相关责任部门的协调执法机制，更没有形成多管齐下的长效机制和落实机制，往往是单个部门"单枪匹马、单打独斗"，缺乏相关部门协同作战、常态治理。加之立法层次低，法律效力差，威慑力不足，惩治力不强，使规范养犬成效不大。三是市民养犬自律差。随着养犬文化的流行，养犬的市民越来越多，据有关部门估计，全国现有犬只数量为 1 亿只左右，而且其需求量仍以每年 20% 的速度增长。

家庭养宠物犬无可厚非，关键是一些市民无视养犬规定，擅自在城市禁区饲养大型犬、烈性犬，有的不按规定登记、办证，上街遛狗不用牵引链，进入小区电梯等公共场所不给狗带护具。养犬者不严格自律，致使犬伤人事件频频发生。

如果再不采取果断有力的措施，狗患将给社会带来更多的问题，规范养犬已经到了刻不容缓的程度。

怎样规范城市养犬，使这一社会问题得到遏制呢？从目前看，应当从法律和道德两个层面，多管齐下，多措并举，筑起规范养犬的防线。一是加速立法。国家应当把规范养犬管理列入立法计划，尽快出台《养犬管理条例》，以法规的形式将养犬管理的原则，养犬主管部门和相关部门的职责，养犬者的责任、义务，养犬登记、备案、免疫、办证，犬只的收容、认领和领养，犬只的经营，禁养犬的名目，流浪犬、死亡犬的处置，禁止虐待、遗弃犬只及法律责任等确定下来。特别要把养犬管理的责任主体，养犬伤人甚至致人死亡的养犬

人应当承担的民事赔偿责任，严重失职的主人应当承担的刑事责任等用法规予以明确。二是落实责任。规范养犬是一项复杂的社会系统工程，公安部门要担负起依法管理养犬行为的职责，建立起依法规范养犬的长效机制，切实将养犬管理落到实处。对于违反养犬规定，养犬不登记，非法经营、喂养大型犬、烈性犬等行为，一经发现，要依法依规进行处理，遏制烈性犬伤人事件的发生。公安、城管执法、工商、建设、兽医、卫生、财政、物价、乡镇人民政府和街道办事处等部门，应当按照各自职责，密切配合，协同作战，切实形成齐抓共管的局面。三是规范养犬人行为。养犬者要提高依法养犬意识，切实做到依法养犬、文明养犬，自觉维护养犬秩序，共同营造文明养犬的社会环境。四是物业服务企业要配合公安机关、街道办事处等部门，做好物业管理区域内规范养犬管理工作。通过发放宣传单等形式，开展依法养犬社会公德教育和养犬知识宣传，引导养成文明养犬的良好习惯，对违法养犬行为进行批评、劝阻，发现禁止饲养的烈性犬、大型犬，要及时向有关部门举报、投诉，切实担负起维护园区秩序的职责。

由此看来，规范养犬管理，只要切实做到有法可依，各级政府高度重视，加强监管；主管部门认真履责，严格执法；相关部门密切配合，齐抓共管；养犬者严格自律，文明养犬；全社会共同监督，养犬致人伤害多发的态势一定能够得到缓解。

（二）小区防火灾

2013 年 5 月 6 日 3 时 45 分，广东省东莞市龙泉别墅区发生火灾，造成 8 人死亡，3 人受伤。这一恶性事故经媒体披露后，再次引起人们对住宅区火灾事故的担忧和关注。

近年来因各种原因引发的住宅区火灾事故频繁发生，仅 2013 年就发生多起造成人员伤亡、令人触目惊心的火灾事故。

1 月 12 日凌晨 3 时 31 分，浙江省温州市一两层砖木结构民房发生火灾，造成 4 人死亡。1 月 13 日 4 时 20 分，黑龙江省哈尔滨市一住户室内发生燃气爆炸引起火灾，室内两人在逃生过程中坠楼身亡。11 月 4 日 23 时 7 分，郑州市经济开发区一居民楼发生火灾，造成 8 人死亡、10 人受伤。12 月 29 日凌晨

4 时，广东省清远市一居民住宅发生火灾，造成 6 人死亡。

分析住宅区火灾多发原因：从客观上看，一是设计上的缺陷，造成防火先天不足。一些早期设计建设的老住宅区，楼道未设消防水栓，庭院未设消防水井，家庭用电线路承载负荷小，有的房屋棚顶、隔壁墙、窗门等均为木质结构等。先天不足给防火工作埋下了极大的隐患，一旦发生火灾，便形成火烧连营。二是防火设备设施年久失修、丢失严重。一些住宅区虽然设有消防设备设施，但由于管理养护不到位，损坏现象严重，有的灭火水龙头、水带丢失，形同虚设；有的年久失修，已经失去了功能；特别是一些弃管的住宅区，安全防火处于被人忽视的盲点和死角。三是救火设备难以满足要求。随着城市化的快速发展，城市中高楼林立，住户密集，而消防车等设备救火能力有限，即使最先进的云梯也只能达到 70 米高，往往一些高楼高层起火，只能靠楼体本身的设施和救火设备灭火，如果救火设备设施及储备资源跟不上，只能看着楼房被烧。

从主观上看，一方面消防宣传、落实工作不到位。一家一户封闭式的住宅给消防工作带来了难度，加之宣传工作不到位，对消防工作不能做到警钟长鸣，平时不组织演练，战时对消防设备设施不会使用。另一方面业主消防安全意识淡薄。在现实生活中，人们防火意识不强，一些住宅区消防通道被占或堵塞，楼道随意堆放杂物，私拉乱接电线，擅自拆改燃气管道，烟头随手乱扔，违规燃放烟花爆竹等。

此外，因邻里纠纷、家庭矛盾激化等引发的人为纵火，利用燃气自杀或杀人灭口等刑事案件也偶有发生。

面对一起起严重的住宅区火灾事故，城市政府、防火主管部门、新闻媒体、物业服务企业应当从中汲取教训，举一反三，采取有力的措施，从根本上杜绝和减少火灾事故的发生，最大限度地减少人员伤亡和财产损失。一是城市政府要始终把人民群众的生命财产安全放在首位，充分认识做好住宅区防火工作的极端重要性，切实纳入重要的议事日程。要坚持标本兼治、重在治本的原则，切实加大对住宅区防火的投入，要舍得将救火的钱用在完善防火设备设施上，从源头上遏制火灾事故的发生。要把防火工作纳入城市政府对各部门的考核指标体系，实行"一票否决"。二是城市消防主管部门要切实担负起安全防

火职责，加大宣传普及防火、避险、自救、互救等知识，提高群众火灾防范意识和火灾应对能力。要加强防火应急管理和教育培训工作，组织相关部门经常对住宅区安全防火进行拉网式排查，对查出的火灾隐患，要"零容忍"，切实做到防患胜于救火。三是新闻媒体要利用多种形式，持之以恒地开展安全防火宣传，向市民普及防火知识，对重点人群、重点区域，宣传效果要达到家喻户晓、人人皆知。引导市民提高自我保护能力和防范火灾事故发生能力。四是物业服务企业要把安全防火纳入物业管理重要内容，建立健全防火责任制、防火应急机制和应急队伍，要针对所辖住宅区防火的潜在风险和特点，立足实际，因地制宜开展防火应急演练，提高实战能力。要定期对防火设备进行更换，使防火设备设施始终处于完好的临战状态。要向业主普及防火知识、应急知识、逃生知识，提高业主的消防素质和防御火灾的能力，切实把防火工作落到实处。

只要切实做到了政府认识到位、重视到位、投入到位，主管部门指导到位、措施到位、监管到位，新闻媒体参与到位、宣传到位、监督到位，物业服务企业责任到位、落实到位、常抓不懈，广大业主配合到位、预防到位、警钟长鸣，住宅区火灾高发的势头就一定能够得到遏制。

（三）拆违行动

2013 年集中拆除的违法建筑。北京市人济山庄小区楼顶的"空中花园"、苏州市三香大厦楼顶的"空中园林"、深圳市的"空中寺庙"等一批在光天化日之下实施的违法建筑，终于得到了基本拆除。尽管这些违建拆除来得太迟，但人们总是盼到了有史以来声势之大、舆论监督力度之大，执法部门态度之坚决的拆违"风暴"。

近些年来，城市住宅区的违法建筑不仅越建越多、越建越大，而且一些地方的最"牛"违法建筑层出不穷。特别是一些违法建筑施工了几年无人管，有的在群众举报声中野蛮生长、坚立不倒、岿然不动。违法建筑的泛滥不仅严重侵害了其他业主的公共利益，对其生活环境造成了影响，而且对整个建筑物的使用安全和寿命构成威胁。

目前全国到底有多少违法建筑，谁也说不清楚。2013 年仅浙江省就拆除违法建筑 1.5 亿平方米，北京市拆除违法建筑 1261.4 万平方米。哈尔滨市自 2012 年 5 月至 2013 年 8 月累计拆除违法建筑 630 万平方米。

针对数量惊人的违法建筑，如果各地政府再不加以控制，放任自流，违法建筑可能全面失控，遍地开花，甚至会成为社会不和谐因素。

要从根本上拆除违法建筑和杜绝违法建筑的疯狂蔓延，各级政府必须乘势而上，多管齐下，联合执法，全民监督，标本兼治等。从眼下看，应当加强以下工作。一是国家应当抓紧制定《禁止违法建设管理条例》，通过立法将违法建筑的概念、主管部门及相关部门的职责，查处违法建筑的原则，违法建筑的认定、强制拆除违法建筑的程序及法律责任等予以明确。特别要加大禁止违法建设的监管和处罚力度，使欲违法者迫于法规的威慑，不想、不敢、碰不起违法建筑的"高压线"，切实把控制和拆除违法建筑纳入依法管理的轨道。二是城市政府要把遏制违建、拆除违建作为一项重要工作，摆到更加突出的位置来抓。要建立防控和治理违法建筑的长效机制，实行标本兼治，把重点放在防控违法建筑上，做到执法必严、违法必究、一抓到底。三是城乡规划主管部门和综合执法部门，要切实担负起防控违建和治理违建的职责。对现有违法建筑不仅要拆、要罚，更要防控新的违建产生。对群众举报的违建一经查实，发现一起处理一起。对新违建要及时发现、及时立案、及时处理。要克服拆违一阵风的现象，使防违、控违、拆违规范化、常态化。四是新闻媒体要大力宣传《中华人民共和国城乡规划法》和《中华人民共和国行政强制法》等法律法规，提高群众遵守法律法规的意识，引导市民知法守法。对群众反映强烈和严重侵害群众利益的违法建筑要及时曝光，跟踪报道，切实担负起舆论监督的职责。五是遏制违建的关键是及时制止和防控新违建的发生，这样不仅可以控制违建，而且可以极大地减少拆除违建的成本。物业服务企业要大力宣传违建的危害性和拆除违建的必要性，引导业主树立社会公德，共同维护园区的秩序和环境。发现物业管理区域内违法建筑的苗头和现象，要立即进行劝阻，并及时向城市规划主管部门报告，把违法建筑消灭在行动之前、形成之前的萌芽状态，这可能是现阶段防控和处理违法建筑的有效途径。

（四）电梯致人伤害

2013 年 5 月 15 日上午 11 时，在深圳市长虹大厦 1 号电梯内，一位女护士在乘电梯时头部被夹，造成动脉破裂，当场死亡。

近年来，因电梯酿成致人伤害惨剧时有发生，仅 2013 年造成的致伤致死事件就屡屡见诸报端。

5 月 14 日，西安市幸福家园小区，55 岁的杜女士在电梯打开后迈入门内，此时电梯的轿厢并未到达，杜女士顺着电梯井从 15 楼跌落当场死亡。

5 月 25 日，济南市盛世名门小区，一部电梯从 27 楼突然下坠至 22 楼，电梯中有一位去接女儿下班的母亲，剧烈的震动使这名女子腰部骨折，躺在电梯里。

9 月 8 日下午，深圳市尚园小区一名清洁女工，在撕除电梯门保护膜时，不慎从 16 楼坠入井道，掉落在 2 楼的电梯厢顶上，送医院抢救不治身亡。

近年来随着电梯保有量激增，一些住宅区电梯老化，因维修资金使用难、维修保养不到位等原因，电梯非正常停运，"困人"故障甚至"吞人"事件常有发生。

从目前看，要遏制电梯致人伤亡事故的发生，应当强化以下工作。

一要加速地方建章立制。2013 年 6 月 29 日，十三届全国人大常委会第三次会议审议通过的《特种设备安全法》，对特种设备包括电梯的生产、经营、使用及法律责任等均作了明确规定。此外，我国《民法通则》《侵权责任法》也对此作了原则规定。各省市应当根据上位法，抓紧制定《电梯安全管理条例》或《电梯安全管理办法》。目前北京、天津、上海、辽宁、陕西等省市已出台了地方性法规或规章，其他省市也应当尽快出台地方性法规、规章或技术规范。对电梯的管理与使用、维修与养护、限期与更换及法律责任等做出规定，使电梯管理和经营切实做到有法可依、有章可循。

二要政府履责。城市政府要把电梯安全作为重要的安全工程，摆上议事日程，依法督促电梯生产、经营、使用单位和检验、检测机构，认真落实法律规定的各项义务和要求，发现违法行为，要坚决予以查处。

三要监管部门履职。安全质量监管等部门要依照电梯管理法律法规，严格执法,对每起电梯事故,要一查到底,严肃追究责任人。电梯安全监管人员要忠于职守,坚持原则,秉公依法办事,对检查中发现的问题,要限期整改,该停运的停运,该更新的更新,该报废的报废。电梯安全检测机构,要严格履行职责和义务,定期向社会公布电梯安全状况,建立完善的电梯运行监督管理档案。要加强对电梯维保人员培训,做到经严格考试合格后持证上岗,对不具备上岗条件的人员一律不得上岗。

四是物业企业尽职尽责。物业服务企业要切实担负起电梯使用管理的职责,向业主广泛宣传电梯安全基本常识和使用知识,提高业主的安全意识和自我保护能力,乘坐电梯和操作电梯严格遵守安全使用说明和安全注意事项。一旦出现电梯事故,物业企业要及时启动应急预案组织救援,使事故的损失降到最低。

二 2014 年中国物业管理发展走势

(一)物业管理跻身现代服务业将成为行业的共同目标

2012 年,科学技术部下发了《现代服务业科技发展"十二五"专项规划》(以下简称《专项规划》),《专项规划》对"十二五"期间发展现代服务业的指导思想、基本原则、发展目标和保证措施等提出了明确的要求,对加快现代服务业的创新发展和物业管理行业向现代服务业转型升级具有重要的指导意义。

近年来,越来越多的物业服务企业把向现代物业服务业转型升级作为企业发展重要战略,通过引进新技术、新设备等提高技术含量、增值服务和产品附加值,努力实现从传统服务业向现代服务业转变。但是,从目前看,物业管理行业离现代服务业仍有相当大的差距,突出表现为"三低、三个不足",即:行业技术含量低,增值服务、产品附加值低,专业化能力偏低;高素质人才严重不足,企业集团、知名品牌企业明显不足,有效供应服务需求不足。

物业管理行业要实现向现代服务业的转型升级,必须立足行业现有基础,紧紧抓住国家大力发展现代服务业的战略机遇,巩固和发展物业管理服务的优

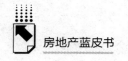

势，找准行业短板和差距，迎难而上，着力实现6个转变。

一是从专业人才匮乏，高素质、综合型、复合型人才少，向高智力、高能力、高学历、创新型人才结构转变。

二是从服务手段单一，技术含量低，缺乏市场竞争力的传统服务，向技术含量高，运用信息技术、网络技术的现代服务业转变。

三是从传统简单的手工作业为主，投入产出较低的服务，通过服务功能换代升级和管理创新、技术创新、服务模式创新，向高增值和产品附加值高的现代服务业转变。

四是从劳动密集型、产业边界狭窄、劳动强度大、工作效率低、人均平均利润率低，向技术密集型、知识密集型、人才密集型、高效集约服务和服务价值高的现代服务业转变。

五是从服务链条发育不成熟，专业化能力偏低，向不断衍生新技术、新业态、新方式的现代服务业转变。

六是从以改善业主生活和工作环境，对房屋及配套设施设备和相关场地进行管理服务的传统服务，向现代服务业发展需要，满足业主不断增长的各类服务需求转变。足见物业管理要实现向现代服务业的转身，不仅有大量的工作要做，而且仍有很长的路要走。

（二）完善物业管理立法是行业发展的当务之急

2013年是《物业管理条例》（以下简称《条例》）颁布实施10周年。2003年5月28日，国务院审议通过的《条例》，对我国物业管理行业具有里程碑式的意义。《条例》的颁布实施，不仅标志着我国物业管理进入了依法管理的新时期，为各省市物业管理立法提供了法律依据，而且对规范物业管理活动、维护业主和物业服务企业的合法权益、改善业主的生活和工作环境发挥了重大作用。尤其2007年全国人大常委会审议通过的《物权法》第六章"业主的建筑物区分所有权"就是在总结《条例》经验的基础上形成的。

10年来以《条例》为依据，国家住房城乡建设部等部委（局）相继颁布或修订了一系列物业管理规章、规范性文件，各省市出台或修订了一大批地方性法规、规章和规范性文件，为行业发展营造了良好的法制环境。目前我国物业管理企业已发展到 7.1 万家，从业人员 600 多万人，成为全球物业管理规模最大、服务领域最广、服务人员和服务企业最多的国家。

随着《物权法》《侵权责任法》《特种设备安全法》《保安服务条例》的颁布，《劳动合同法》《消费者权益保护法》《企业法》的修订，《条例》已不能完全适应物业管理发展的需要，函待进行修订。

完善物业管理立法需要从两个层面上下功夫。

一是从国家层面要抓紧对《条例》进行修订，通过修法使《条例》更具操作性、针对性、适用性，更好地规范行业行为，促进矛盾化解，保障物业管理和谐发展。

二是要加速地方物业管理的立法、修法。目前一些省市物业管理立法滞后，严重制约了行业的发展。地方人大、政府及行业主管部门要树立依法治物的理念，增强立法的责任感和紧迫感，把物业管理立法、修法摆到更加突出的位置，依据《物权法》《条例》等法律法规，结合本地实际，适时出台或修订地方性法规、规章或规范性文件，加速形成物业管理法规体系，使行业早日走上依法管理的轨道。

（三）养老服务有望成为物业管理新的发展领域

2013 年 9 月 13 日，国务院下发《关于加快发展养老服务业的若干意见》（以下简称《若干意见》）。《若干意见》提出，加快发展养老服务业，逐步使社会力量成为发展养老服务业的主体。到 2020 年，全面建成以居家为基础，社会为依托，机构为支撑，功能完善、规模适度、覆盖城乡的服务体系。

我国是世界上老龄人口最多的国家，到 2012 年底，60 岁以上老人已达到 1.94 亿。在我国积极应对人口老龄化，加快发展养老服务业，单靠政府的力量远不能满足养老服务的需求，必须创造条件，吸引更多的社会力量加入进来。

近年来，万科、长城、北京银达、成都成飞等一批物业服务企业，在发展养老服务业方面进行了大胆的探索和尝试，并取得了一些成功的经验和做法。

物业服务企业发展养老服务业具有一定的优势。一方面企业在日常管理服务中与业主已经建立了一定的感情，赢得了业主的信任，特别是对辖区内业主

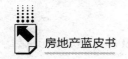

的健康状况等信息掌握得比较全面，开展养老服务有较强的针对性和较好的基础。另一方面由于企业管理服务与居家养老服务同在一个辖区内，开展养老服务不仅具有区位的优势和服务资源的优势，而且具有天时、地利、人和三个得天独厚的条件，容易进入角色。

从当下看，加快发展养老服务业，不仅需要政府的主导和托底，而且需要相关部门及全社会的共同努力。

一是各级政府应当高度重视养老服务业发展，切实履行统筹规划、政策扶持、资金引导、典型示范、监督管理等职责，加快制定养老服务发展规划和相关配套政策，在财政、金融、土地、税收、补贴、人才培养等方面对社会力量进入养老服务市场的单位和个人给予扶持。同时要强化相关部门协调机制，形成各司其职、各负其责、齐抓共管、整体推进的工作格局。

二是国家城乡建设主管部门要依据《若干意见》，抓紧修订《城市居住区规划设计规范》（以下简称《规范》），将养老服务设施用房的比例在《规范》中予以明确，并作为新建住宅区强制性标准，做到同时设计、同时施工、同时验收、同时交付使用。

三是各地在制定城市总体规划和控制性详细规划时，要按照《若干意见》规定的标准设置养老服务用房等设施。对于已建成的老住宅区，凡没有养老服务设施或现有设施没有达到规划和建设指标要求的，要通过购置、置换、租赁等方式开辟养老服务设施，为发展养老服务创造必要的条件。

四是物业服务企业开展养老服务是一个新领域，应当做到资金有保障，服务设施好，专业人员到位，管理规范，服务到位，收费合理，这是办好养老服务业的关键环节。要通过送餐服务、家政服务和综合性日间照料等，为老年人提供优质服务，使其老有所养、老有所依。同时，在政府的支持下，不断提高服务质量，降低服务成本，努力实现企业社会效益和经济效益的双赢。

五是养老服务业是一个新兴的市场，其服务模式需要不断地探索和创新，物业服务企业在开展养老服务中，要针对养老服务的特点，不断拓展工作思路，创新服务模式和供给方式，努力满足老年人持续增长的养老服务多样化的需求，为社会做出应有的贡献。

值得注意的是，物业服务企业开展养老服务，在具体实施过程中，由于涉及利益调整、服务延伸、行业准入、服务模式、驾驭能力等诸多问题，不仅需要勇气、信心、热情、实力和能力，而且需要严谨的态度，务实的作风和过硬的队伍。可以相信，经过物业服务企业的不懈探索、实践和努力，在养老服务方面一定会走出一条创新之路、发展之路，养老服务也一定能成为物业管理行业发展的新领域。

2013 年中国房地产中介行业现状与 2014 年走势分析

张勇 程敏敏 赵庆祥 *

摘　要：

我国房地产中介行业主要是指房地产估价和经纪行业。本文回顾了 2013 年房地产估价和经纪行业的若干重要事件，简要分析了这些事件对行业产生的影响，并在介绍中国房地产中介行业 2013 年现状、以往发展情况基础上，分析了该行业在 2014 年的走势。

关键词：

房地产估价　房地产经纪　发展现状　走势分析

房地产中介是房地产业的重要组成部分，包括房地产估价、房地产经纪和房地产咨询行业。目前在我国，房地产中介行业主要是指房地产估价和经纪行业。可以说，房地产估价和经纪行业的现状，就代表了房地产中介行业现状。本文分别介绍房地产估价行业和房地产经纪行业。

一　2013 年中国房地产估价行业现状及 2014 年走势

（一）2013 年中国房地产估价行业现状

1. 2013 年中国房地产估价行业重大事件

（1）国家标准《房地产估价基本术语标准》出台。住房和城乡建设部、

---

* 工作单位：作者均为中国房地产估价师与房地产经纪人学会工作人员。张勇：硕士，房地产估价师，主要研究房地产估价；程敏敏：硕士，房地产估价师，主要研究经纪等；赵庆祥：硕士，副研究员，主要研究房地产经纪。

国家质量监督检验检疫总局于 2013 年 6 月 26 日联合发布国家标准《房地产估价基本术语标准》（GB/T50899 – 2013），自 2014 年 2 月 1 日起实施。这是继《房地产估价规范》（GB/T50291 – 1999）之后，房地产估价行业又一国家标准。该标准由中国房地产估价师与房地产经纪人学会（以下简称中房学）主编，并负责具体内容解释。主要技术内容是：总则、通用术语、价格和价值、估价原则、估价程序、估价方法和估价报告。该标准的制定，统一和规范了房地产估价术语，改变了估价现状中名词用语使用混乱现象，有助于房地产估价消费者阅读和理解房地产估价报告，有利于国内外的交流与合作。

（2）资产评估法草案二审。十二届全国人大常委会第四次会议于 2013 年 8 月对备受估价行业关注的《资产评估法（草案二次审议稿）》进行了审议。在二次审议稿中，争议较大的问题是法律名称是否科学，注册评估师专业类别如何科学划分，行业协会是否完全有能力实现行业自律管理，注册评估师和评估机构是否应当强制加入行业协会，发达国家和地区评估立法及行业管理到底是何种状况等，对这些问题仍有待进一步调查、研究和论证。

（3）一级房地产估价机构资质审批权下放。住房和城乡建设部于 2013 年 10 月 16 日发布《关于修改〈房地产估价机构管理办法〉的决定》，自发布之日起施行。同月 24 日发布《关于进一步规范房地产估价机构管理工作的通知》（建房〔2013〕151 号）。通知提出，住房和城乡建设部负责指导和监督房地产估价机构资质核准工作，制定房地产估价机构资质等级条件，指导全国房地产估价行业管理信息平台建设，制定房地产估价机构资质证书式样，不再承担一级房地产估价机构资质核准工作。省、自治区、直辖市住房城乡建设（房地产）管理部门负责本行政区域内的一级房地产估价机构资质核准工作。该通知的发布，标志着房地产估价机构管理方式的较大改变，对估价行业未来发展与竞争将产生重大影响。

（4）中房学 2013 年年会召开。中房学 2013 年年会于 2013 年 10 月 30 日至 31 日在北京举行。年会以"挑战与展望：大数据时代房地产估价和经纪行业发展"为主题。国内知名房地产专家学者、国际知名房地产数据运营机构代表、香港和台湾地区房地产估价行业代表、内地知名房地产估价机构负责

人，分别就大数据时代对房地产估价行业发展的影响，房地产市场分析及大数据的挖掘、集成与应用，房地产估价机构的联合与协作，房地产估价业务的创新和深化等作了精彩演讲。近年来，全球范围内信息技术创新不断加快，信息领域新技术、新产品、新服务、新业态大量涌现。特别是大数据概念及云计算技术的提出已经悄然引发了一场商业变革。可以预见，数据将成为企业的核心竞争力，房地产估价业务中积累的大量沉睡的数据将被发掘并创造出新的、更大的社会价值。年会以此为主题，深入探讨新形势下房地产数据的开发利用问题，以推动房地产估价行业突破发展瓶颈，转变发展方式，迈上新的发展台阶。

（5）中房学第三次全国会员代表大会召开。中房学第三次全国会员代表大会于 12 月 5 日在北京召开。中央纪委驻住房和城乡建设部纪检组组长杜鹃当选为第三届理事会会长。大会以无记名投票方式审议通过了第二届理事会工作报告、财务报告、章程修正案（草案）、会费管理办法修正案（草案），选举产生了第三届理事会。共有 153 名理事候选人当选为第三届理事会理事，59 名常务理事候选人当选为第三届理事会常务理事。这次大会还分析了房地产估价行业面临的机遇和挑战，研究了房地产估价行业在未来发展中应重点做好的工作。

2. 2013 年中国房地产估价行业发展状况

2013 年，有 21069 人报名房地产估价师考试，其中 14590 人参加了考试，有 2513 人考试合格，取得房地产估价师资格证书。截至 2013 年底，全国取得房地产估价师资格证书的人数已达 48600 人（其中含 1993 年、1994 年资格认定的 346 人，2004 年、2011 年资格互认的 196 人）。有 19 家二级资质房地产估价机构取得一级资质。截至 2013 年底，全国共有一级资质房地产估价机构 286 家（见图 1）。

2013 年，全国房地产估价机构各领域业务量有不同程度的变化。根据中国房地产估价信用档案的统计，全国 286 家一级资质房地产估价机构开展的项目中，房地产抵押估价项目有 40.1 万宗、评估价值合计 4.8 万亿元，同比分别增长 56.6%、39.6%。房屋征收估价项目 5000 余宗、评估价值合计 594 亿元，同比分别减少 28.8%、增长 13.4%。房地产司法鉴定估价达 5100 余宗、

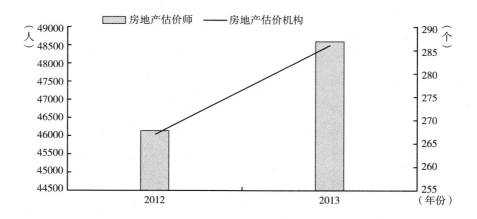

图 1　2012～2013 年房地产估价师和一级资质房地产估价机构变化情况

评估价值合计 408 亿元，同比分别增长 32.6%、35.1%。2007～2013 年，全国一级资质房地产估价机构抵押估价、征收估价和房地产司法估价业务的变化情况见图 2、图 3、图 4。

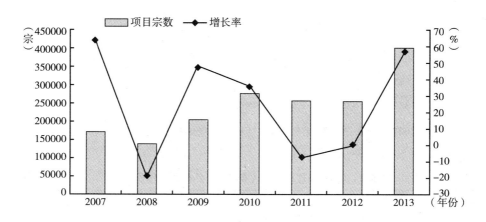

图 2　2007～2013 年一级资质房地产估价机构抵押估价业务量变化

营业收入全国前 10 名的房地产估价机构，2013 年与 2012 年相比，有 1 家新入，1 家退出，具体顺序也有变动（见表 1、表 2）。从分布地域来看，主要在经济发达的城市，其中总部深圳最多，有 5 家；北京 4 家；上海 1 家。

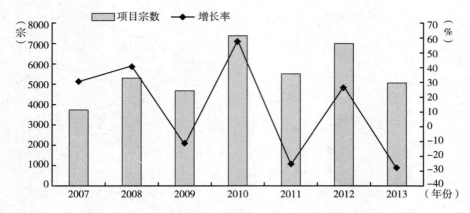

图3 2007～2013年一级资质房地产估价机构房屋征收估价业务量变化

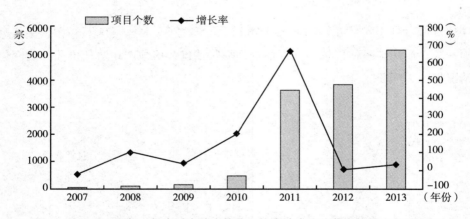

图4 2007～2013年一级资质房地产估价机构房地产司法鉴定估价业务量变化

表1 2012年营业收入全国前10名房地产估价机构

序号	机构名称
1	深圳市世联土地房地产评估有限公司
2	北京康正宏基房地产评估有限公司
3	深圳市国策房地产土地估价有限公司
4	深圳市同致诚土地房地产估价顾问有限公司
5	北京仁达房地产评估有限公司
6	北京首佳房地产评估有限公司
7	上海城市房地产估价有限公司
8	北京市金利安房地产咨询评估有限责任公司
9	江苏国衡土地房地产资产评估咨询有限公司
10	深圳市天健国众联资产评估土地房地产估价有限公司

表 2 　 2013 年营业收入全国前 10 名房地产估价机构

序号	机构名称
1	深圳市世联土地房地产评估有限公司
2	深圳市戴德梁行土地房地产评估有限公司
3	深圳市同致诚土地房地产估价顾问有限公司
4	深圳市国策房地产土地估价有限公司
5	北京仁达房地产评估有限公司
6	北京康正宏基房地产评估有限公司
7	北京首佳房地产评估有限公司
8	上海城市房地产估价有限公司
9	北京市金利安房地产咨询评估有限责任公司
10	深圳市天健国众联资产评估土地房地产估价有限公司

（二）2014 年中国房地产估价行业走势分析

房地产估价行业发展依赖于房地产业的发展，而房地产业的发展又依赖于国民经济的发展。分析房地产估价行业走势，首先应分析国民经济、房地产业走势。党的十八届三中全会做出了全面深化改革的战略部署，国务院《服务业发展"十二五"规划》明确提出了引导房地产估价规模化、专业化发展，加强和完善房地产估价师执业资格制度，加强中介行业自律管理等目标要求。这些都为房地产估价行业发展指明了方向。

对于 2014 年国民经济形势总体判断是，高增长已经成为过去时，经济增长放缓成为必然，但政府不会容忍经济增长低于某个极限值，例如 7%。过去政府认为经济增长是最重要的事，因为经济增长关系就业，进而关系社会稳定。但是，近年来，政府为了保持国民经济的高增长，已经导致了其他领域的一些重大问题，如空气、水污染严重，自然环境遭到破坏，钢材、水泥、电解铝、平板玻璃、船舶等产能严重过剩。政府面对这些棘手的问题，已经不能放任不管了。因此，通过政府大规模投资拉动经济已经不合时宜，只能让经济增长放缓。

对于 2014 年房地产市场形势总体判断是，平稳，即房价不会大涨，也不会大跌。一、二线城市房价涨幅会趋缓，三、四线城市出现房价下降的数量还

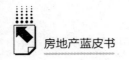

会增加。涨跌互现将成为常态，市场逐渐回归理性。房价不会大涨的原因是：经济增长放缓，房地产贷款收紧；房价绝对水平比较高，进一步上涨空间没有过去那么大。房价不会大跌的原因是：目前看涨市场的群体心理并没有改变。许多人买房，不是因刚需和改善性需求，而是把住房当做"硬通货"储存。货币政策会继续保持稳健，也就是说，前些年超发的货币并没有回笼，市场上大量无处投资的货币会托着房价。

基于这样的判断，我们对 2014 年房地产估价行业走势的判断如下。

1. 不同类型估价业务发展前景将进一步分化

目前，房地产估价业务主要包括房地产抵押估价、房屋征收估价、房地产司法鉴定估价、房地产税收估价、房地产咨询业务等。依据对 2014 年国民经济以及房地产市场的判断，2014 年，不同类型的房地产估价业务发展前景将进一步分化。

抵押估价业务主要受房地产成交量等因素的影响。在房地产市场平稳的大背景下，房地产的成交量难以出现较大的波动，同时房地产信贷在 2014 年也不会比前几年宽松，因此，2014 年房地产抵押估价业务量也会保持平稳，最有可能的情况是业务量小幅度增长，难以出现 2013 年的大幅增长。

征收估价业务主要受政策、城市开发与改造、房地产市场活跃度等因素的影响。由于当前地方政府财政状况不佳，难以推动大规模征收项目；房地产市场乐观预期有所消退，导致政府供应土地的积极性降低。2014 年，征收评估项目的数量仍会延续 2013 年下滑的状况，但是评估价值不会减少。

2014 年房地产司法鉴定估价应当维持 2013 年的增长形势。而对于房地产税收评估、房地产咨询业务，由于有些房地产前期做了大量基础工作，包括数据收集、系统建设等，在房地产市场化不断推进的形势下，这些业务的推进速度会明显加快。

2. 估价机构信息化建设步伐将明显加快

我们已经进入了大数据时代。近年来，全球范围内信息技术创新不断加快，信息领域新技术、新产品、新服务、新业态大量涌现。特别是大数据概念及云计算技术的提出已经悄然引发了一场商业变革。可以预见，数据将成为企业的核心竞争力。前些年已经有一批房地产估价机构把握了数据开发利用的先机，在行业内起到了领头羊的作用。他们成立了专门的数据部门，对掌握的大量数据进行整合、挖掘和利用，形成全面的数据资源库。这些数据被广泛应用于研究、房地产税收、房地产咨询顾问等社会经济生活的各个方面。2014 年，在大数据时代背景下，房地产估价机构信息化建设的步伐将明显加快，估价的科学性将大幅提高，从而导致房地产估价机构核心竞争力不断增强。

二 2013 年中国房地产经纪行业现状及 2014 年走势分析

（一）2013 年中国房地产经纪行业现状

1. 2013 年房地产经纪行业重大事件

（1）重新发布《房地产经纪执业规则》。2013 年 1 月 18 日，修改后的《房地产经纪执业规则》重新发布。《房地产经纪执业规则》是房地产经纪活动的基本指引，是评判房地产经纪执业行为的参考标准，是行业自律管理的主要依据，2006 年由中房学发布。修改后的《房地产经纪执业规则》经 2012 年 11 月 26 日中房学第二届第五次理事会审议通过，2013 年 1 月 18 日《关于发布〈房地产经纪执业规则〉的通知》（中房学〔2013〕1 号）发布，自 2013 年 3 月 1 日起施行。经过修改，《房地产经纪执业规则》更加符合现实需要，与现行法律法规和政策衔接更加紧密。

（2）国家开展房屋中介市场专项整治。2013 年 2 月 26 日，国务院办公厅印发《关于继续做好房地产市场调控工作的通知》（国办发〔2013〕17 号），要求对教唆、协助购房人伪造证明材料、骗取购房资格的中介机构，要责令其停业整顿；并要求住房和城乡建设、工商等部门联合开展对房屋中介市场的专项治理工作，整顿和规范市场秩序，严肃查处中介机构和经纪人员的违法违规行为。2013 年 6 月 13 日，为贯彻落实《国务院办公厅关于继续做好房地产市场调控工作的通知》（国办发〔2013〕17 号）要求，住房和城乡建设部、国家工商行政管理总局联合下发《关于集中开展房地产中介市场专项治理的通知》（建房〔2013〕94 号），安排部署专项治理工作，明确重点查处发布虚假房源信息等 10 种违法违规行为。

（3）中房学与美国房地产经纪人协会签订交流合作协议。2013 年 3 月 18 日，中房学与美国房地产经纪人协会在北京签署交流合作协议。中房学是中国唯一的全国性房地产经纪行业自律组织，美国房地产经纪人协会是美国最具代表性和影响力的房地产经纪行业自律组织，也是最大的行业组织，两会协议约定将在房地产经纪理论、技术、实务及信息方面开展交流与合作。该协议的签署标志着中美两国房地产经纪行业交流合作进入一个新的阶段。

（4）北京伟业我爱我家房地产经纪有限公司启动"业主客户交易保障机制"。2013 年 3 月 28 日，北京伟业我爱我家房地产经纪有限公司（以下简称"我爱我家"）为 9 名购房受骗业主启动"业主客户交易保障机制"，先行支付被骗的共计 11 套房产全部尾款 2286.36 万元。2012 年 11~12 月，张金凤以代理人名义通过我爱我家购买 11 套住房，分别登记在别人名下。在大部分房款未支付情况下，交易房屋中 4 套被转售、4 套被抵押、3 套被二次抵押，而张金凤不知去向。在卖房人合法权益受到侵害且维权困难的情况下，我爱我家出资先行支付全部尾款，事后再由其向涉嫌故意拖欠业主房款的张金凤追偿。此举保障了业主利益，体现房地产经纪机构的社会责任感，维护了房地产经纪行业形象。

（5）北京链家房地产经纪有限公司推行经纪服务"五重保障"。2013 年 4 月 9 日，北京链家房地产经纪有限公司（以下简称"链家地产"）推行经纪服务"五重保障"。"五重保障"包括签约风险告知、全渠道 100% 真房源、假一赔百、嫌恶设施披露、真实成交价公示和投诉单公示。从 2013 年 4 月份开始，链家地产的客户，会在签约前观看一段风险提示视频，了解签约前需要知晓的潜在风险；链家地产将在其官网"链家在线"对房源附近的工厂、垃圾焚烧与填埋场、高压线搭建等嫌恶设施进行披露；向注册用户开放经链家地产成交的二手房的真实成交价查询；链家地产对客户的投诉，从投诉受理、内部调查与核实，再到公布处理结果的全过程进行公示。该举提升了房地产经纪服务标准，得到了广大消费者的认可和房地产经纪同行的赞誉。

（6）中房学召开年会。2013 年 10 月 30~31 日，中房学召开 2013 年年会，房地产经纪行业集中研讨大数据时代背景下行业发展，来自链家地产、伟业我爱我家、中原地产、21 世纪中国不动产等全国知名房地产经纪机构的负责人分别就大数据与大竞争、大数据对房地产经纪行业发展的影响、互联网对传统经纪行业模式的冲击等发表了主题演讲，深入探讨了大数据时代背景下房地产经纪行业的发展问题。

房地产经纪行业发起"诚信经营　阳光服务"倡议活动。2013 年 12 月 17 日，中房学连同 35 家知名房地产经纪机构，在京发起房地产经纪行业诚信经营倡议活动。本次活动上，35 家知名房地产经纪机构向全国房地产经纪行业发出倡议，郑重做出六项承诺：房源信息真实可信、公开服务收费标准、保护客户个人信息、依法依规承接业务、及时受理投诉纠纷、规范经营服务场所；明确提出不发布虚假房源信息、不吃差价、不泄露委托人的个人信息、不为交易受限的房屋提供经纪服务、不承接"群租"业务，不强制代办贷款、代办登记和担保，不沿街占道经营；号召有条件的经纪机构结合自身特点，推出"先行赔付"等便民利民措施。

2. 2013 年房地产经纪行业发展情况

2013 年，房地产经纪从业人员超过 100 万，其中取得全国房地产经纪人职业资格人数持续增加，共 4760 人通过全国房地产经纪人资格考试取得房地产经纪人资格。截至 2013 年底，取得全国房地产经纪人资格共 52436 人，其中 28848 人申请注册执业。全国共有房地产经纪机构 5 万余家，其中 23090 家聘用了注册房地产经纪人。

从地域分布来看，上海和北京是房地产经纪人、注册房地产经纪人和房地产经纪机构最为集中的地区（见图 5、图 6、图 7）。

大型品牌房地产经纪机构[①]队伍阵营变化不大，部分房地产经纪机构的规模出现不同程度的扩张。就代表性企业而言，本土的企业仍以链家地产、伟业我爱我家、满堂红等为代表，香港地区企业以中原地产、美联物业为代表，台湾地区企业以信义房屋、永庆不动产、住商不动产等为代表，国外企业以 21 世纪中国不动产为代表。中原地产为中国目前规模最大的房地产经纪公司，其

[①] 虽然全国房地产经纪机构数量较多，但由于行业聚集度高，大型品牌机构占有较大市场份额，所以下文的举例说明多用大型品牌房地产经纪机构的数据。

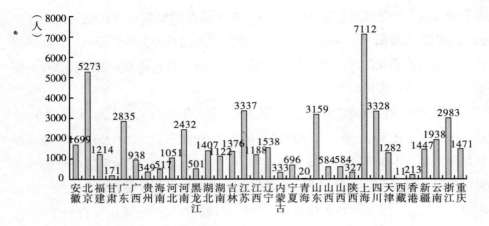

图5 房地产经纪人全国分布情况

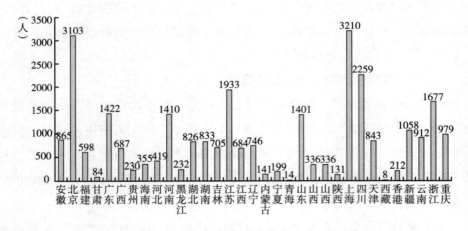

图6 注册房地产经纪人全国分布情况

在大陆及港澳台地区和新加坡的38个城市设立了分公司，共有门店2310家，员工超过52625人①。2013年，部分大型品牌经纪机构如中原地产、链家地产、伟业我爱我家在门店、经纪人员上均有所扩张。伟业我爱我家还实现了城市扩张，由原来的7个城市，扩张到12个城市。部分全国性的房地产经纪机构规模见表3。

---

① 中原地产的规模数据包括大陆及港澳台地区和新加坡，但其在大陆的人数也超过25000人，规模也最大。

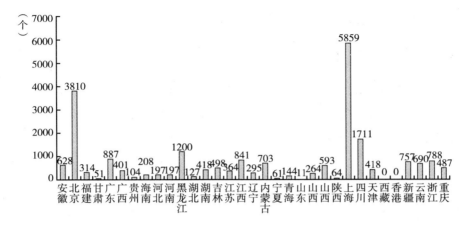

图 7　聘用注册房地产经纪人的房地产经纪机构全国分布情况

表 3　部分全国性房地产经纪机构规模

机　构 ＼ 项　目	门店（分支机构）数量（家）		房地产经纪人员数量（人）		进入城市数量（个）	
	2012 年	2013 年	2012 年	2013 年	2012 年	2013 年
中原地产	1000	2310	24000	52625	39	38
链家地产	1000	1400	16500	25000	8	8
伟业我爱我家	800	1500	12000	28000	7	12
21 世纪中国不动产	976	1000	12440	12000	29	15
满堂红	—	400	—	7000	—	9
世华地产	—	300	—	7000	—	2
中联地产	—	244	—	5500	—	6
合富置业	—	300	—	4000	—	3

一线城市和大型品牌机构佣金收入持续增长。2013 年，一线城市受存量房成交量和成交价格回升影响，房地产经纪佣金增收明显。据推算，2013 年全国存量房经纪业务佣金总规模超过千亿元，其中北京、上海等城市超过百亿元。链家地产 2013 年的佣金达到 52 亿元，同比增长约 63%，伟业我爱我家的佣金收入也超过 40 亿元。

（二）房地产经纪行业发展前景和 2014 年行业走势

房地产经纪行业发展景气状况与房地产市场繁荣程度直接相关，房地产市场好，则房地产经纪行业兴；房地产市场差，则房地产经纪行业衰。近 10 年来，我国新建商品房和住宅销售面积、房屋施工面积和新开工面积逐年增长（见图 8、图 9），房地产市场持续繁荣。所有新建商品房都将转化为存量房，存量房基数越大意味着交易量越大；所有的房屋施工量和开工量都会逐渐转化为市场供应，进而带动新建商品房销售代理业务持续增加，这些均为房地产经纪行业长远发展奠定了坚实基础。

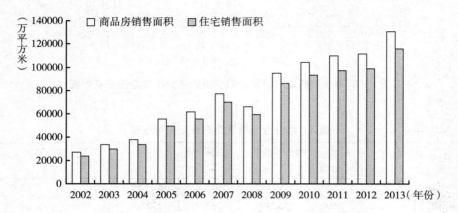

图 8 2002～2013 年全国商品房和商品住宅销售面积

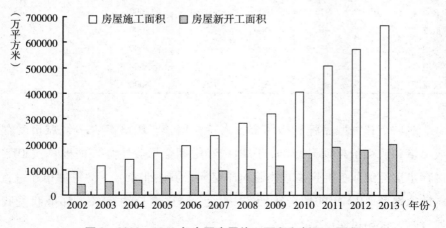

图 9 2002～2013 年全国房屋施工面积和新开工面积

2014 年房地产市场坚持双向调控，一方面通过继续实行限购政策，限制投资投机性需求，另一方面加大保障性住房的供应；对北京、上海、广州、深圳等房价持续上涨较快的城市继续实行从严从紧的房地产调控政策，对于已经出现商品房库存增加，价格开始向下松动的三、四线城市，会实行适度宽松的房地产市场调控政策。因此，2014 年房地产经纪行业发展的市场环境不会太差。但是，随着房地产经纪服务市场逐渐成熟，低附加值的传统经纪业务逐渐趋于饱和，而互联网、大数据、云计算等科技的进一步渗入又使经纪机构面临新的竞争和生存压力。基于此，我们对 2014 年房地产经纪行业走势的判断如下。

1. 行业发展持续向好，但不会大规模扩张

受稳中求进的宏观经济形势及存量房市场进一步取代新建商品房市场成为房地产市场主体影响，2014 年房地产经纪市场形势较为乐观。但是由于人员工资和门店租金等成本快速上升，以及房地产经纪机构逐渐成熟、发展趋于理性，房地产经纪机构大量招人、开店进行规模扩张的现象应该不会出现。

2. 互联网对房地产经纪行业的影响进一步深化

2013 年是移动互联网风起云涌的一年，2014 年互联网将进一步影响房地产经纪行业。（1）促使经纪机构经营模式不断创新。房地产经纪机构经营模式从传统的门店直营和特许经营，逐渐发展到网店、网盟（房源信息获取的业务模块部分加盟，也称为 O2O① 线上线下融合）。蚂蚁短租、小猪短租等网站，收集普通民宅作为类似宾馆或酒店的短租房源，是分类信息网站试水 O2O 模式。而对于用户而言，这个网站还提供在线支付功能，无疑是一个在线租房交易平台，也是对业界 O2O 模式的一个实践。（2）其他行业跨界带来冲击。58 同城网站推出租赁房源的真实认证和交易资金先行赔付活动，倡导房屋租赁当事人通过网站发布和搜寻租房信息，并且手拉手成交，这对从事租赁经纪业务的房地产经纪机构形成较大的冲击。（3）移动联络技术开始在房地产经纪业务中应用。以搜房、房上房为代表的房地产中介软件公司开发手机端的 APP 软件，微信等社交工具也被用来搜寻房源和客源信息，这些都意味着互联网对房地产经纪行业的影响将进一步加深。

---

① O2O 就是 Online to Offline，亦即线上房源客源信息的搜寻、汇聚、推广、宣传和线下信息匹配、实地带看、签约、按揭贷款、交易过户等服务的融合。

区域篇

Regions

B.12
2013 年上海房地产市场分析和
2014 年预判

陈则明*

摘 要：

2013 年，上海房地产市场增长强劲，上海坚决贯彻"国五条"，加强房地产调控，年末出台"沪七条"，坚持房地产调控不动摇。2013 年，房地产市场出现量价齐升的局面，这与"国五条"之后的"末班车"效应有很大关系。进入 2014 年，土地市场与房产市场出现了截然不同的趋势，土地市场活跃，而房产市场冷清。虽然有自贸区等利好，但是房地产市场的发展背景已经逐步变化。

关键词：

房地产市场 转型升级 调控

---

* 陈则明，上海社会科学院部门经济研究所副研究员，技术经济与管理专业博士，研究方向为城市更新、房地产市场，公共住房政策。

一　2013 年上海房地产市场状况

（一）房地产开发投融资

2013 年，上海全市完成房地产开发投资 2819.59 亿元，同比增长 18.4%，增幅上升 8.7 个百分点，占同期全市社会固定资产投资的 49.9%，占比上升 4.6 个百分点。其中，住宅建设投资为 1615.51 亿元，比 2012 年增长 11.3%，增幅上升 7.5 个百分点。2013 年，全市房地产开发企业资金来源总额 6851.29 亿元，比 2012 年增长 28.9%，增幅上升 4.6 个百分点。2013 年到位资金中，国内贷款 1292.36 亿元，增长 32.4%。其中，利用外资 38.14 亿元，增长 46%；自筹资金 1569.91 亿元，增长 13.3%；定金及预收款 1571.5 亿元，增长 47.6%。

2013 年 12 月末，全市中资商业银行人民币房地产贷款余额 11021.99 亿元，比 2012 年增长 13.6%。其中，个人住房贷款余额 5519.03 亿元，增长 15.6%；房地产开发贷款余额 4672.84 亿元，增长 14%。

（二）房地产开发建设

2013 年，上海全市共计出让国有建设用地使用权 2214.6 公顷，比 2012 年减少 11%。其中，商品住房用地 865 公顷，比 2012 年增长 47.1%；商办用地 332.7 公顷，比 2012 年增长 10.9%；工业用地 1016.9 公顷，比 2012 年减少 36.4%。2013 年，全市共成交经营性用地 214 宗，比 2012 年增长 55.1%；经营性用地总成交金额高达 2042 亿元，比 2012 年增长 176.7%；经营性用地平均成交楼板价为 10855 元/平方米，比 2012 年上升 52%。

2013 年，全市商品房施工面积为 13516.59 万平方米，比 2012 年增长 2%，增幅下降 0.1 个百分点。其中，住宅施工面积为 8125.74 万平方米，减少 2.3%，降幅扩大 1.5 个百分点。在施工面积中，新开工面积 2705.95 万平方米，减少 0.7%。其中，住宅新开工面积 1643.09 万平方米，增长 5.1%。竣工面积 2254.44 万平方米，减少 2.2%，其中住宅竣工面积 1417.41 万平方米，减少 11.9%。

（三）房地产交易

2013 年，全市商品房销售面积 2382.20 万平方米，比 2012 年增长 25.5%，增幅上升 18.3 个百分点。其中，住宅销售面积 2015.81 万平方米，增加 26.6%，增幅 18.5 个百分点。全市存量房成交面积为 2593.37 万平方米，比 2012 年增长 77.9%，增幅上升 73.8 个百分点。其中，住宅面积成交 2244.28 万平方米，比 2012 年增长 96.4%，增幅上升 88.5 个百分点。

2013 年，上海新建住房价格指数累计上涨 17%。其中，新建商品住房价格指数累计上涨 20%；二手住房价格指数累计上涨 14%。2013 年，全市新建商品住房平均销售价格 16192 元/平方米，比 2012 年上升 16.7%，增幅上升 13.6 个百分点。其中，除经济适用房、动迁安置房等保障性住房外，市场化新建商品住房平均销售价格，内环线内 55443 元/平方米，下降 0.1%；内外环间 34656 元/平方米，上升 18.4%；外环线外 18270 元/平方米，上升 10.5%。

二　2013 年上海房地产市场的调控

2013 年，上海坚决贯彻"国五条"，加强房地产调控，年末出台"沪七条"，坚持房地产调控不动摇。

2 月 26 日，在"国五条"的基础上，国务院办公厅下发《关于继续做好房地产市场调控工作的通知》（国办发〔2013〕17 号文）。提出：完善稳定房价工作责任制；坚决抑制投机投资性购房，对出售自有住房按规定应征收的个人所得税，通过税收征管、房地产登记等历史信息能核实房屋原值的，应依法严格按转让所得 20% 计征；增加普通商品住房及用地供应；加快保障性安居工程规划建设；加强市场监督；加快建立和完善引导房地产市场健康发展的长效机制。

3 月 30 日，上海市政府办公厅下发《关于本市贯彻国务院办公厅关于继续做好房地产市场调控工作的通知实施意见》（沪府办发〔2013〕20 号）。意见指出：（1）明确本年度新建商品住房价格控制目标；（2）坚决抑制投资投机性购房；（3）增加普通商品住房用地供应；（4）深化完善四位一体住房保障体系，全力推进大型居住社区建设和旧区改造；（5）加强市场监管，查处违法违规行为；（6）加强房地产市场监测和走势研判。其中，第二条要求税务、房屋管理部门密切配合，对出售自有住房按规定应征收 20% 个人所得税。

3 月，国务院发布《关于实施国务院机构改革和职能转变方案任务分工的通知》要求，2014 年 6 月底前出台不动产登记条例，出台并实施不动产统一登记制度。

4 月 8 日，上海市政府转发住房保障与管理局等四部门制定的《上海市共有产权保障住房（经济适用住房）准入标准和供应标准》（沪府发〔2013〕24号），再次放宽保障房标准，从 5 月 1 日起实施。单身申请年龄，男性从 30 周岁放宽至 28 周岁，女性从 28 周岁放宽至 25 周岁。2 人家庭申请购买一套一居室放宽至购买一套二居室。住房面积核查，2 人家庭可扣除 10 平方米、3 人家庭可扣除 15 平方米，再计算人均住房建筑面积。

11 月 8 日，市政府发布进一步严格执行国家房地产市场调控政策七项措施（又称"沪七条"），包括：（1）落实各区县调控目标责任制；（2）增加住房用地供应；（3）进一步完善四位一体、租售并举的住房保障体系；（4）进一步严格执行差别化的住房信贷政策；（5）严格执行差别化住房税收政策；（6）从严执行住房限购政策；（7）加强房地产市场监管。主要内容包括：调整非本市户籍居民家庭购房缴纳税收或社保费年限，从能提供自购房之日起算的前 2 年内在本市累计缴纳 1 年以上，调整为前 3 年内在本市累计缴纳 2 年以上；对居民家庭向商业银行贷款购买第二套住房的，其首付比例从不得低于60% 提高至不得低于 70%。

12 月 15 日，中央经济工作会议指出，做好 2014 年经济工作，最核心的是要坚持稳中求进、改革创新。要统筹稳增长、调结构、促改革，保持经济增速在合理区间平稳运行。会议提出的 2014 年经济工作六大任务中，明确了努力解决好住房问题，探索适合国情、符合发展阶段性特征的住房模式，加大廉租住房、公共租赁住房等保障性住房的建设和供给，做好棚户区改造。特大城市要注重调整供地结构，提高住宅用地比例，提高土地容积率。

11 月 24 日，住房和城乡建设部召开全国住房城乡工作会议。要求继续抓

好房地产市场调控和监管工作，要强调调控的针对性，北、上、广、深等房价上涨过快的城市要从严落实差别化住房信贷税收和住房限购政策。房价开始下跌的城市，要注重消化存量，控制新开发总量。

三 对 2014 年上海房地产市场的预判

（一）土地市场热原因分析

2013 年，房地产市场出现量价齐升的局面，这与"国五条"之后的"末班车"效应有很大关系。进入 2014 年，土地市场与房产市场出现了截然不同的趋势，土地市场活跃，而房产市场冷清。北、上、广、深等 10 个典型城市 1 月土地出让金收入 1436 亿元，同比增长 155.2%；土地成交均价为 5449 元/平方米，同比增长 151.9%，已持续 16 个月同比正增长。京、沪、深、穗四个城市的土地成交均价达到每平方米 10136 元，环比上涨 125.1%，同比上涨 253.1%。但是，1 月份房市并没有这么活跃，环比上升的城市已经减少了 6 个，近年来并不多见；杭州已经出现 2008 年后类似的房市降价风波；多个银行停止夹层贷款；一些海外房地产企业开始撤离，房地产市场出现下行的城市逐渐增多。

从土地市场看，一是单独房地产开发商往往难以单独成为招投标主体，需要多个企业组成联合体参与招投标，以分散风险和负担；二是出让的地块更多是商务或商业类型物业的用地；三是面粉比面包贵，这往往出现在不同地段和不同产品类型的对比中，但是经常出现同地段同类型的面粉也比面包贵就不太正常了。在房价持续上涨、居住档次不断上升时，土地市场的持续升温没有太大风险。这似乎不能简单用住房市场拉高土地市场来解释，因为商务办公楼的售价并没有住房市场那么火爆。

2010 年以后，大型房地产企业一度转向三、四线城市，但近年来这些企业重回一线城市，比如绿地、万科、保利、中海、万达等，再加上广州恒大、融创绿城、泰禾、阳光城、正荣、融信等新进上海的企业，海外的新鸿基、嘉华、永泰等。这些企业的需求量和开发规模都很大，土地市场竞争加剧，溢价率较高，推高了土地价格。国土地资源部要求各地将严防高价地作为近期首要工作目标，要求四个一线城市要调增并公布住房用地供应计划，向社会释放土地供应增加的积极信号。

（二）房地产市场发展背景已经逐步变化

我们需要警惕造成土地市场持续升温的经济社会背景。2008 年后，世界经济结构已经发生了重大变化，以手机软件、电子商务为代表的 IT 行业和以混合动力为代表的新型汽车产业获得突破性发展，传统产业的需求处于萎缩状态。在这个大背景下，土地市场成为传统产业资本的避风港，这些资本在土地市场往往不计成本地投标，拉高了土地市场的价格，2008 年政府部门甚至出台政策限制央企进入房地产开发行业。

同样，住房市场的平稳发展也具有特殊的经济社会背景。经济危机的背后是大经济周期，周期性调整往往说明需要新的科技进步，需要创造新的大需求，我们现在很难说中国已经走出了 2008 年后的经济周期调整。这也是"十二五"时期创新驱动、转型发展需要解决的问题。房地产市场在 2008 年后能够保持平稳，并没有经过严酷的洗牌，很大程度上得益于积极的财政政策和适当宽松的货币政策。

2008 年前后，房地产市场的风险是外生的，全球金融危机下，人民币只要保持升值，信贷和货币发行只要保持高位，这种风险是可以抵抗的。但是，在 2013 年经济仍能保持 7.5% 增长、大部分城市房价控制目标没有完成、一线城市房价大幅增长的条件下，房地产的风险主要就是内生的了。李嘉诚、任志强、王石等长期看涨的业界人士对房市不乐观时，就需要对持续快速发展了 20 年的房市保持冷静。

房地产市场最大的利好是城市化，这也被当做中国具备其他国家和地区所没有的房市红利之一。但是，近年来城市化提法式微，中国更多提出的是均衡发展的城镇化，而北、上、广、深一线城市的确也没有承载更多人口的资源，住房限购条件越来越严格。同时，三、四线城市土地相对宽松，房地产开发量跳跃式增长。因此，城镇化的提出，对房地产市场是个考验。

内生的房市风险，往往只需要一个核心指标来体现，每平方米的房价如果

超过月收入，或者将来收入预期达不到房价水平，要么居民不适合在这个城市定居。过去20年，不论房价涨得多快，始终能找到与之匹配的购买群体。但是，"90后"这个群体对房价已经敬而远之。马佳佳的《90后为什么不买房》演讲给社会带来了不小的震撼，这种不买房态度能够找到共鸣。马佳佳说，人们买房是因为传统的念土情结和婚姻观念，或者是资源分配中的投资增值。传统买房行为对"90后"意味着重资本、无闲钱做其他事，房产折旧和产权无保障，限制自由，与婚姻相捆绑的传统观念。其实，"90后"群体要么已经有父母买好了住房，要么根本支付不起当前的房价。

开发企业对房市风险的防范，具有超前预期和准备。目前开发企业中销售额进入千亿俱乐部的企业，在2008年后都采取了快周转的操作模式，以往大量圈地、大盘开发的时代已经结束。

最有可能引发房市风险的，可能来自金融部门。近日，兴业银行暂缓办理部分房地产新增授信业务，停办房地产夹层融资业务，交行、农行迅速跟进，这条新闻引起了房市和股市的较大反应。兴业银行公告声明为进一步优化授信投向，调整资产结构，以更好地服务实体经济，停办的夹层融资业务规模在本行业务中占比极小，对本行经营没有实质性影响。但是美国次贷危机时，先停办次级债的银行份额也很小。高盛、摩根等跑得快，跑得慢的贝尔斯登被收购，跑得更慢的雷曼破产。余额宝冲击下的银行业，对房地产贷款会越来越谨慎。

政府部门对待房产市场与土地市场需要不同的政策措施。在土地市场，土地作为政府垄断的一级市场，需要严格按照规划和计划供给，分配好生产与生活需要的土地；对进入土地市场的企业需要提高融资成本，避免过多资金进入土地市场；对地方政府卖地的规模，需要以提高生态成本等办法有效控制。在房产市场，需要放开对于房价涨跌的控制，但是对金融安全要高度重视，对弱势群体的利益要重点保护，次级债类似的业务不能单纯推给市场，政府需要给予大力支持。

（三）自贸区设立使房地产市场受益颇多

2013年8月22日，国务院正式批准设立中国（上海）自由贸易试验区。

自贸区设立对上海以及中国的经济具有重大意义，相关行业毋庸置疑受益颇多。自贸区的设立，可以改变国内市场经济效益较为低下、出口导向依赖严重并增长乏力的局面，可以重振地方乃至全国经济，激活企业发展活力，带动产业、产值快速提升，有效拉动内需和地区经济的繁荣。对房地产相关行业也具有一定的拉动作用。

经济国际化之后，会有短暂的刺激房地产市场的作用。在经济国际化背景下，就意味着房地产市场也要适应国际规则，行政管制手段弱化，市场不可控程度加大。总之，要防范市场的大起大落，对房地产市场管理就要提出更高要求。

B.13

2013 年广州市房地产市场分析和
2014 年预测

廖俊平　田亚玲*

摘　要：

2013 年，广州市房地产市场调控政策继续升级，使得房屋买卖交易量得到一定程度控制。土地市场实际供应量远低于计划供应量，交易价格屡创新高；商品住宅在外围区域成交火热，中心区域限购限售严厉；受电子商务迅速发展的冲击，商铺总成交量下滑；珠江新城写字楼交易价格涨势凶猛，甲级写字楼可售量逐渐减少。2014 年房地产市场将面临改革，预计广州市房地产市场价格涨幅将逐步缩小。

关键词：

广州　房地产市场　预测

一　2013 年广州市房地产市场的政策环境

2013 年 3 月 1 日，国务院办公厅发布《国务院办公厅关于继续做好房地产市场调控工作的通知》（国办发〔2013〕17 号），简称"国五条"，主要是从供给、需求及市场监管三方面调控房地产行业的发展。供给方面政府主要是通过增加普通商品住房及用地供应和加快建设保障性住房来减缓房地产市场的

---

* 廖俊平，中山大学岭南学院房地产咨询研究中心主任，教授；田亚玲，广州市广房中协房地产发展研究中心研究员。广房中协房地产发展研究中心研究员刘啸天、李晓洁也参与了本文写作的前期准备工作。

供求矛盾，需求方面政府采用抑制投机投资性购房方式来减少不合理需求，市场监管方面政府则希望通过住房与城乡建设部门对商品房项目销售价格实施监管，合理引导房地产开发企业理性定价，稳步推进商品房预售制度改革。值得注意的是，该通知的第六条提及"加快建立和完善引导房地产市场健康发展的长效机制"。

党的十八届三中全会通过了《中共中央关于全面深化改革若干重大问题的决定》。该决定指出要"加快房地产税立法并适时推进改革"，可见房产税已被列入深化税制改革的一个重要组成部分，《决定》还提出"使市场在资源配置中起决定性作用"的观点，并指出将"建立城乡统一的建设用地市场"。中央政府正在探索使用财税政策、土地政策等长效机制逐步替代短期调控措施。

与中央政府的房地产调控措施相一致，2013 年，广州市进一步实行房地产调控政策，重点包括以下几个方面。

（一）确保普通住房用地供应

2013 年初，广州市国土房管局公布的 2013 年全市住房用地供应计划表示，2013 年，全市住房用地供应量应高于过去五年平均实际供应量，同时要确保各类保障性住房和中低价位、中小套型不同商品住房供应比例不低于住房供应总量的 70%，并禁止容积率小于等于 1 的低密度住房用地供应。

（二）公租房项目首次纳入保障性住房建设

2013 年，广州市计划建设筹集保障性住房 1.6 万套，基本建成保障性住房 3.1 万套，实际筹建保障性住房 1.8 万套，基本建设完成 3.2 万套，先后分两次推出经济适用房源 1418 套与 1571 套。同时，广州市政府计划从 2013 年起全市每年安排一定数量的公共租赁住房，逐步解决符合条件的外来务工人员的住房困难，预计在 2013 年底推出近 7000 套公租房源，首批公租房的分配时间需等到 2014 年，届时政府将分两次分配，共计房源 6709 套。这是广州市政府保障性住房建设首次纳入公租房项目，希望借助经济适用房在解

决部分广州市本地人口住房困难的基础上，解决部分外来人口住房困难问题。

（三）商品住宅市场限购限售政策继续升级

2013 年 3 月 1 日，广州市政府颁布《广州市人民政府办公厅关于贯彻广东省人民政府办公厅转发国务院办公厅关于继续做好房地产市场调控工作通知的实施意见》，从限购限售两个方面调控广州市房地产市场的发展。限购主要针对消费者，其主要政策包括对非本市居民户籍家庭在广州市购房的条件限制以及提高二套房贷款首付比例和贷款利率。限售则针对的是房地产开发商，政府希望通过市国土房管局与市物价局对商品房进行销售价格监管，引导开发企业理性定价，对于不配合的商品房项目，进行暂不核发预售许可证的管制。面对房价上涨的压力，2013 年底，广州市政府继续出台了调控政策，简称"穗六条"，对限购政策继续升级。

二 2013 年广州市房地产市场分析

（一）土地市场分析

1. 住宅、商服、工业用地计划供应量均有增加

2013 年，广州市共计划供给土地 277 宗、2064.32 万平方米的建设用地，较 2012 年 268 宗、1948.67 万平方米增加了 9 宗、115.65 万平方米。其中，工业用地计划供应量占比最大，为 34.58%，其计划供应宗数与面积分别为 60 宗、713.93 万平方米，较 2012 年增加了 216.22 万平方米；商品住宅用地计划供应量为 52 宗、450.17 万平方米，占总计划供应量的 21.81%；商服用地与保障性住宅用地计划供应占比分别为 22.55%、7.01%；其他用地占比为 14.05%。与 2012 年相比，仅其他性质用地计划供应量有所减少，其余性质的土地计划供应量均有不同程度增加（见图 1）。

2. 住宅建设用地实际成交量远低于计划供给量，且"地王"频出

2013 年一至四季度，广州市土地市场成交宗数分别为 29 宗、29 宗、53

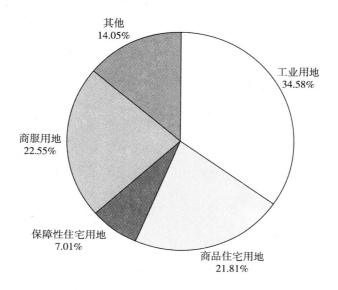

图 1   2013 年广州市各建设用地计划供给量占比

数据来源：广州市国土资源与房屋管理局。

宗、20 宗，虽然一、二季度土地成交宗数相等，但成交面积相差较大，这主要是由于一季度工业用地成交量较大，三季度同样受工业用地成交量较大的影响，成交面积高达 249.13 万平方米，仅次于一季度的成交面积 263.70 万平方米（见图 2）。

2013 年，广州市全年共成交 23 宗、155.01 万平方米住宅建设用地。其中，7 月份成交宗数最多，为 8 宗；9 月份成交面积最大，为 47.69 万平方米。2013 年初，广州市政府制定了住宅用地供给计划，计划总供给量为 450.17 万平方米，远高于 2012 年的 254.69 万平方米，但实际全年共成交 155.01 万平方米的用地，远低于计划数。从 5 月份开始，广州市土地拍卖会连续制造出"地王"，如沙太路地块、同宝路地块、南洲路地块、云埔一路以南地块等，其中海珠区南洲路地块更是以 34590 元/平方米的楼面地价（剔除配建保障房后的价格），成为 2013 年上半年全国单价"地王"，萝岗区云埔一路以南地块则是时隔 4 年后萝岗区再度拍出的住宅"地王"，且该地块以总价 43.5 亿元和楼面价 9181 元/平方米成为萝岗区"双料地王"。

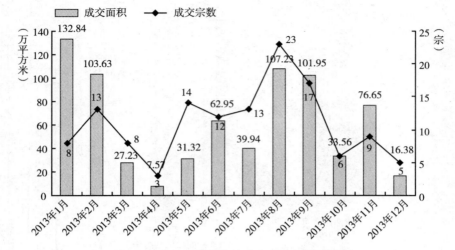

图 2　2013 年广州市土地成交宗数与成交面积

数据来源：广州市国土资源与房屋管理局。

（二）住宅市场分析

1. 新建商品住宅

（1）施工面积大幅增加，竣工面积大幅下降

2013 年，广州市房屋施工面积得到大幅增加，为 8939.06 万平方米，同比增长 13.90%，其中住宅的施工面积为 5473.50 万平方米，同比增长 11.30%。但是，2013 年住宅竣工面积为 709.60 万平方米，较 2012 年的 800.86 万平方米下降了 11.40%（见表 1）。

表 1　2008～2013 年广州市房屋建设情况

年　份	2008	2009	2010	2011	2012	2013
房屋施工面积（万平方米）	5500.37	5505.56	6464.12	7704.34	7845.62	8939.06
同比累计增长（%）	6.10	−0.70	16.40	19.20	2.00	13.90
住宅施工面积（万平方米）	3659.65	3420.09	3983.84	4848.07	4917.57	5473.50
同比累计增长（%）	1.80	−7.30	15.40	21.70	1.70	11.30
房屋竣工面积（万平方米）	943.76	961.24	1094.59	1263.20	1290.79	1141.30
同比累计增长（%）	7.00	−9.10	1.50	15.40	−0.10	−11.60
住宅竣工面积（万平方米）	673.92	715.68	774.69	831.68	800.86	709.60
同比累计增长（%）	−3.90	−5.20	−2.40	7.40	−5.10	−11.40

数据来源：广州市统计局。

（2）广州市中心六区供给较少

2013 年，广州市十区新建商品住宅批准预售面积为 710.24 万平方米，新建商品住宅交易登记面积为 709.46 万平方米，市场吸纳率为 99.89%，较 2012 年的 94.60% 上升了 5.29%；但其新建商品住宅批准预售面积与交易登记面积小于 2012 年的 811.53 万平方米和 767.68 万平方米（见表 2）。

2013 年，广州市政府继续实施限售政策，对商品房入市交易进行监管，尤其是对中心六区的新建商品住宅入市的监管，广州市国土资源与房屋管理局统计的数据显示，2013 年，广州市中心六区新建商品住宅批准预售面积仅为 169.89 万平方米，占全市十区的 23.92%，供给较少。

表 2　2006~2013 年新建商品住宅交易登记情况

年　份	2006	2007	2008	2009	2010	2011	2012	2013
新建商品住宅批准预售面积（万平方米）	917.72	669.78	805.59	668.03	749.44	687.53	811.53	710.24
新建商品住宅交易登记面积（万平方米）	924.65	801.57	553.04	978.32	637.67	680.63	767.68	709.46
吸纳率（%）*	100.80	119.70	68.70	146.40	85.10	99.00	94.60	99.89

说明：吸纳率 = 新建商品住宅交易登记面积/新建商品住宅批准预售面积×100%；由于新建商品住宅交易登记面积既包括当年新建商品住宅批准预售面积中已出售的面积，也包括以前年份未出售，但在报告期出售的新建商品住宅批准预售面积，故可能出现吸纳率大于 100 的情况。

数据来源：广州市国土资源与房屋管理局。

（3）"穗六条"抑制年底成交量

2013 年 1 月，广州市新建住宅成交面积高达 96.91 万平方米，领先于其余月份，受"国五条"政策的影响，3 月份新建住宅的成交面积仅次于 1 月份，为 84.31 万平方米，广州市第一季度新建商品住宅成交面积高于二、三、四季度，为 233 万平方米，成为 2013 年新建商品住宅成交面积唯一高于 200 万平方米的季度。随后的 4~8 月份，广州市新建商品住宅成交面积处于相对低迷的阶段，在此期间，广州市单月新建商品住宅成交面积最高仅有 57.53 万平方米，由此可见，"国五条"政策正在影响广州楼市成交情况。9 月份，广州市新建商品住宅成交面积出现反弹，为 67.67 万平方米，远高于 8 月份的

39.54 万平方米，10 月的成交面积继续上升至 71.79 万平方米，11 月份受"穗六条"政策的影响，成交面积环比下降 19.45%，12 月份成交面积继续大幅下跌至 26.87 万平方米（见图 3）。

（4）交易均价小幅波动，越秀、天河两区房价较高

2013 年，广州市十区新建商品住宅交易均价也经历涨跌波动，第一季度，广州市十区新建商品住宅的交易均价呈连续增长的态势，3 月份时达到全年最高，为 16817 元/平方米，随后的三个月交易均价出现小幅下跌，直至 7 月份交易均价开始回升，并在 8 月份时交易均价达到下半年的最高（见图 3）。

图 3　2013 年广州市新建住宅成交面积及均价走势

数据来源：广州市国土资源与房屋管理局。

2013 年，广州市越秀区与天河区新建商品住宅成交均价基本保持在 30000 元/平方米以上，其中天河区成交均价在 10 月份更是高达 40681 元/平方米，与广州市十区的成交均价相比，越秀区和天河区的成交均价遥遥领先，对全市的成交均价起到上拉的作用。越秀与天河新建商品住宅成交均价和十区相差较大主要有两点原因：一是中心六区限购与限售的执行比外围四区严厉，尤其是越秀区与天河区，以至于这两个区域新建商品住宅的成交量远低于其余区域；二是外围四区的房价远低于越秀区和天河区。

2. 存量住宅

（1）二手住宅成交面积大幅增加，成交均价整体呈现增长态势

2013 年，广州市二手住宅成交面积为 727.22 万平方米，高于 2012 年全年成交量 494.34 万平方米。从 2013 年广州市二手住宅成交走势分析，3～4 月份的成交面积较为突出，其余月份的成交量基本维持在正常水平，这是由于 3 月份中央政府颁布了"国五条"调控政策，部分受政策限制的消费者提前入市。2013 年，广州市二手住宅成交均价整体呈现增长的态势，10 月达到全年最高，为 12903 元/平方米，从其走势可得出，2013 年广州市二手住宅市场价格与新建商品住宅市场一样处于上涨态势（见图 4）。

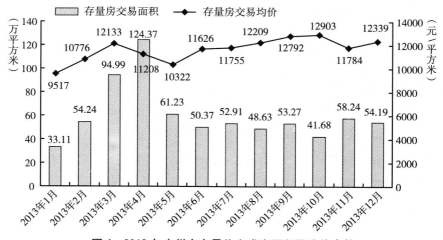

图 4　2013 年广州市存量住宅成交面积及均价走势

数据来源：广州市国土资源与房屋管理局。

（2）第三季度租赁市场成交旺盛，毕业季带动住宅租赁市场价格上涨

2013 年，广州市全年住宅租赁备案量最突出的是 7 月、9 月、11 月份，其住宅租赁备案面积分别为 169.06 万平方米、171.28 万平方米、151.38 万平方米。7 月是毕业季，大量高校毕业生即将步入职场，租赁市场需求大增，故 7 月份的租赁备案面积较 6 月份大幅增加 61.38 万平方米，环比涨幅为 57%。2 月份的住宅租赁备案面积最少，仅有 42.79 万平方米，这主要是适逢春节，大量的外来务工人员返乡，租赁市场需求急剧减少而导致的，但随着外来务工人员返城工作，广州市租赁市场自 3 月份开始回升（见图 5）。

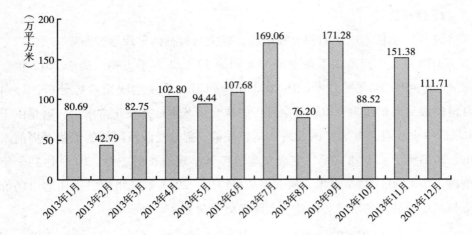

图5 2013年广州市住宅租赁备案面积

数据来源：广州市国土资源与房屋管理局。

2013 年 7 月，广州市国有土地住宅租赁平均价格达到最高点，为 34 元/平方米，这是由于 7 月适逢高校毕业季，大量大学生即将步入职场，不仅会增加需求，带动租赁市场的成交量，房主还会借机抬高租金，导致租赁市场价格上涨。不过这种现象在 6 月份就开始出现，因为部分毕业生并不会等到毕业才开始找工作，故 6 月份的租金较 5 月份上涨 4 元/平方米，环比增长14.29%。

（三）商铺市场分析

1. 新建商铺

（1）受电子商务迅速发展影响，部分传统行业受到冲击

2013 年，广州市新建商铺成交量为 41.33 万平方米，低于 2012 年的47.04 万平方米（见图6）。这主要是因为在电子商务的冲击下，普通服装、家电等行业的实体商铺受到较大的冲击，而商铺的供应量又在持续扩大，导致商铺市场竞争更加激烈，商业物业的投资回报率下降，故投资商铺的投资者也会减少，例如天河区著名的岗顶 IT 商圈在 2013 年也面临着大量商铺出售、转租的惨状，与前两年相比，部分商家的营业额下降近八成，由于生意惨淡，部分卖家不得不把商铺转移到租金更为便宜的地段。

2013 年前 8 月份, 广州市新建商铺每月成交面积保持在 3 万 ~ 5 万平方米, 但 9 ~ 11 月份, 广州市新建商铺每月成交面积仅有约 2 万平方米, 成交量大幅减少, 这主要是由于 9 ~ 10 月是住宅传统销售旺季, 商铺开发商一般会选择避开这个时段推出新货, 故其成交量有所减少 (见图 6)。

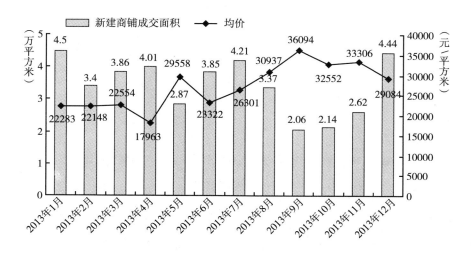

图 6 2013 年广州市新建商铺成交面积及均价走势

数据来源: 广州市国土资源与房屋管理局。

(2) 外围四区成交量占六成以上

2013 年, 广州市中心六区新建商铺成交面积为 14.77 万平方米, 仅占全市总成交量的 35.42%, 而外围四区新建商铺成交面积达 26.93 万平方米, 比中心六区多成交 12.16 万平方米, 占全市总成交量的 64.58%。由于外围四区商铺的价格比中心六区便宜, 同时越来越多的人选择在外围四区置业, 其商业需求量也在增大, 部分投资者看好其发展前景, 故选择投资外围四区的商业物业。其中番禺区新建商铺成交面积最大, 为 13.12 万平方米, 占外围四区总成交量的 48.72%, 由于番禺区交通等基础设施更为完善, 吸引人口流入的能力更强, 故对投资者的吸引力也更大 (见图 7)。

2. 存量商铺

2013 年, 广州市二手商铺共成交 3882 宗、28.46 万平方米, 与 2012 年成交量 7053 宗、26.47 万平方米相比, 成交宗数大幅减少 3171 宗, 而成交面积

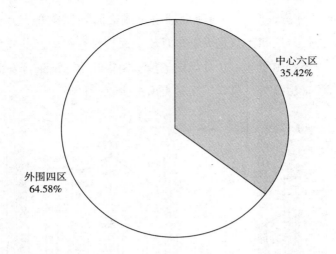

图7　2013 年广州市中心六区与外围四区新建商铺成交占比

数据来源：广州市国土资源与房屋管理局

却小幅增加 1.99 万平方米。成交宗数大幅减少而成交面积却小幅增加，是因为成交的套均面积从 37.53 平方米扩大至 73.31 平方米。出现这种情况的主要原因是广州外围四区的成交量较大，相比于中心城区那些寸土寸金的地段，外围四区商铺需投入的资金较少，投资者可以花较少的资金买入更大的商铺，同时 2013 年外围四区的住宅市场成交量较大，投资者看好其未来的市场前景，从而选择在外围四区进行投资，导致其成交量占全市的比重增加，商铺成交的套均面积也有所扩大（见图8）。

（四）写字楼市场分析

1. 新建写字楼

2013 年，广州市新建写字楼仅在第一季度时有较大的成交面积，其余季度表现平平，尤其是第三季度，其成交面积仅为 14.54 万平方米。但其成交均价的表现却恰恰相反，在经历了 4 个月连续下跌之后，5 月份新建写字楼成交均价开始反弹，至 9 月份时成交均价已升至全年最高的 31819 元/平方米。据悉，2013 年写字楼价格普遍增长了一至两成，其中珠江新城成为投资者最青睐的板块，琶洲板块的写字楼价格涨幅最明显。第四季度，新建写字楼成交面

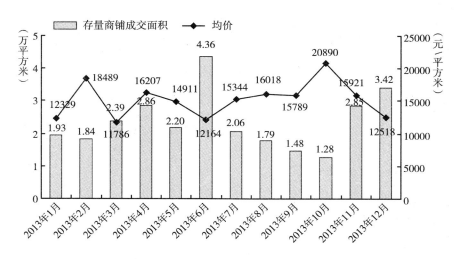

图 8　2013 年广州市存量商铺成交面积及均价走势

数据来源：广州市国土资源与房屋管理局。

积有所回升，成交均价却大幅下跌，单价下跌近万元，这主要是受成交结构性影响（见图 9）。

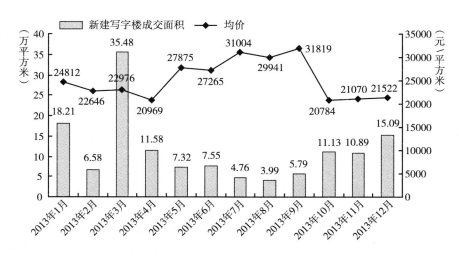

图 9　2013 年广州市新建写字楼成交面积及均价走势

数据来源：广州市国土资源与房屋管理局。

2. 存量写字楼

2013 年，广州市二手写字楼总成交面积为 20.25 万平方米，仅相当于1 月份新建写字楼的成交量，3 月份时二手写字楼成交面积达到全年最高的 3.47 万平方米。二手写字楼市场成交量主要集中在中心城区，其成交量占全市总成交量的比重高达 81.43%，这主要是由于外围四区的二手写字楼本身不多，可选择性较少，仍有相当一部分人更愿意在中心六区置办办公地点。2013 年，二手写字楼成交均价与新建写字楼的涨跌时点基本保持一致，9 月份时成交均价达到全年最高，为 15169 万/平方米。9 月份二手写字楼买卖价格涨幅较大的楼盘大多集中在珠江新城、体育西路等地段。与 8 月份价格相比，其上涨幅度均达到 1000~2000 元/平方米。

图 10　2013 年广州市存量写字楼成交面积及均价走势

数据来源：广州市国土资源与房屋管理局。

三　2014 年广州市房地产市场展望

（一）住宅市场：整体保持增长态势，涨幅趋稳

随着房地产市场"长效机制"的逐步建立，广州市房地产市场也将面临

变革，但建立与实施"长效机制"需要花费较长的时间。2014 年，广州市楼市仍将继续保持增长的态势，但不论是政策导向还是市场环境，都会使得市场价格涨幅趋于稳定，不会出现大起大落的现象。

（二）商铺市场：投资回报率将下降

受电子商务飞速发展和部分商业路段围蔽工程的影响，租金增长幅度会趋缓，商铺投资回报率下降。例如江南西路，近年受围蔽工程影响，临街商铺生意大受影响，不少业主不敢增加租金；珠江新城商圈近年内有大量商业物业集中入市，对其带来一定程度上的冲击。

（三）写字楼市场：买卖市场价格将继续增长

虽然目前广州写字楼供应量很大，但位于成熟商圈的写字楼即将开发完毕，在一手高端写字楼资源越来越少的情况下，其投资价值也日渐凸显。2013年广州近 70 万平方米的新增甲级写字楼中九成位于珠江新城，由于珠江新城大部分超甲级写字楼项目由发展商统一运营，并不对外出售，所以尽管珠江新城优质写字楼存量已出现供过于求，但可售的优质写字楼远不及市场的需求，故预测 2014 年买卖市场价格将继续呈增长态势，租赁市场价格涨幅或缩小。

B.14

深圳市房地产市场 2013 年解析及 2014 年展望

宋博通 黄子嵩 梁德情 罗凯 岳光*

摘　要：

2013 年，深圳市房地产开发投资额再创新高，房地产市场持续火热。新建商品房市场量升价涨，写字楼空置率有所下降，商业用房空置明显；二手房市场商品住宅量价齐升，写字楼、商业用房价格平稳上涨；租赁市场租金稳中有升，写字楼租金先涨再落，岁末翘尾，商业用房租金涨势强劲。居住用地供应下降，商服用地供给大幅增长，工业用地出让多在关外，首宗农村集体工业用地入市尝试破冰之旅。展望 2014 年，住宅市场调控或延续、趋紧，新增住宅供应难有较大增幅，关内外差别化供求关系进一步助推房价分化。

关键词：

深圳　房地产市场　土地市场

一　2013 年房产市场分析

（一）房地产开发投资额稳定增长，占固定资产比重创 2006 年来新高

自 2001 年以来，深圳市房地产开发投资额总体呈增长态势，2007～2009

---

* 宋博通，建筑学科博士后，深圳大学基建部主任，深圳大学房地产研究中心常务副主任，副教授；主要研究领域为住房政策、城市经济与房地产市场。黄子嵩、梁德情、罗凯、岳光，深圳大学土木工程学院硕士研究生。

年受金融危机影响出现小幅下降，自 2010 年起重拾涨势，2013 年，房地产开发投资额为 887.71 亿元，同比增幅虽有所回落，但总体仍保持稳定增长。

从房地产开发投资占社会固定资产投资比重看，深圳自 2002 年起总体呈下降走势，但 2011 年起止跌回升，2012 年比重为 31.84%，2013 年继续增加为 35.49%（见图 1），创 2006 年以来新高。自 2010 年以来，新增土地供应减少，先前立项的城市更新项目逐步进入实施阶段，土地成本高企；最近三年，深圳房地产开发投资在总体经济中的比重仍持续增加。

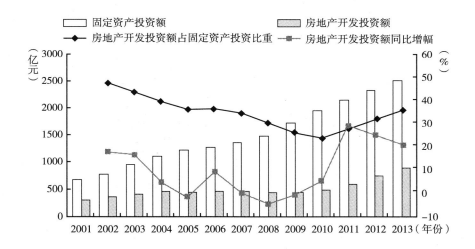

图 1　2001～2013 年深圳市房地产开发投资情况

数据来源：深圳市统计局。

（二）新建、二手商品住宅价格再创新高，全年二手房价进一步领先新房，关内外①价格分化明显

1. 一线城市新房、二手房指数皆持续上扬，深圳新房涨幅居末位，二手房占次席

从京、沪、穗、深 2013 年各月新建商品住宅价格指数走势看（见图 2），

---

① "关内"是深圳市二线检查站以内的经济特区区域，包括盐田区、罗湖区、南山区、福田区四个市辖区；"关外"有宝安、龙岗二区。

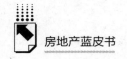

全年一线城市均呈持续上涨的态势，房地产调控政策影响减弱。

2013年初，广州领涨一线城市，其新建商品住宅价格指数最高；京、沪、穗、深全年上涨幅度分别为18.1%、20.2%、18%、17.7%，其中上海涨幅最大。

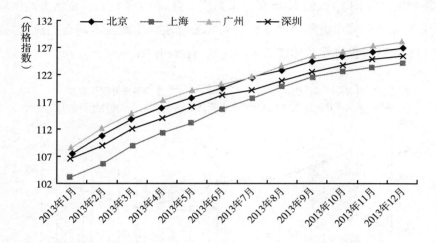

图2 2013年各月京、沪、穗、深新建商品住宅价格指数走势

说明：以2010年价格为100。
数据来源：国家统计局。

对比2013年各月二手住宅价格指数（见图3），二手商品住宅价格全年稳步上涨，京、沪、穗、深全年累计涨幅分别为18.4%、13%、11.8%、14.2%，北京居首。

2. 新房、二手房价格再创新高，二手房价大幅领跑新房

从深圳历年商品住宅交易价格来看（见图4），2004~2007年，房价平稳增长；2008年因经济危机影响，新建商品住宅均价同比下降0.86%，为13255元/平方米，二手房挂牌均价同比下降13.7%，跌破万元，为9177元/平方米；2009~2010年因房地产鼓励政策影响，房价再度快速上扬；2011年开始，在房地产调控政策抑制和观望情绪影响下，新建商品住宅价格同比下跌6%，至18992元/平方米，而二手房价格依然保持强劲势头，同比上涨25.67%，首次突破2万元；2012年依旧受到调控政策影响，新房、二手房销

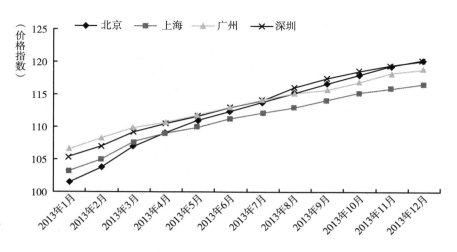

图 3　2013 年各月京、沪、穗、深二手房价格指数走势

说明：以 2010 年价格为 100。

数据来源：国家统计局

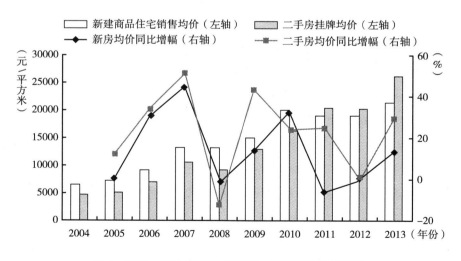

图 4　2004～2013 年历年二手房、新房销售均价对比

数据来源：深圳市统计局、深圳房地产信息网。

售价格出现原地踏步现象；但在调控依旧严厉且加码的 2013 年，刚需阶层观望情绪减弱，新房、二手房销售价格大幅反弹，分别大涨 14.3% 和 30%，新房成交价格为 21601 元/平方米，二手房成交价格为 26395 元/平方米，创历史新高。

3. 新房、二手房房价倒挂明显，住宅租金平稳增长

从 2013 年各月新房、二手房成交价格走势看（见图 5），全年深圳二手住宅价格均高于新建商品住宅价格，房价出现倒挂，且越发明显。

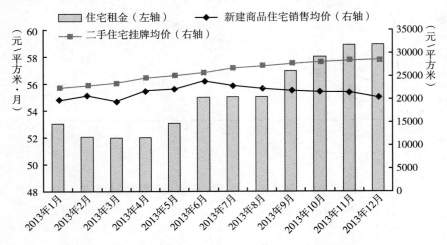

图 5　2013 年各月二手、新房销售价格走势

数据来源：深圳市规划和国土资源委员会、深圳房地产信息网。

从新房价格走势看，上半年，新房成交价格小幅波动，累计上涨 21.67%，达到全年最高价 23966 元/平方米；下半年，新房成交价格一路下滑，年底跌至 20695 元/平方米。全年房价先扬后抑，主要是政府调控政策执行力度上半年较为宽松、下半年较为严格所致。

从二手房价格走势看，全年保持稳定增长，全年累计上涨 27.9%。

从租金走势看，住宅租金稳中有升，全年累计上涨 11.32%；2013 年 1~5 月，租金小幅震荡，与年初持平；6~8 月租金价格稳定不变，供需较为均衡；8 月底到年末保持稳步上涨，由 55 元/平方米上涨至 59 元/平方米，累计涨幅达 7.27%。

4. 各区新房均价两极分化，南山、福田、罗湖高位波动，宝安、龙岗①、盐田低位趋稳

从 2013 年深圳各区新建商品住宅价格运行情况看（见图 6），南山、福

---

① 本文中宝安区为老宝安区概念，包含宝安区、光明新区、龙华新区，龙岗区为老龙岗区概念，包含龙岗区、坪山新区。

田、罗湖高位波动，南山区房价整体稳步上升，6 月份达到全市最高位，首次突破 5 万元，为 52240 元/平方米；福田区、罗湖区波动频繁，走势类似，全年均价分别为 40601 元/平方米和 35158 元/平方米；宝安、龙岗、盐田低位趋稳，宝安区新房价格走势与深圳市整体新房走势一致，全年均价为 21028 元/平方米；龙岗区、盐田区新房价格低于深圳市新房价格的平均水平，全年均价分别为 17193 元/平方米和 19633 元/平方米。

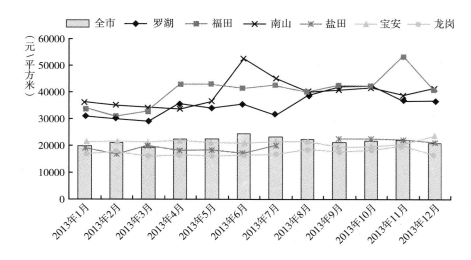

图 6　2013 年各区新建商品住宅月均价走势

数据来源：深圳市规划和国土资源委员会、深圳房地产信息网。

总体来说，各区新房价格两极分化，成交楼盘的区位、档次等因素对各区新房价格影响巨大。全市各月新建商品住宅价格走势平稳，波动较小。

5. 各区二手房价稳定，福田、南山始终处高位，龙岗延续低位

从 2013 年深圳各区二手商品住宅价格运行情况看（见图 7），各区二手房价格走势平稳，波动不大。

与新房价格走势一样，福田、南山的二手房价依旧高位，龙岗延续低位运行，全市稳步上涨；福田区二手房全年均价 32385 元/平方米，3 月份涨幅最大，达到 8.2%，均价突破 3 万元/平方米，随后稳步上涨，12 月份达到全市最高价 34936 元/平方米；南山区二手房的全年均价 31087 元/平方米，全年涨幅达到 22.25%。盐田区二手房全年均价 24880 元/平方米，全年价格走势与

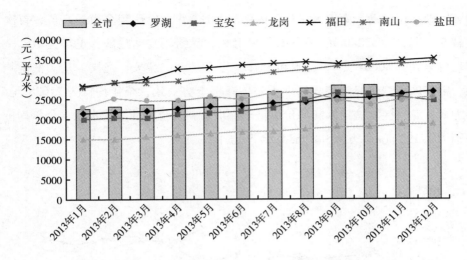

图7　2013年各区二手住宅月挂牌均价走势

数据来源：深圳市规划和国土资源委员会、深圳房地产信息网。

全市价格走势相似；罗湖区、宝安区、龙岗区二手房均价低于深圳市平均水平，全年均价分别为23703元/平方米、22749元/平方米、16644元/平方米。

（三）新房成交量创调控以来新高，岁末观望态势初现，关外低总价小户型唱主角

1. 新房近五年竣工面积维持低位，近三年成交量稳步提升

从历年新建商品住宅供需看（见图8），2004～2007年，新建商品住宅批售面积逐年递减，房价稳定攀升，居民自住投资意识增强，新建商品住宅供不应求；2007年，受土地成交及住宅价格压制，新建商品住宅批售、销售双降，销售面积500.4万平方米，同比大降29.1%，初步形成供大于需格局；受美国次贷危机影响，2008年底，在多管齐下救市政策刺激下，刚性及投资需求激增，致2009年供不应求，住宅面积吸纳率达147.09%，为近年最高，2010房地产调控以来，深圳住宅需求受到抑制，2011年，新建商品住宅销售面积272.93万平方米，同比降14.98%，创新低。2012～2013年，因市场已逐渐适应各种常态化的调控，销售面积有所增长，2012年，新建商品住宅销售面积为368.22万平方米，同比上涨34.79%，2013年，新建商品住宅销售面积为 441. 75 万平方米，同比上涨 19. 97%，近三年成交量稳步提升。

对比新建商品住宅竣工面积，2002 年开始进入下行通道，2003~2007 年逐年递减，2008 年因前期土地储备丰富，竣工面积达到 443. 77 万平方米，同比上涨 1. 52%；2009~2013 年，竣工面积维持低位。

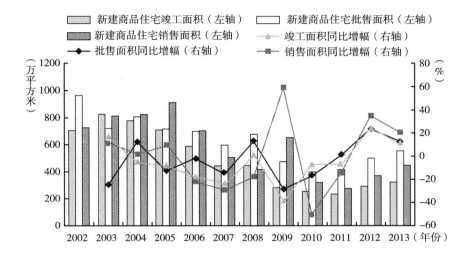

图 8　2002~2013 年新建商品住宅批售及销售面积走势

数据来源：深圳市规划和国土资源委员会、深圳房地产信息网。

2. 各月新房需求受抑制，岁末观望态势初现

对比 2013 年各月新房交易情况（见图 9），全年新房批售面积为 549. 91 万平方米，销售面积为 441. 75 万平方米。全年新房批售与销售面积比为 1. 25∶1，供给大于需求，因房地产调控政策影响，需求受到抑制，市场存量继续增加。

全年除 2 月受春节假期影响批售面积骤降外，其余各月批售面积均在 30 万平方米以上，10 月份批售面积为全年最高，达 87. 66 万平方米；1~2 月份，住宅面积吸纳率均突破 100%，此后吸纳率波动明显，10~12 月面积吸纳率下降明显，12 月份住宅吸纳率仅为 46. 3%，为全年最低，岁末观望态势初现。

3. 新房成交集中关外，其低总价小户型唱主角

从各区新建商品住宅成交量看（见图 10），2013 年，全年新建住宅成交量为 439. 79 万平方米，宝安、龙岗约占 87. 1%，分别为 183. 23 万平方米和

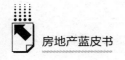

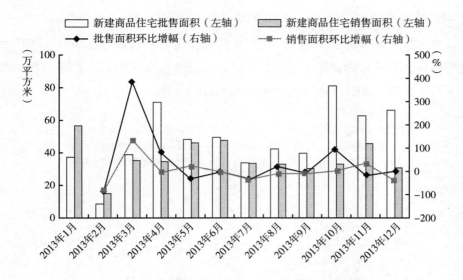

图9　2013年各月新建商品住宅批售、销售面积走势

数据来源：深圳市规划和国土资源委员会、深圳房地产信息网。

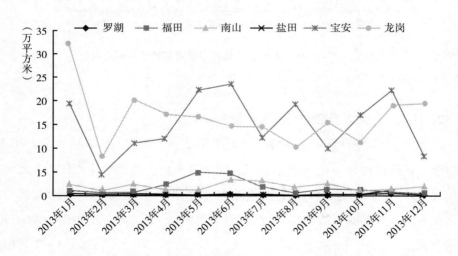

图10　2013年各区新建商品住宅月度成交量走势

数据来源：深圳市规划和国土资源委员会、深圳市房地产信息网。

199.96万平方米，新房成交依旧集中在关外；因2月春节假期影响，宝安、龙岗成交大幅下降，同比下降75.96%和74.91%，此后持续波动；相比于关外的强势，南山、福田、罗湖、盐田全年成交均在低位盘整，这与关内可出让土地较少、新盘推出量不足，致近年成交量无法提升有关。

从深圳市 2012 年、2013 年三种面积结构成交量看（见表 1），2013 年，新建商品住宅成交量以 90 平方米以下的小户型为主，全年成交量为 308.29 万平方米，同比增长 22.22%，占全年总交易量的 70.45%；90～144 平方米的改善型户型全年成交 71.64 万平方米，同比增长 31.52%，全年成交量反超大户型，占全年总交易量的 16.37%，144 平方米以上的大户型成交量为 57.7 万平方米，同比小幅下降 6.59%，所占比重为 13.18%。

从各区新房成交面积形态走势看（见图 11），全市的小户型、改善型、大户型之比为 5.3∶1.2∶1，各区市场各具特色：罗湖为 0.77∶0.59∶1，大户型成交面积最大；南山为 1.53∶0.08∶1，福田为 2.78∶0.44∶1，两区成交受物业成熟度影响，市场以居住改善、投资置业为导向，宝安、龙岗成交比例分别为 5∶1.5∶1、9.9∶1.9∶1，市场投资需求受较低价格抑制，关外低总价小户型越发唱主角。

表 1　深圳市 2012 年、2013 年三种面积结构成交量比例对比

单位：%

户型	2012 年	2013 年	同比增长
<90 平方米	68.50	70.45	2.85
90～144 平方米	14.80	16.37	10.61
>144 平方米	16.71	13.18	21.13

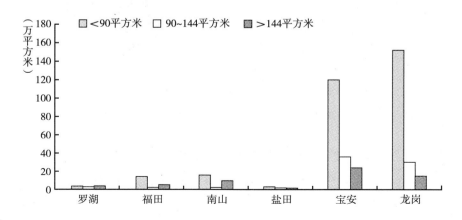

图 11　2013 年各区新建商品住宅三种户型成交量

数据来源：深圳市规划和国土资源委员会、深圳市房地产信息网。

（四）三年来二手房成交量重回升势，3月份成交量激增，关内成交量高于关外

1. 评估价计税政策影响趋缓，全年二手房成交量重回升势

对比历年二手商品住宅成交面积（见图12），2004～2007年，成交量稳步上升；2008年受金融危机影响，仅成交435.85万平方米，同比下降53.19%；在2008年底出台的一系列鼓励措施刺激下，2009年二手房交易量达1395.83万平方米，同比大涨220.25%，达到顶峰；2010年因限购政策影响，二手房交易量有所下降；2011年因深圳实施评估价计税政策，一定程度杜绝阴阳合同，买卖双方交易成本提升，导致二手房成交量下降；2012年处于调整期，交易量减少，至2013年又有所反弹，2013年二手住宅成交面积为731.26万平方米，同比上涨19.4%。

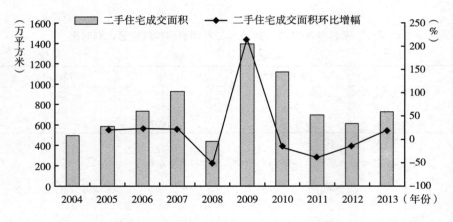

图12　2004～2013年历年二手住宅成交面积对比分析

数据来源：深圳市规划和国土资源委员会、深圳房地产信息网。

2. 3月二手房成交量激增，后续成交量趋稳

从2013年各月交易来看（见图13），2013年2月，国务院出台新版"国五条"，其中的"20%计征"政策提到二手房转让按差价20%缴纳个税的调控细则，引发了市场对二手房的过户潮和抢购潮，3月份二手房成交量飙升，成交面积为150.27万平方米，环比骤升404%；4～12月份，二手房成交面积持续在 50 万～60 万平方米之间波动，除了春节的 2 月份成交量较低外，其他月份二手房成交量均十分可观。

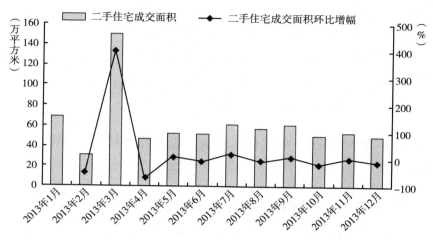

图13 2013 年各月二手房住宅成交面积对比分析

数据来源：深圳市规划和国土资源委员会、深圳房地产信息网。

3. 二手房各区成交量同比上涨，关内成交量高于关外

对比 2012 年、2013 年各区二手房成交面积（见图14）及套数，龙岗在各区之中分列第一，2013 年，关内、关外成交量之比为 1.19∶1，关内成交量高于关外，关内成交面积 397.84 万平方米，占全市 54.4%，套数为 49261 套，占比为 56.68%。

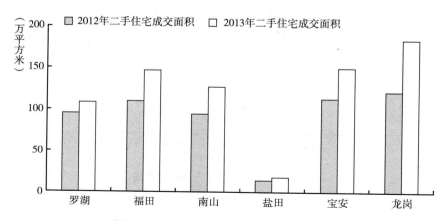

图14 2012～2013 年各区二手房成交面积

2013 年，各区二手房成交面积及套数同比去年均有所上涨，罗湖区二手房成交面积为 107.87 万平方米，同比增长 15.04%，成交套数为 15282 套，同比增长 26.61%；福田区二手房成交面积为 146.67 万平方米，同比增长 33.6%，成交套数为 17849 套，同比增长 40.73%；南山区二手房成交面积为 126.85 万平方米，同比增长 35.56%，成交套数为 13950 套，同比增长 23.83%；盐田区二手房成交面积为 16.45 万平方米，同比增长 25.67%，成交套数为 2180 套，同比增长 51.07%。

（五）新建写字楼空置有所回落，二手写字楼均价略有上涨，租金震荡盘升

1. 新建写字楼供需激增，空置有所回落

2004 年，新建写字楼批售面积达到峰值，而后一路振荡下滑，2009 年受房地产鼓励政策影响，批售面积有所反弹；2013 年，在城市综合体开发量增加的情况下，新建写字楼批售面积增长明显，同比增长 78.6%，达到 34.65 万平方米；同时新建写字楼销售面积激增，同比增长 310%，达到 23.16 万平方米；吸纳率有所回升，同比上涨 129.5%，新建写字楼空置有所回落（见图 15）。

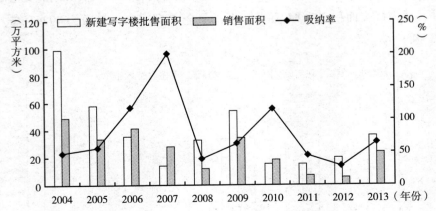

图 15　2004～2013 年历年新建写字楼市场新建批售、销售面积走势

数据来源：深圳市规划和国土资源委员会、深圳房地产信息网。

2. 二手写字楼挂牌均价略有上涨，罗湖区涨幅最大

2013 年，全市二手写字楼挂牌均价表现坚挺，小幅飘红。罗湖、福田、南山各区二手写字楼挂牌均价走势各异（见图 16）。其中，罗湖区表现抢眼，以 8.1% 的涨幅强势突破 24000 元/平方米，涨幅最大；南山区表现稳定，同比微涨 0.52%，超过 34000 元/平方米；福田区则高位回落，同比下跌 2.2% 至 35362 元/平方米，仍然是全市二手写字楼挂牌均价最高的区。

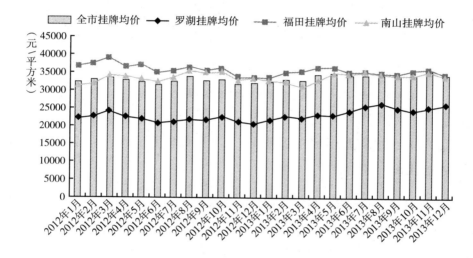

图 16 2012～2013 年关内各月二手写字楼挂牌均价走势

数据来源：深圳市规划和国土资源委员会、深圳房地产信息网。

3. 写字楼租金先涨再落，岁末翘尾，福田区领跑全市

2013 年，全市写字楼租金先涨再落，岁末翘尾。全年租金均价达到 127 元/（平方米·月），同比上涨 7.9%；罗湖、福田、南山各区写字楼租金均呈涨势，其中，罗湖由于京基 100 等高档写字楼放租量激增，大幅抬升全区的写字楼租金水平，同比大涨 17.35%，强势突破百元大关，为 115 元/（平方米·月），福田区和南山区同比上涨 6.5%，其中福田区的写字楼租金为 133 元/（平方米·月），南山区为 111 元/（平方米·月），福田区写字楼租金领跑全市（见图 17）。

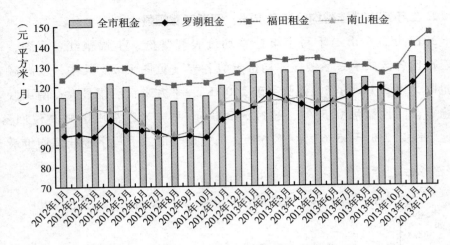

图 17　2012～2013 年各月关内租金

数据来源：深圳市规划和国土资源委员会、深圳房地产信息网。

（六）新建商业用房空置明显，二手商业用房均价强势上涨，租金大幅上扬

1. 新建商业用房供需激增，空置现象明显

2005 年，新建商业用房批售面积达到高峰，而后一路振荡下滑，近两年反弹明显，2013 年，批售面积 119.8 万平方米，同比增长 29.96%，达到历年最高。在楼市长期限购政策下，投资者重心转向商务公寓，导致新建商业用房成交量大涨，2013 年，新建商业用房销售面积为 53.02 万平方米，同比增长 114.2%，吸纳率有所回升，同比上涨 64.84%，但新建商业用房空置依旧明显（见图 18）。

2. 二手商业用房挂牌均价强势上涨，罗湖区波动明显

2013 年，深圳的二手商业用房挂牌均价涨势强劲，均价强势突破 7 万元/平方米大关，为 71116 元/平方米，同比大涨 23.5%；各区二手商业用房挂牌均价都有不同幅度的上涨，关内挂牌均价远高于关外；南山区的二手商业用房挂牌均价依旧全市最高，达 85772 元/平方米，同比上涨 5.7%；福田同比上涨 10.1%，突破 8 万元/平方米大关，达 81285 元/平方米；罗湖区二手商业用房均价波动明显，同比上涨 6.59%，达 82624 元/平方米；龙岗同比大涨

23.93% 至 42724 元/平方米；宝安区同比上涨 10.18% 至 57798 元/平方米（见图 19）。

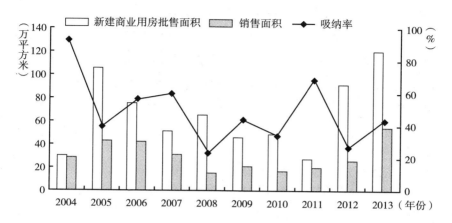

图 18　2004～2013 年历年新建商业用房市场新建批售、销售面积走势

数据来源：深圳市规划和国土资源委员会、深圳市房地产信息网。

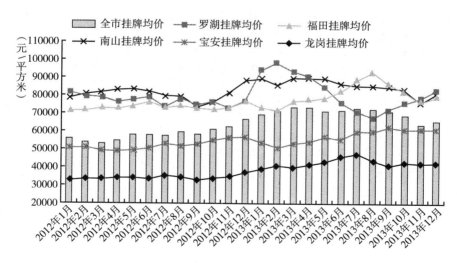

图 19　2012～2013 年各月各区二手商业用房挂牌均价走势

数据来源：深圳市规划和国土资源委员会、深圳房地产信息网。

3. 商业用房租金大幅上扬，福田区、罗湖区波动明显

2013 年，深圳的商业用房租金大幅上扬，同比上涨 30.07%，增加到

300 元/（平方米·月）；除罗湖区外，其他区商业用房租金都有明显的上涨，关内租金远高于关外；南山商业用房租金突破 300 大关，为 327 元/（平方米·月），同比上涨 14.79%；福田区商业用房租金波动明显，同比大涨 22.22%，强势突破 300 大关，达 345 元/（平方米·月）；罗湖区东门商圈的放租量持续萎缩，导致全区的商业租金持续回落，为 351 元/（平方米·月），同比下跌 10%；宝安和龙岗同比都上涨 10%，其中，宝安的商业租金为 137 元/（平方米·月），龙岗突破百元大关，为 101 元/（平方米·月）（见图 20）。

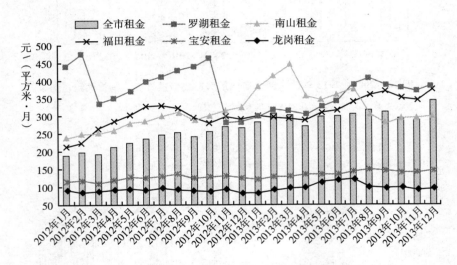

图 20　2012~2013 年各月各区商业用房租金均价走势

数据来源：深圳市规划和国土资源委员会、深圳房地产信息网。

二　2013 年土地市场分析

（一）土地供给稳中有降，整体成交率持续居高位

2006~2013 年，深圳市土地出让总面积呈波动走势（见图 21）。2010 年，土地供给量达到近 8 年来的最大值，处于波动曲线的波峰，2010 年之后，土地供给量呈递减的态势。2013 年共出让土地 51 宗，出让面积共计 168.8 万平

方米，成交 50 宗，成交面积为 162.2 万平方米，土地宗数成交率①达 98%，土地面积成交率②为 96%，与 2012 年统计数据相比，土地供应面积略有下降，土地宗数成交率与土地面积成交率均有不同程度增长，且达到近 8 年来的最高位。从以上数据中不难看出，由于深圳市土地资源日益紧缺以及城市更新盘活存量用地日益增加等原因，土地供应面积逐年下滑，在一定程度上导致了土地成交率不断攀高，土地成交活跃。

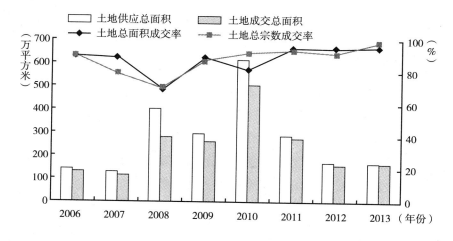

图 21　2006～2013 年深圳市土地总出让、成交情况

数据来源：深圳市规划和国土资源委员会。

全年成交的所有土地楼面均价为 5551.79 元/平方米，虽处于全国前列，但基本以底价成交。年度均价"地王"为位于南山区前海深港合作区十九单元 3 街坊的 T102 - 0245 号商业性办公用地，平均楼面地价为 25468.78 元/平方米。

（二）各月土地供应量大幅波动，多数底价成交

2013 年 1 月份出让土地 14 宗，共 45.6 万平方米，两项数据均处于全年最高位；然而 2 月份仅出让 1 宗土地，面积不足 0.5 万平方米，土地市

---

①　土地宗数成交率 = 土地成交宗数/土地出让宗数×100%。

②　土地面积成交率 = 成交土地总面积/出让土地总面积×100%。

场陷入"冰点";从 3 月份开始,土地出让宗数与出让面积呈现波动上扬的走势;9 月在仅出让 3 宗用地的情况下,土地出让面积达 43.8 万平方米,迎来各月土地出让面积中的次高峰;年末出现"翘尾",11 月出让土地 2.2 万平方米,12 月出让土地 14.5 万平方米,环比增幅达 550%(见图 22)。

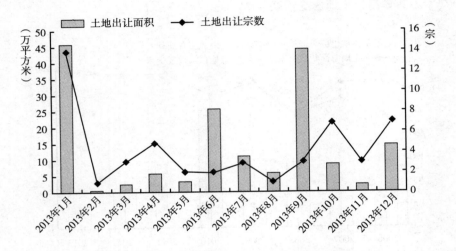

图 22 2013 年深圳市各月土地出让面积及出让宗数走势

数据来源:深圳房地产信息网、深圳市规划和国土资源委员会。

全年共出让土地 51 宗,成交 50 宗,其中 40 宗用地以底价成交,占比达 80%。

(三)居住用地供给量逐年下降,供给重心集中关外

自 2007 年以来,居住用地①供应量在经历了 2008 年的高峰后逐年降低,至 2013 年居住用地供给量仅为 3 宗,共 13.27 万平方米。相比居住用地供给量的长期低迷,居住用地成交率持续处于高位。2010 年、2011 年居住用地成交率均为 100%,2012 年的宗数成交率为 80%,面积成交率为 92.1%,2013 年两项数据重回 100%(见图 23)。

---

① 居住用地包含 2 宗纯居住用地与 1 宗商住混合用地。

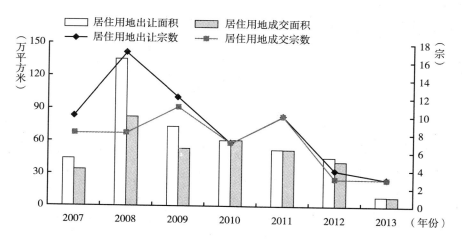

图 23　2007～2013 年深圳市居住用地出让面积走势

数据来源：深圳房地产信息网、深圳市规划和国土资源委员会。

2013 年出让的 3 宗居住用地均处于关外。其中，位于龙华新区的商住混合用地的建筑面积中的 37.4% 用于建设安居型商品房。位于龙华新区的 A816 - 0050 号商住混合用地除去学校、安居房面积，楼面价为 24100 元/平方米，三者中最高。

（四）商服用地供给量大幅增长，成交率攀历史新高

2013 年，商服用地①出让 13 宗，同比增长 44.44%，共计 24.17 万平方米，同比增长 125.89%，且全部成交，宗数成交率同比上涨 11 个百分点，面积成交率同比增长 3 个百分点。商服用地出让面积占总出让面积的 14.31%，与 2012 年的 6.33% 相比，增幅明显（见图 24）。商服用地楼面均价为 13118.65 元/平方米，最高价达 25468.75 元/平方米。

在成交的 13 宗商服用地中，5 宗用地位于前海深港现代服务合作区，且其中 4 宗用地的成交价远高于其起始价。这 5 宗用地的楼面均价为 19087.18 元/平方米，远远大于深圳市 2013 年成交的商服用地楼面均价。由此可见，前

---

① 商服用地：包括商业用地、商业服务业设施用地、商业性办公用地等，不含包括商业用地在内的混合用地。

海深港现代服务合作区建设是推动深圳市商服用地楼面均价持续走高的重要原因之一。

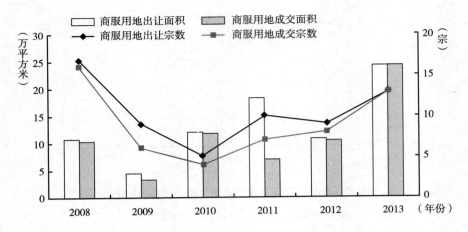

图24 2008～2013年商服用地出让、成交面积走势

数据来源：深圳房地产信息网、深圳市规划和国土资源委员会。

（五）工业用地出让多在关外，新型产业用地集中南山

2013年共成交28宗工业用地（不含包括工业用地在内的混合用地），其中27宗用地底价成交。从用地分布看，在所有成交的工业用地中，有21宗位于关外，用地面积占所有成交工业用地面积的91%；其中，南山区成交7宗，共计7.01万平方米；坪山新区成交7宗，共计28.69万平方米；光明新区成交10宗，共计34.43万平方米；龙华新区成交2宗，共计6.68万平方米；宝安区成交2宗，共计2.91万平方米（见图25）。

在上述28宗工业用地中，有10宗为新型产业用地，全部底价成交，共占地11.42万平方米，占成交的工业用地面积的14.32%，楼面成交价为2339.26元/平方米，比2013年工业用地楼面均价高出73.6%。从用地分布来看，10宗新型产业用地中的7宗位于南山区高新南区，2宗位于坪山新区，1宗位于宝安区。由此可见，南山区成为深圳市新型产业发展战略要地，这与南山区"加快发展战略性新兴产业"的发展战略、分布广泛的科研机构和高等院校以及南山高新区建设密切相关。

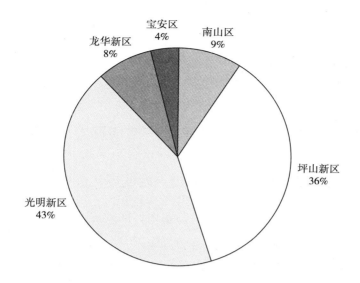

图 25　2013 年深圳市各区工业用地面积成交比例

数据来源：深圳市房地产信息网、深圳市规划和国土资源委员会

（六）首宗农村集体工业用地入市流转，多方实现利益共赢

农村集体用地作为土地资源中极为重要的一部分，面临我国《土地管理法》中对于农村集体土地出让的诸多约束，合理应对该法律约束，成为农村集体用地入市的先决条件。2013 年 1 月，深圳市政府出台《深圳市完善产业用地供应机制拓展产业用地空间办法（试行）》，第六条规定，"政府鼓励原农村集体经济组织继受单位尚未进行开发建设的、符合规划的合法工业用地进入市场"。上述文件的出台为深圳市农村集体用地入市提供了政策依据。

2013 年 12 月 20 日，位于宝安区福永街道凤凰社区的 A217 - 0315 号宗地作为一宗工业用地（新型产业用地），以 1.16 亿元的挂牌起始价由深圳市方格精密仪器有限公司竞得。该地块土地面积 14568.29 平方米，建筑面积 69900 平方米，建筑面积底价达到了 1559.51 元/平方米，该底价远超基准地价。

该宗土地的收益由凤凰社区和市国土基金按 3∶7 比例进行分成，成交后凤凰社区还将继续持有总建筑面积约 20% 的物业用于产业配套。凤凰社区还将筹资参股用地竞得企业，以期获得长期收益，这改变了社区股份公司以往

223

"以地建厂、以房收租"的传统模式，实现了政府、企业、社区股份公司的多方共赢。农村集体用地入市是继 1987 年深圳首创国有土地拍卖后的又一次破冰之举。

三　2014 年房地产市场展望

（一）宏观经济稳定增长，房地产发展后劲有支撑

2013 年深圳经济呈现稳中有进、稳中向好的发展态势。全年 GDP 总量达到 14500.23 亿元，同比增长 10.5%，增速比 2012 年提高 0.5 个百分点，比全国和全省平均水平分别高 2.8 和 2.0 个百分点，经济规模继续居国内中大城市第四位。主要指标方面，工业生产迅速增长，全年全市规模以上工业增加值 5695 亿元，同比增长 9.6%；固定资产投资加速，全年全社会固定资产投资 2501.01 亿元，同比增长 14%；社会消费品零售总额增长明显，全年全市社会消费品零售总额 4433.59 亿元，同比增长 10.6%；外贸进出口总额再创新高，全年进出口总额 5373.59 亿美元，同比增长 15.1%。

2014 年，深圳市将加快建设前海，发展湾区经济，打造产业升级新优势，推进有质量的城市化，实施重大民生工程，努力实现有质量的、可持续的经济增长，并计划 2014 年实现 GDP 增长 10% 左右，这将为深圳未来房地产发展提供有力的支撑。

（二）住宅市场调控或延续、趋紧，货币市场或中性偏紧，货币政策或相机微调

从行政调控影响看，2013 年在住宅市场限购、限贷、限价政策，二手房交易计征 20% 所得税情况下，深圳仍实现新房 14.3%、二手房 30% 的价格增长。可见，2014 年住宅价格上涨压力不容小觑，在国家差别化调控政策总基调下，作为一线城市的深圳，限购、限贷、限价等调控政策或将进一步趋紧。

从货币市场影响看，一定时期内，利率市场化使银行面临利率抬升压力；外资回流和互联网金融创新导致银行存量资金减少，存贷比接近红线，银行放

贷额度减小；加之个人住房贷款低收益性和房地产市场高风险性的现状，促使银行取消个人住房贷款优惠利率甚至对利率适度上调，并减少房地产行业贷款投入，使个人支付能力和房企通过银行融资的能力面临考验。但也应该看到，在防止"通货膨胀超出上限"，避免"稳增长、保就业低于下限"的宏观调控思想指引下，以及地方债尚需逐步消化的大背景下，如果 2014 年国内通货膨胀率能保持在合理区间，货币亦存在增推压力，这对提升包括房价在内的资产价值压力不容小觑。

从房地产税影响看，房地产税已进入立法环节。房地产税能补充地方财政，平抑地价，但房地产税的征收是面向住房保有环节，对存量房征税的前提是掌握现存房产的准确信息，因此，在全国房产登记制度建立完成前，房地产税难以落地实施，在相当长一段时间内，对住房市场难有明显影响。

（三）新增住宅供应难有较大增幅，关内外差别化供求关系助推房价分化

从住宅新增供给看，深圳商品住宅新地供应持续紧张。统计数据显示，2014 年 2 月底，深圳土地房产交易中心共出让 22 块土地，均为工业或商业办公用地，无住宅用地出让，供地不足将进一步推高住宅地价；包括保障房房源在内，住宅用地供应主力集中在宝安、龙岗，分布极不均衡；关内住宅供应主要依托城市更新，统计数据显示，2013 年深圳住宅供应量中，城市更新项目供应量占全市总供应量的 27%。同时，开发量供应进度往往受累于开发商与原土地权利人谈判进程，征地拆迁成本也稳定逐年攀升。上述几点因素决定了深圳新增住宅供应不可能有较大增幅，且开发成本越发高企。

从住宅需求看，深圳经济活力持续增长，非官方口径的人口基数已达 1700 万水平，住宅需求压力不减。关内住宅供应紧张，但房价偏高抑制需求；关外供应增加，相对关内价格增长平稳。2013 年，关内外新建住宅平均价格分别为 33734 元/平方米、19111 元/平方米，关内外二手住宅平均价格分别为 28031 元/平方米、19696 元/平方米，关内外房价分化明显。未来关外较关内土地供应会继续增加，关内外差别化供求关系将进一步助推房价分化。

（四）总部写字楼后海扎堆建设，商业地产前海建设迎高潮

从高端写字楼市场发展区位看，2012 年下半年深圳出台《深圳市鼓励总部企业发展暂行办法》，明确"经认定的总部企业，在本市无自有办公用房，规划国土部门在制定近期建设和土地利用年度实施计划时，优先保障总部用地供应"。深圳选址后海作为总部区域集中规划布局，华润、天虹、百丽、阿里巴巴、中海油、喜之郎、华商银行、中投证券等企业纷纷落户深圳，在后海自建总部大厦。2011 年以来，已有华润、天虹、百丽、阿里巴巴及中海油动工建设，接下来喜之郎、华商银行及中投证券等总部写字楼亦将进一步扎堆建设，未来后海将成为总部经济新高地。

从高端商业地产发展区位看，2013 年，深圳市政府规划前海为新的金融中心开发区，并正在努力将深圳打造成南中国区的金融、科技基地，引爆前海商业用地拍卖市场，前海"地王"频出。2013 年 7 月 26 日，卓越置业集团有限公司以 71.8 亿元首夺总价"地王"；8 月 16 日，华润置地有限公司以 109 亿元刷新总价"地王"；11 月 27 日，深圳市香江供应链管理有限公司以楼面价约 25469 元/平方米的价格再次刷新单价"地王"纪录。未来，前海将迎来商业地产建设高潮。

（五）工业用地出让出现波动，居住用地倾向保障房

从工业用地出让看，2014 年 1 月、2 月入市的 17 宗工业用地（不含包括工业用地在内的混合用地）中，仅 7 宗成交，工业用地流拍率高达 59%。造成工业用地流拍率过高的原因主要有以下几点：一是出让的工业用地的准入产业多为电子设备、电器机械、专用设备、化学品制造业，上述行业历经多年发展已经形成了较成熟的市场，在深圳第二产业比重持续降低的背景下，新进入的这类企业很难寻求发展空间；二是出让的工业用地使用年限均为 30 年，且有逐年缩短的趋势，受制于企业融资、固定资产投资和长期发展等因素，企业未必能接受上述做法；三是工业用地单价不断升高，日益增长的成本须由企业自己承担，因而企业在拿地时必定会慎重权衡其中的关系。预计 2014 全年，企业拿地热情较 2013 年有所调整，工业用地

出让或有所波动。

从市场居住用地与保障房用地供给比较看，2014 年，深圳市计划新开工保障房 2.5 万套、竣工 2.5 万套、供应 2.8 万套，与 2013 年深圳计划开工保障房 1.5 万套、竣工 2 万套、供应 2.5 万套相比，保障房建设力度进一步提高。在用地总供给量不断下降大趋势下，居住用地将更加倾向保障性住房。从地理位置看，由于关内土地资源日益紧缺，居住用地供给仍将集中关外。

（六）"1+6"文件助力工业用地焕发新活力，农村集体用地入市开启供地新纪元

从提升工业用地使用价值角度看，2013 年 1 月，深圳市人民政府出台了优化空间资源配置促进产业转型升级的"1+6"文件。文件指出，可在工业用地上引入带有经营性的战略新兴产业，变相突破了工业用地性质中对商服活动的限制。文件还体现出明显"差别化"政策导向，对于扶持类产业在地价征收、土地使用年期、配套设施建设等方面给予政策支持；对于落后产业，通过提高土地使用成本等措施将其逐渐淘汰。

深圳市域范围内分布着诸多旧工业区，这些旧工业区普遍面临土地利用效率低下、产业落后、配套设施不健全等诸多问题。

在未来的旧工业区升级改造过程中，可依据"1+6"文件中相关规定，通过土地集约利用、产业转型升级以及配套设施建设，提升土地产出价值，促使工业用地焕发新的活力。

从农村集体用地进入市场政策看，近年来，土地资源短缺已成为制约深圳经济发展的瓶颈，早在 2003 年，就有有识之士指出深圳发展面临"四个难以为继"，其中"土地、空间难以为继"被列为阻碍深圳可持续发展的首要因素。

2013 年《深圳市完善产业用地供应机制拓展产业用地空间办法（试行）》的出台，为深圳农村集体用地入市提供了政策依据。2013 年末，深圳市首宗农村集体工业用地成功上市交易。实践证明，农村集体用地入市可以在一定程度上解决深圳建设用地资源紧缺问题，能够实现政府、村集体经济组织利益

共赢。

2014 年 1 月国务院发布《关于全面深化农村改革加快推进农业现代化的若干意见》，推出"引导和规范农村集体经营性建设用地入市"的政策。

毫无疑问，对于土地难以为继的深圳，农村集体用地入市政策的推出和试点，将为建设用地供给开辟崭新纪元。

B.15

2013 年重庆房地产市场分析及 2014 年展望

陈德强 梁维 肖莉 江承维*

摘 要：

本文回顾了重庆市 2013 年房地产市场运行状况，详细分析了影响重庆市 2013 年房地产市场运行的主要因素，结合重庆市房地产市场的宏观及微观环境，预测了 2014 年重庆房地产发展态势。

关键词：

重庆 房地产市场 运行状况 展望

一 2013 年重庆市房地产市场运行状况

"宏观稳、微观活"成为 2013 年房地产市场关键词，2 月"国五条"出台，3 月底重庆市政府落实"国五条的实施细则"出台，明确了"有保有压"方向，寻求通过强化和完善调控政策，在价格上确保稳定，力争理性回归，以实现房地产市场稳中有进，2013 年房地产市场政策环境仍然以调控为主。2011 年年末初步显现的房地产市场宏观调控政策效果在 2012 年持续，并在 2013 年继续维持。全年重庆市房地产投资较 2012 年投资力度加大，同比增速

---

* 陈德强，博士，副教授，重庆大学建设管理与房地产学院研究生导师，城市发展与建筑技术集成实验室主任，主要致力于房地产经营与管理、财务管理、投资理财等方面的研究；梁维，重庆大学建设管理与房地产学院硕士研究生，研究方向为房地产经营与管理；肖莉，重庆大学建设管理与房地产学院硕士研究生，研究方向为技术经济及管理；江承维，重庆大学建设管理与房地产学院硕士研究生，研究方向为财务管理。

平稳。2013 年第三季度开始国内贷款、企业自筹和其他资金三项主要资金来源增速同时放缓，导致全市资金来源总量增速放缓。2013 年，重庆市商品房销售面积和销售额增幅逐月增大，2013 年 9 月底出台新功能区规划，推进全市城镇化进程，房地产市场需求旺盛，但总体销售面积增幅大于销售额增幅，房价小幅增长，供需基本平衡。第三季度起全市房地产企业景气指数和企业家信心指数双双走高，房地产市场预期向好，重庆市房地产开发市场正在调控中逐步恢复。

（一）重庆市固定资产投资和房地产开发投资分析

2013 年，重庆市固定资产投资整体增长平稳，同比增长速度在年初短暂低开，第一季度末回升到 20% 左右并持续至年末；全年固定资产投资总额突破 1000 亿元，达 11205 亿元，相当于 2004 年的 7.0 倍，是 2012 年的 1.2 倍，固定资产总量增加，固定资产投资力度加大。

在固定资产投资稳步增长的过程中，房地产开发投资同比增速平稳（见图 1）。2013 年上半年，重庆市房地产开发投资同比增速走强，同比增速为 27.7%，较一季度加快 7.2 个百分点，下半年同比增速下降，在年末回落到年初 20% 左右，较 2012 年房地产开发投资总额上涨 20.1%，全年房地产开发企业完成投资突破 3000 亿元，达 3013 亿元，投资力度有所加大。其中 2013 年

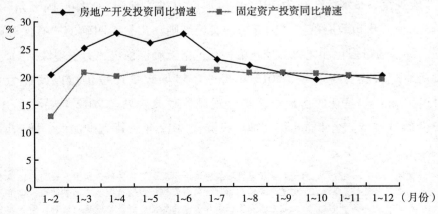

图 1　2013 年重庆市房地产开发投资、固定资产投资同比增速

资料来源：重庆市统计信息网，数据小数位数或有调整。

房地产投资总额占固定资产投资总额的比例为 26.9%，整体有降低趋势，但依然维持在 2012 年的 27% 左右（见表 1）。

表 1　2013 年重庆市固定资产、房地产投资情况

2013 年	房地产投资（亿元）	同比（±%）	固定资产投资（亿元）	同比（±%）	房地产投资占固定资产投资的比例(%)
1~2 月	298	20.5	821	12.9	36.3
1~3 月	547	25.3	1695	20.9	32.3
1~4 月	747	27.9	2481	20.1	30.1
1~5 月	989	26.2	3446	21.2	28.7
1~6 月	1272	27.7	4531	21.3	28.1
1~7 月	1500	23.1	5467	21.2	27.4
1~8 月	1774	22.0	6458	20.7	27.5
1~9 月	2112	20.6	7634	20.7	27.7
1~10 月	2330	19.5	8754	20.5	26.6
1~11 月	2645	20.1	9937	20.2	26.6
1~12 月	3013	20.1	11205	19.5	26.9

资料来源：重庆市统计信息网，数据小数位数或有调整。

（二）重庆市房地产供应市场分析

1. 下半年"土地热"升温

2013 年，重庆市单月土地成交量年初平稳，3 月、4 月受市场调控政策影响，整个土地市场低迷，5 月开始土地市场升温，并一直持续到年末。仅就主城区商业、居住、金融类而言，则在 12 月就创下本年单月土地成交面积最高点 7326 亩。2013 年单月土地成交金额同土地成交面积变化趋势相同，12 月土地成交金额为 323 亿元（见表 2）。2013 年单月土地成交单价和单月成交面积变化相似，相比年初，年末土地成交单价翻一番（见图 2）。主城全年共成交商业、居住、金融类土地 222 宗，同比涨幅 21.0%，成交面积总量为 2031 万平方米，同比涨幅 27.0%，成交金额为 1164 亿元，同比涨幅为 56.0%，主城商住类土地均价为 440.90 万元/亩，创下历史新高。随着轨道交通规划建设，二环土地市场走俏，优质地块陆续放量，商品房销售状况良好，整个土地市场出现供需两旺的局面。

表 2　2013 年重庆市主城区商住土地成交面积及金额情况

月份	土地成交面积（亩）	土地成交金额（亿元）	月份	土地成交面积（亩）	土地成交金额（亿元）
1 月	1911	44	7 月	1867	68
2 月	1506	47	8 月	1717	49
3 月	987	35	9 月	4603	161
4 月	964	22	10 月	3535	135
5 月	2250	103	11 月	1998	82
6 月	1802	95	12 月	7326	323

资料来源：搜房网——重庆版块，数据小数位数或有调整。

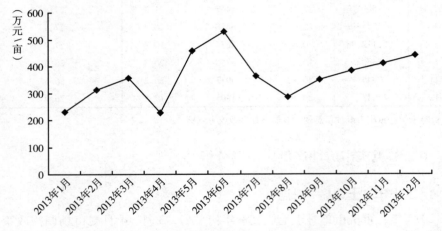

图 2　2013 年重庆市土地成交单价变化曲线

资料来源：搜房网——重庆版块，数据小数位数或有调整。

2. 新开工面积短暂波动后稳中上升

2013 年 2 月"国五条"出台，房地产企业一方面减缓推进在建项目进程，另一方面谨慎对待新开工项目，导致全市新开工面积同比增幅自年初 47.2% 高位迅速跌落至 3 月的 11.6%。3 月重庆市政府落实"国五条实施细则"，房地产企业吃了定心丸，市场信心逐步恢复，第三季度重庆市房地产企业景气指数和企业家信心指数双双走高，并持续至年末。总体来讲，1～12 月全市新开工面积总量为 7641.63 万平方米，增幅为 31.4%，全年新开工面积稳中求进。

3. 施工面积增幅加大，下半年同比增幅略有放缓

2013 年度，重庆市住宅施工面积达 19249 万平方米，在历年商品房施工面积环比增速放缓的过程中，住宅施工面积环比增速同样放缓，变化趋于同步。其中，房屋施工面积中住宅施工面积所占比例变化平稳且有上升趋势，自 2003 年开始一直保持在 70% 以上，2013 年这一比例为 73.3%（见表 3）。

表 3　重庆市历年商品房屋及住宅施工面积情况

年份	商品房屋施工面积		住宅施工面积		房屋施工面积中住宅所占比例（%）
	数　量（万平方米）	年增长率（%）	数　量（万平方米）	年增长率（%）	
2004	6248	18.2	4545	21.3	72.7
2005	7487	19.8	5515	21.3	73.7
2006	8864	18.4	6655	20.7	75.1
2007	10579	19.3	8179	22.9	77.3
2008	11639	10.0	9166	12.1	78.8
2009	13052	12.1	10338	12.8	79.2
2010	17138	31.3	13745	33.0	80.2
2011	20397	19.0	15924	15.9	78.1
2012	22009	7.9	16998	6.7	77.2
2013	26252	19.3	19249	13.2	73.3

资料来源：重庆市统计信息网，数据小数位数或有调整。

2013 年上半年，重庆市商品房屋施工面积 22108 万平方米，同比增长 22.4%，较一季度加快 7.3 个百分点，下半年同比增速放缓，1~12 月同比增速为 19.3%，全年商品房施工面积达 26252 万平方米，商品房屋施工面积同比增速变化和房地产开发投资同比增速变化趋同（见图 3）。

4. 商品房年竣工面积小幅下跌，年末有所回升

2013 年，重庆商品房屋竣工面积达 3804 万平方米，受施工周期及 2012 年基数影响，较 2012 年有所回落，同期下降 4.7%，其中住宅竣工面积 2867 万平方米，同期下降 15.3%。近 10 年内，住宅竣工面积占商品房屋竣工面积比例呈上升趋势，一直维持在 80% 左右，2013 年该比例为 75.4%（见表 4）。

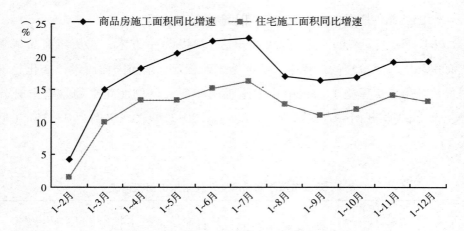

图3 2013年重庆市商品房、住宅施工面积同比增速曲线

资料来源：重庆市统计信息网。

表4 重庆市历年房屋竣工面积

| 年份 | 商品房竣工面积 | | 住宅竣工面积 | | 房屋竣工面积中住宅所占比例(%) |
	数 量（万平方米）	增长率（%）	数 量（万平方米）	增长率（%）	
2004	1586	−5.4	1228	−0.3	77.4
2005	2210	39.3	1714	39.6	77.6
2006	2225	0.7	1700	−0.8	76.4
2007	2253	1.3	1769	4.1	78.5
2008	2368	5.1	1951	10.3	82.4
2009	2907	22.8	2385	22.3	82.0
2010	2627	−9.6	2180	−8.6	83.0
2011	3424	30.4	2827	29.7	82.6
2012	3991	16.5	3386	19.8	84.9
2013	3804	−4.7	2867	−15.3	75.4

资料来源：重庆市统计信息网，数据小数位数或有调整。

2013年，重庆市商品房竣工面积同比增速年初出现19.1%的极高点，上半年竣工面积达1660万平方米，同比增长6.4%，但受施工周期以及上年基数影响，竣工面积同比增速下跌，1～10月达到本年度极低点 −13.5%，11月、12月稍有回升，全年竣工面积达3804万平方米，全年同比增速为 −4.7%。其中住宅竣工面积变化同商品房竣工面积变化态势相似（见图4）。

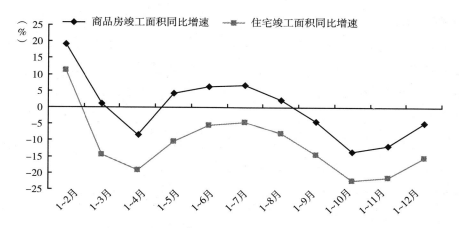

图 4　2013 年重庆市商品房、住宅竣工面积同比增速曲线

资料来源：重庆市统计信息网，数据小数位数或有调整。

5. 资金来源增速放缓

2013 年，国内贷款、自筹资金和其他资金来源合计占本年到位资金比重达 99%，一直是重庆房地产开发企业的主要资金来源。2013 年三大主要资金来源在第三季度均呈现增速放缓态势，并持续到年末，全市资金来源总量增速也随之放缓。据重庆市统计信息网，全市全年房地产开发企业资金来源合计 5846.84 亿元，同比增长 14.5%，较上半年增速下降 5.6 个百分点。其中 2013 年到位资金 4614.06 亿元，同比增长 19.1%，较上半年增速下降 16.8 个百分点。国内贷款 1112.29 亿元，同比增长 54.3%，较上半年下降 22.4% 个百分点；自筹资金 1263.70 亿元，同比增长 6.8%，较上半年增速下降 5.3 个百分点；其他定金及预收款和个人按揭贷款等来源资金 2193.89 亿元，同比增长 12.6%，较上半年下降 21.2 个百分点。全年资金来源增速总体高于同期房地产开发投资增速，全年房地产开发企业开发资金到位率为 194.1%，较 2012 年同期有所下降，降幅为 9.6%，资金充裕度小幅下降。

（三）重庆市房地产需求市场分析

1. 商品房销售面积年增幅变化显著，年内同比增幅减小

2004 年以来，重庆市商品房销售面积年增长率分别是 0.9%、51.8%、

10.4%、59.5%、-19.2%、39.4%、7.8%、5.1%、-0.2%和6.6%，年增长率变化幅度较大。自2010年调控以来，重庆市商品房销售面积维持在4500万平方米水平，但年增幅减缓。相比商品房销售面积，重庆市商品住宅销售面积年增长率变化幅度更突兀，2004~2013年，重庆市商品住宅销售面积年增长率分别是2.2%、54.8%、12.3%、64.5%、-19.3%、41.2%、5.7%、1.9%、1.0%和6.2%，自2010年调控以来，其年增长增幅略有减缓。相比于2012年，2013年商品房和商品住宅销售面积总量有所增加。数据显示市场预期向好，在宏观调控背景下重庆市房地产市场有恢复迹象（见表5）。

表5 重庆市商品房销售面积分析

年份	商品房屋销售面积		住宅销售面积		商品房屋销售面积中住宅所占比例（%）
	数 量（万平方米）	增长率（%）	数 量（万平方米）	增长率（%）	
2004	1329	0.9	1158	2.2	87.1
2005	2018	51.8	1792	54.8	88.8
2006	2228	10.4	2012	12.3	90.3
2007	3553	59.5	3310	64.5	93.2
2008	2872	-19.2	2670	-19.3	93.0
2009	4003	39.4	3771	41.2	94.2
2010	4314	7.8	3986	5.7	92.4
2011	4534	5.1	4063	1.9	89.6
2012	4522	-0.2	4105	1.0	90.8
2013	4818	6.6	4359	6.2	90.5

资料来源：重庆市统计信息网，数据小数位数或有调整。

从重庆市住宅销售面积占商品房销售面积的比例看，自2006年起，商品住宅销售面积占商品房屋销售面积的比例一直维持在90%水平，2013年该比例为90.5%，就典型热销项目来看，同2012年情况相同。

2013年与2012年商品房销售面积同比增速维持"零增长"不同，重庆市商品房销售面积同比增速在年初就达到极高点24.5%，以后逐月降低，但全年同比增速均保持在零以上。年内，住宅销售面积同比增长率同商品房销售面积变化态势相同，增幅有所减小（见图5）。

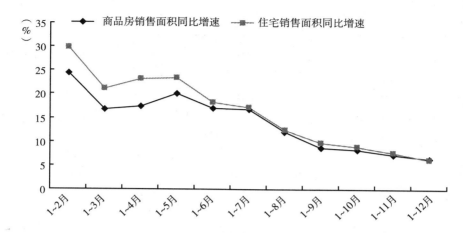

图 5   2013 年重庆市商品房、住宅销售面积同比增速曲线

资料来源：重庆市统计信息网，数据小数位数或有调整。

2. 商品房销售额持续平稳增长，年均价小幅上升

近 10 年，重庆市商品房屋销售额年增长率变化幅度较大。2007 年年度增长率最高，达到 91.3%，2008 年销售额下降 17.3%，2009 年又冲高增长到 67.2%。自 2010 年调控以来，年增长率分别为 38.1%、16.2%、7.1% 和 16.8%，增速先降后升。商品住宅销售额也呈现类似态势，其中 2007 年高达 104.6%，2008 年度这一指标相比上一年度出现了负增长，为 - 17.7%，但 2009 年住宅销售额年增长率回冲到 76.0%。2010～2013 年增长幅度有所下降，分别是 29.8%、13.3%、8.1% 和 15.8%。相比之下，商品住宅销售额增幅年度变化较大，调控以来二者总量均维持增长，但增幅下降，且 2013 年较 2012 年有所回升（见表 6）。

从商品房屋销售额中住宅所占比例来看，自 2006 年以来，商品住宅销售额占商品房屋销售额的比例一直维持在 80% 以上，2013 年为 85.1%，市民置业需求仍然强劲。

2013 年，重庆市商品房销售面积增长速度年初出现增幅高位 79.8%，后逐步回落，在第三季度末步入下降通道，但在年末强劲回升，特别是临近年底增幅更明显，这说明市场正在逐步回暖，市场信心正在恢复。对比 2013 年重庆市商品房屋销售面积与销售额，变化态势相似，但销售额变化幅度较小。2013

表6 重庆市商品房销售额分析

年份	商品房屋销售额		住宅销售额		商品房屋销售额中住宅所占比例(%)
	数 量 (亿元)	增长率 (%)	数 量 (亿元)	增长率 (%)	
2004	232.7978	10.7	181.728	21.2	78.1
2005	430.7679	85.0	340.6768	87.5	79.1
2006	505.685	17.4	418.698	22.9	82.8
2007	967.3125	91.3	856.7327	104.6	88.6
2008	800.0006	−17.3	704.8198	−17.7	88.1
2009	1337.76	67.2	1240.57	76.0	92.7
2010	1846.94	38.1	1610.64	29.8	87.2
2011	2146.09	16.2	1825.41	13.3	85.1
2012	2297.35	7.1	1972.42	8.1	85.9
2013	2682.76	16.8	2283.57	15.8	85.1

资料来源：重庆市统计信息网，数据小数位数或有调整。

年商品房销售面积增幅高于商品房销售额增幅，商品房成交价格增长低于其成交量的增长，年平均售价为5569元/平方米，相较2012年平均售价5080元/平方米，小幅上升，增幅为9.6%。房地产市场宏观调控效果持续，市场价格基本稳定（见图6）。

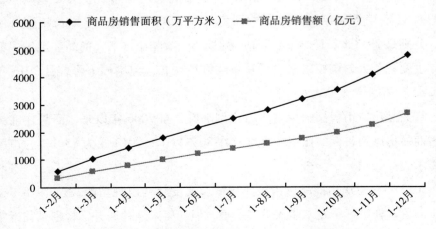

图6 重庆市2013年商品房销售面积与销售额对比分析

资料来源：重庆市统计信息网，数据小数位数或有调整。

二　2013 年重庆市房地产市场影响因素分析

（一）深化改革

2013 年，我国房地产市场调控全面深化。十八届三中全会强调，平衡中央地方财权、事权，立法推进房地产税改革。"国五条"加码，进一步完善住房限购措施，限购所有新建商品住房和二手住房，进一步提高第二套住房贷款首付比例和贷款利率，强调税务、住房和城乡建设部门密切配合，通过税收征管、房屋登记等，严格执行房产税政策。以市场为主，满足居民多层次住房需求和优化商业、产业、养老及文化等地产资源配置，以政府为主，提供基本保障，加大廉租住房、公共租赁住房等保障性住房建设和供给，做好棚户区改造工作，优化住房供应体系。

（二）城市发展规划

中共重庆市委四届三次全会审议通过《中共重庆市委、重庆市人民政府关于科学划分功能区域、加快建设五大功能区的意见》，将重庆市划分为都市功能核心区、都市功能拓展区、城市发展新区、渝东北生态涵养发展区、渝东南生态保护发展区五个功能区域。

根据规划，江北区将打造"两圈四中心"商贸中心，规划六大功能组团；渝北嘉州定为主城核心商圈，空港新城建西部最大总部基地，主城百亿级商圈落户中央公园；北部新区新增 6 个公园，礼嘉将建总部基地商圈；渝中区大坪建设主城核心商区，朝天门码头布局五大主体功能区；九龙坡区陶家规划再造一个杨家坪华岩新城区域性中心商圈，二郎打造综合电商产业园；沙坪坝西永打造全市最大公园式商圈；大渡口 1610 亿元重钢片区建商务居住区、建桥园区总部经济；南岸弹子石建南岸商圈；巴南龙洲湾定位主城核心商圈，建十大公园广场，北碚建 4 座城市公园，蔡家建世界 500 强企业总部聚集区。

2013 年，重庆土地市场大张旗鼓，加速二环片区土地放量，土地供求创历史新高，成交突破 30000 亩，综合性用地成主力，品牌房企加大土地储备。

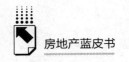
北部新区近五年土地成交量高居各区榜首，渝中区成交楼面价日益高涨，渝北区巴南区土地高速放量，重钢片区成新兴热点区域。

科学划分功能区，明确区县功能定位，是对重庆原有"一圈两翼"区域发展战略的继承和创新。重庆功能区的发展规划，决定了未来重庆不同区域产业发展布局，产业发展布局促使房地产市场区域分化。

（三）"国五条"抑投机保刚需

重庆市在3月30日公布"国五条"细则。在住房转让方面，规定对出售自有住房的，应依法严格按照转让所得的20%征收个人所得税。在保障房建设方面，明确指出2013年建成15.58万套、新开工23.39万套保障性住房，在主城二环内的21个人口聚集区中规划公租房项目，与商品房共享配套服务，公租房不能转租和出售，只能由住房保障管理机构回购。在住房信贷政策方面，严格执行第二套住房信贷政策，暂停发放居民家庭购买第三套及以上住房贷款。在住房用地方面，明确2013年全市住房用地供应量不低于过去5年平均值，保障性住房、棚户区改造住房和中小套型普通商品住房用地比例不低于住房用地供应总量的70%，严格限制容积率小于1的低密度、大户型住宅项目开发建设。

受"国五条"对房产转让所得征收个人所得税因素的影响，实施细则空白期二手房市场交易量激增。从"国五条"出台到实施细则落地重庆的一个月中，重庆市新建商品房销售面积增速由2月的24.5%回落到3月的16.8%，而同期二手房交易量大幅增长。实施细则落地后，新建住房和二手房交易市场结构变化。3月底"重庆市国五条细则"出台，二手房交易量明显回落，而新建商品房销售市场开始回升。

"重庆市国五条细则"的实施，一方面从保障房和供地政策上刺激市场供给增长，另一方面通过税收和信贷政策遏制投资投机性购房需求，有利于形成刚性需求和市场供给的平衡，达到了房地产政策调控的目的。

（四）经济增长蓄积房地产增长动力

2013年40个大城市房地产开发投资吸引力TOP 10排行中，重庆位居第三。

重庆作为内陆唯一的直辖市和国家统筹城乡综合配套改革试验区，享受中央政府的多项优惠政策，经济增长迅猛，GDP 年均增长逾 15%，成为全球GDP 增速最快的大型城市之一。沿海地区制造业和劳动密集型产业加速向内陆转移，进一步促进重庆经济的增长和城市发展。政策支持、产业转移的机会以及自身充足的劳动力资源和快速完善的立体交通网络建设，是重庆经济快速发展的主要原因，也是重庆房地产市场增长的驱动力。

在中央政府政策支持下，重庆力争建立长江上游金融中心，已吸引众多国内外金融机构入驻，推动了写字楼需求市场发展。当前，以重庆高新技术开发区为中心，形成了备受跨国企业青睐的两江新区、西永综合保税区和长寿经济技术开发区三大工业园区，奠定了工业与物流地产市场发展的基础。此外，随着经济持续增长以及城镇化的推进，改善性住房需求增长，推动重庆住宅市场多样化发展。快速推进城市化进程推动重庆零售业发展，大量的优质零售物业在各个商圈涌现，轨道交通的快速发展进一步推动零售地产市场的规模扩张。

三　2014 年重庆市房地产市场发展形势展望

（一）调控政策趋于稳定，稳定房价是重点

近年来，重庆积极构建"市场配置 + 住房保障"的双轨制住房供应体系，在探索房地产调控长效机制方面有一定成果。但重庆 2013 年的部分调控政策执行力度仍然不够，调控政策实际影响力大为减弱。2014 年 1 月 1 日起，重庆房产税起征点上调至 12779 元/平方米，说明房产税的抑制作用并没有得到有效显现。而十八届三中全会提出加快房产税立法并推动改革，表明房产税扩容值得期待，房产税可能将更具实际作用。与此同时，来自货币资金面的约束政策效果较明显，重庆房地产业在 2014 年初遭遇钱紧，银行首套房贷利率上浮，楼市成交量明显下降。

预计 2014 年，在稳定的货币环境下，流动性紧缩、差别化信贷政策的实施和金融改革深化等一系列措施对本地房地产市场会产生一定影响，消费者购买力会受到一定限制。但在经济快速发展和"宏观稳、微观活"的调控政策

背景下，重庆未来仍以刚性需求增长为主力，2014年供应情况将有所增长。同时，随着两江新区的建设和新型城镇化的不断推进，致力于"保护自住性需求，打击投资投机性需求"的房地产市场调控政策对重庆市场影响较小。因此，预计2014年的调控政策对重庆房地产市场影响有限，但限制房价过快上涨仍然是政府工作重点。

总体而言，在两江新区的建设和新型城镇化的推动下，重庆未来将有大量潜在的刚性需求逐步显现，房地产市场仍将以刚性需求为主，而坚决打击投资投机性需求的调控政策对未来重庆房地产市场的影响有限，但重庆市政府稳定房价的决心仍然不容小觑。

（二）供需趋于稳定，房价或小幅上涨

预计2014年，重庆房地产市场供应量可能继续加大，需求将逐渐平稳，但供需将保持基本平衡，地价上涨或将推动房价小幅上涨。

供应方面，重庆2013年新批准预售面积相比2012年总体有所增长，供应量加大的趋势有可能持续到2014年。首先，基于对重庆良好的发展预期和城镇化建设的预期，2014年供应量很可能加大。重庆作为年轻的直辖市，具有政策、环境、定位等多方面优势，在西南地区具有重要的经济战略地位，具有长期持续的房地产需求，房地产开发面积预计会持续上升，新增供应量会明显增加。其次，重庆土地市场升温，各大企业纷纷拿地，土地供应量充足，在良好市场预期下商品房供应量会增加。

需求方面，2013年上半年重庆楼市需求坚挺，但需求得到集中释放之后会迎来一段平稳期，预计2014年商品住宅市场需求将逐渐平稳。但在重庆经济环境良好和各级政府大力推进城镇化建设的背景下，未来潜在的刚性需求和改善性需求量仍然巨大。同时，2013年9月出台的五大功能区规划，说明重庆市在推动大都市建设上逐步深化，潜在的住房需求和商业需求巨大。

供应量增加是基于长期经济向好和城镇化建设不断推进的预期，具有长期性，因此供应量或将加大，但增加量不会超过需求量太多。同时中央将建立长效调控机制，重庆本身也在努力探索"市场配置＋住房保障"的双轨制住房供应体系，这将从制度上引导重庆商品住宅市场供需逐渐趋于平衡，市场有望

逐步回归理性。2013 年，重庆主城区商品住宅成交均价总体高于 2012 年同期，在土地市场升温、成交价格回升的背景下，预计 2014 年商品房价格上涨压力较大，或将出现小幅上涨。

（三）商业地产进入快速发展时期

两江新区的建设和新型城镇化的推动，是重庆商业地产发展的强力政策支撑；而重庆经济的快速健康发展，是重庆商业地产发展的坚实经济基础。同时，重庆市政府不断推出优惠政策推动商业发展，为商业地产的快速发展提供机遇。因此，受宏观经济良好和政府城市发展政策的影响，重庆商业地产发展空间仍然很大。

近几年来，政府坚持房地产调控不动摇，住宅市场受挤压，自 2010 年后，重庆商业地产投资一路上涨。内环外移，让重庆近几年进入了"环线时代"的跨越式发展。2013 年重庆土地市场火热，涉及商业的成交土地量达 97 宗，其中纯商业用地成交的有 35 宗，较 2012 年整体持平。新增购物中心 10 个，呈现拓展加快、体量趋大、向城市近郊扩散等特点。除五大传统商圈外，礼嘉、龙盛、西永、茶园和陶家五大新兴商圈也在逐渐形成。具体来看，2013 年，众多区域中心正在崛起。弹子石交通发达、配套齐全，未来发展潜力巨大，吸引众多开发商抢滩拿地；照母山商业价值较大，大学城刚需明显，茶园新区集交通、产业、配套优势于一体，而北碚、巴南、大渡口等区域也成为年内火热板块，吸引众多房企入驻。巴南区政府投资 2500 亿元打造亚洲一流中央活动区的利好消息，未来将使巴滨路迎来腾飞，重钢的搬迁和大渡口实施转型也将使大渡口区域优势提升，投资价值日趋显现。重庆 2013 年房地产业一片火热，商业地产呈现遍地开花之势，商业价值日益显现。同时，重庆市政府提出 5 年建 50 个商圈的规划，以及新五大功能区规划，将促使商圈建设不断推进，也将给重庆未来商业地产带来积极推动的影响。这些都表明，重庆商业地产市场前景稳定向好，商业格局不断扩大，将进入持续快速发展阶段。

2013 年初，重庆市政府出台《重庆市人民政府关于加快建设长江上游地区商贸物流中心的意见》，提出建设长江上游地区商贸物流中心，会再次激发重庆市商业地产的发展。首先，社会消费品零售总额、商品销售总额的增加和

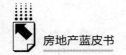

物流业增加值翻番，将推动居民消费水平的提高，零售业迎来巨大赢利空间。其次，计划到2017年全市建成50个核心商圈，建成专业大市场集群和物流产业集群，新兴商圈的兴起和大型产业的集群建设，因城市发展原因，会形成一些物业价值洼地，吸引投资者投资；重庆2013年工业用地成交均价同比上涨，物流地产租金同比上涨，预期未来该领域将会有大量高品质物流设施投入市场，物流地产行情或将看涨。再次，提升商贸物流专业化和现代化水平有利于提高物流主体竞争力，提升便民商业的普及率，将大力促进商贸服务业的快速发展。而2013年9月，重庆市政府审议通过的新五大功能区规划，将进一步优化区域和城乡功能布局，在更大的空间和区域范围内优化资源配置。新功能区规划的提出也将刺激规划区域在未来产生巨大的商业需求，为商业地产的发展提供了良好的机遇。2014年以后，随着轨道交通的完善和两江新区、二环聚居区的建设，新兴商圈不断完善，重庆商业地产将迎来快速发展阶段。

（四）房地产企业继续转型，探索布局新型地产

2013年，全国房地产市场走势强劲，多个热点城市的调控指标没有完成。但在中央坚定调控政策不动摇、调控已成常态、楼市长效调控机制或将出台的背景下，创新与转型或许是国内房地产企业规避开发风险的必然选择。重庆由于双轨制住房供应体系的不断完善和消费者需求的不断变化，房地产企业也面临着自身商业模式和业务发展的转型。重庆两江新区、二环聚居区以及商圈建设等多项政策提出后，众多开发商瞄准商业地产。重庆"十二五"规划提出建设国际知名旅游目的地，给旅游地产的发展带来契机；提出建成千亿级产业集群，推动工业园区产城融合，给工业地产的发展提供良好的机遇。而众多知名房企在进军商业、旅游、工业地产之后，开始涉足金融、养老等新型地产领域。在转型已成必然趋势的大背景下，房地产企业将继续结合市场需求，开拓新的利润增长点，努力探索有效的转型之路。

2013年，房地产市场的火热给房地产企业带来充足的现金流，暂缓其资金压力，也掀起了拿地风潮。但在信贷政策稳定、流动性持续趋紧的背景下，众多房地产企业仍然需要注意其信贷融资风险。房地产私募基金、房地产信托

等金融服务，万科参股商业银行，都是房地产企业为解决融资问题而做出的尝试。而在"建立长江上游金融服务中心"政策的推动下，未来重庆金融业也将迎来快速发展。在这样的背景下，重庆房地产业涉足金融领域值得期待。但这种尝试目前只在大型房地产企业进行，中小型房地产企业实力不足，还无法进行有效的尝试。

国务院印发《关于加快发展养老服务业的若干意见》，出台了《老年人权益保护法》，并在试点进行"以房养老"，尝试解决养老问题。在利好政策频出、老龄化加速的背景下，房地产企业的转型和开发体系的逐渐成熟将推动养老地产发展。重庆人口老龄化问题也比较突出，在经济快速发展和居民收入增长的推动下，养老需求逐渐吃紧，是重庆未来养老地产发展的有力支撑。目前重庆养老市场受到周边地区热衷，中国水电投资 80 亿元在重庆建养老地产，但重庆本地的养老项目不多，市场缺口较大，未来将吸引更多开发商进入。重庆养老地产尚处于探索阶段，还存在许多问题有待解决，消费观念较难转变，相关政策还未出台落实，养老概念尚不清晰，相关硬件服务设施没有跟上，养老地产模式也需要继续探讨。鉴于上述问题仍未得到解决，养老地产发展仍然需要在摸索中前行。

因此，预计 2014 年，重庆房地产业在坚守传统市场板块的基础上，势必会针对新型地产进行进一步探索，这很可能成为 2014 年重庆房地产业发展的重要内容。

（五）利好政策推动绿色建筑全面发展

近几年来，国家在建设绿色低碳城市和发展绿色建筑方面进行了不断尝试。开展建筑节能和绿色建筑工作有利于实现低成本推动，既有建筑节能改造、绿色建筑及可再生能源建筑的应用是扩大内需的良好途径，也将推动建筑产业发展方式的转变。

重庆节能建筑和绿色建筑的发展一直处于西部前列，推出多项措施推进绿色建筑全面发展。重庆在"十二五"规划中，已将实施建筑节能、发展绿色低碳建筑列为"十二五"时期建设"两型"社会的重要内容，绿色建筑将是重庆未来建筑的主导趋势。继建立建筑能耗监管平台、编制绿色建筑系列标准

之后，市政府在 2013 年提出《重庆市绿色建筑行动实施方案（2013 ～ 2020)》，要求城镇新建建筑严格落实强制性节能标准，大力推进既有建筑节能改造，同时扩大可再生能源建筑应用，并组织开展绿色建材产业化示范。其中，值得注意的是该方案对新建建筑强制分区域、分阶段逐步实施节能标准，到 2020 年，全市城镇新建建筑全面执行一星级国家绿色建筑评价标准，建成一批绿色低碳生态城区，基本实现绿色建筑的全面发展。

国际借鉴篇

International Experiences

B.16
日本泡沫经济对住房建设的影响

李国庆*

摘　要：

　　日本的泡沫经济起因于美国等西方五国"广场协议"导致的日元迅速升值，金融泡沫引发了不动产泡沫，日本六大城市出现了大幅度"地价高涨"。日本住宅建设的基本特征是以房地产市场开发为主，与此同时，政府在20世纪50年代制定了《住宅金融公库法》《公营住宅法》以及《日本住宅公团法》，为购房者提供多层面援助，帮助其从市场顺利获得住房。80年代的不动产泡沫强力推动了城市商业地产的发展，而住宅开发建设由于土地难以获得出现了全面后退，购房者把目光投向远离市区的郊区住宅。金融泡沫破灭后地价随之回落，并逐渐出现了人口的城市回归现象。

＊ 李国庆，社会学博士，中国社会科学院城市发展与环境研究所研究员，城市政策与城市文化研究中心主任，中美富布莱特学者。研究领域为城市社会学、环境社会学、日本社会论。

关键词：

　　金融泡沫　住房三大政策　住房建设停滞　住房郊外化

　　1986 年 12 月至 1991 年 2 月的 51 个月，日本出现了全球瞩目的经济泡沫。这次经济泡沫起因于日本汇率政策的变化，泡沫主要体现在股市和不动产市场两个资产领域。1991 年，日本中央银行实施货币紧缩政策，不良债权导致大批金融机构破产，经济泡沫被刺破，地价也随之回落。

一　80 年代日本泡沫经济的形成

　　20 世纪 80 年代中期，美国出现国内经济衰退，房地产金融风险提升，并向金融信用危机发展，失业率上升，财政赤字达到历史最高点，其中的重要原因之一是美元迅速升值造成的巨额贸易赤字。为了改善经济外部环境，美国与日本、联邦德国、英国和法国西方四国财长和央行行长经过长期谈判达成共同介入干预汇率的方案，最终于 1985 年 9 月 22 日在纽约广场饭店签署了同意美元贬值的“广场协议”。处于政治稳定、经济景气上升中的日本接受了美国以行政手段迫使日元升值的要求，日元开始急剧升值。1985 年的汇率为 240 日元兑换 1 美元，1986 年 5 月升值为 160 日元兑换 1 美元，1988 年初升值到 120日元兑 1 美元，与广场协议之前的汇率相比整整上升了一倍。由于汇率的剧烈变动，由美国国债组成的资产发生账面亏损，大量外汇资金为了躲避汇率风险而进入日本，造成日本国内流动资金严重过剩。

　　日本当时的中曾根康弘内阁为了缓解日美贸易摩擦，以行政手段提高对日本出口产品的自主限制，并向国际社会允诺刺激国内消费需求，扩大国内市场。首先，是向由于日元升值出口竞争力大幅弱化的电子、汽车、钢铁等出口产业提供财政补贴。其次，改变国内财政紧缩方针，大力举办公共工程以开拓国内消费市场，将日本国有铁路、日本电信电话公司、日本烟草公司和日本航空公司由国有企业改制为民营企业，以增强民间经济活力。再次，为了刺激国内消费，中曾根内阁实施了激进的税制改革，把法人税率从 42% 下调至 30%，将个人所得税从70%下调到40%，取消物品税，以促进个人的收入增长。最后，实行宽松货币政策，在海外资金大量涌入日本的情况下将银行基准利率保持在2.5%的低水平，储蓄收益率下降。由于日本政府已经向国际社会承诺实施金融宽松政策，国民普遍相信这一政策将会得以持续，于是储蓄欲望降低，消费与投资欲望受到强烈刺激。

所谓泡沫经济，是经济景气指数偏离实体经济的发展速度而大幅度、持续上升的经济景气现象。反映经济泡沫的指数很多，主要反映在消费者指数股指、股市指数、不动产指数等资产价值指数上升，就像一个被吹起的气泡不断膨胀，直到泡沫破灭，这是二次世界大战后日本出现的继"神武景气"（1954年12月至1957年6月）、"岩户景气"（1958年7月至1961年12月）之后的第三大经济景气时期，又称"平成景气"。

要把握起因于金融泡沫的经济泡沫对日本的住房产生的影响，泡沫的形成与破灭有哪些征兆，需要了解日本战后住房市场的发展过程、基本政策，从而把握经济泡沫影响住房建设的机制。

二 日本三大住房政策

城市住房具有私人财产与社会财富双重属性，同时具有作为城市问题和社会福利对象的特殊性，解决城市住宅问题的责任同时具有个人与公共双重主体特性，从而决定了日本城市住房供给包括政府介入的市场和公共政策两大机制。日本住房政策立足于将住房问题引导到私人领域加以解决，即按照家庭经济收入状况，建筑、购买自有住房或租借住房，通过住房市场获得住房。与此同时，在推进住房市场开发的同时，从城市发展与社会发展的整体角度出发，日本政府介入住房市场，通过一系列政策、计划和项目等政策手段调节住房的供求关系，使日本城市整体居住水平和居住环境有了显著提高。

日本政府介入住房市场的作用有三点。

第一，私人住房同时具有社会资产属性，住房是城市空间的构成要素，在受到城市空间整体布局制约的同时，具有调整宏观的城市空间的微观功能。因此，住房是城市规划的重要对象，政府需要通过介入住房市场，建立城市空间

秩序，改善城市整体居住环境。

第二，住房问题是城市化的产物，是由城市化带来的人口集中以及住宅市场分配不充分而产生的。解决城市住房问题，促进各个阶层居民按其经济地位获得不同层次的住房，是建立城市生活秩序和推进城市化与产业化的重要手段。

第三，日本建立了"现代城市市民最低生活标准"（civil minimum），并作为地方自治体的政策准则。居住权是现代城市居民的基本生活权利之一，城市住房是市民生活保障制度的对象和公共政策的重要内容。日本政府于1951年制定的《公营住宅法》就是向低收入群体提供作为社会福利品的廉价住房，保障低收入阶层的最低生活标准，保障所有居民的文明生活，促进社会稳定。

1. 二次大战后日本住房建设发展的四个阶段

第一阶段是战败初期的应急对策时期（1945～1950年）。

二次世界大战使日本的主要城市变为一片废墟，约有420万户居民丧失了住宅，住房数量绝对不足。1945年日本制定了《受灾城市应急简易住宅建设纲要》，为无家可归的市民提供越冬住宅。与此同时，政府为重点重建的煤炭、钢铁等行业的从业人员优先建设、提供住宅，支持经济复兴。

第二阶段是住房政策确立时期（1951～1955年）。

从1951年起，日本政府在继续恢复重点产业的同时，着手制定住房政策，着力解决城市住房数量严重不足问题。战后日本住房政策的三大支柱《住宅金融公库法》《公营住宅法》以及《日本住宅公团法》都是在这一阶段出台的。由于日本的财政资金主要投向重点发展产业，无力向房地产大量投资，因此日本政府将解决住房的责任诱导到私人领域，鼓励、帮助私人自建或购买自有住房。战后日本住房政策的主流就是推行"自有住房政策"，正是由于这一原因，日本自有住房比例高于联邦德国、法国和意大利等西方发达国家。

第三阶段是住房产业高速增长前期（1956～1965年）。

以工业化为主要特征的经济高速增长带来了对劳动力的大量需求，大批青年劳动力从农村涌向城市。由于缺乏购买自有住房的财力，公营住宅又远不能满足需求，因此民间出租住房成为最大的房屋供给源。1965年，日本制定了《住宅建设计划法》，并开始实施第一个"住宅建设五年计划"。《计划法》要求作为住房主管机构的建设省制定全国及分地区综合计划，预测住房的长期供求关系，采取适当对策加以落实。此外，47 个都道府县根据全国计划制定本地区的住房建设五年计划，确立了国家和地方政府的住房建设责任。

第四阶段是住宅建设法实施阶段（1966 年至今）。

根据住宅建设法，日本先后实施了 10 个"五年计划"。五年计划根据不同的时代主题制定相应的计划目标。例如第二个五年计划时期（1971～1975年）的目标是满足人口向城市集中以及战后生育高峰期人口进入婚龄期带来的住房需求，实现"一户一套"和"一人一室"的发展目标。到 1968 年，日本住宅总套数超过全国家庭总户数；到 1973 年，全国 47 个都道府县的住宅总套数均超过总户数。1976～1980 年的第三个五年计划提出了从对数量的追求转向对住房质量的追求，设定了"最低居住水平"和"平均居住水平"目标。在 1981～1985 年的第四个五年计划期间设定了"居住环境水平指标"。1986～1990 年第五个五年计划提出了面向 21 世纪的"诱导性住房标准"，将以集合住宅为主的城市居住类型和独栋住宅为主的郊外型住宅作为未来的居住模式。1991～1995 年的第六个五年计划进一步提出了老龄社会背景下的住房对策。

2. 日本三大住房政策

第二个五年计划期间制定的《住宅金融公库法》《公营住宅法》以及《日本住宅公团法》直到今天仍旧是日本住房政策的主要支柱，每部法律都有实施令、实施细则和建筑标准与之配套。日本住房政策的基本原则是发展民间建筑产业；政府通过提供低息贷款帮助居民从民间企业建筑市场购买自有住房，间接地向居民供给住房；政府通过参与集合住宅开发，直接供给住房；向低收入阶层居民提供作为社会福利品的公营住房。

（1）《住宅金融公库法》（1950 年制定）

根据这项法律，政府全额出资设立住宅金融公库法人。该法的援助对象是上层居民。公库的业务是向用户提供银行和其他金融机构难以承担的低息长期专项贷款，用于居民购买自有住房及用于住房建设的地产。借助公库贷款，上层居民得以尽早从住房市场获得自有住房；另外，民间不动产企业也可以及时收回投资，投入住房扩大再生产。

《公库法》按照住房类型向用户提供购房资金总额 80% 的贷款，偿还期限长达 30 年，个人购房时只需负担少量首付款。统计表明，日本自有住房 50% 以上的业主使用过公库资金。公库的责任是帮助个人尽早获得自有住房，而购房的经济责任由居民自身承担。这一政策的实施使日本政府能够将财力集中起来投向重点发展产业，从而有力地支持了战后日本经济的复苏和随后到来的高速经济增长。

（2）《日本住宅公团法》（1955 年制定）

根据这一法律成立了准政府机构——"日本住宅公团"。该公团 1981 年与"住宅土地开发公团"合并，改称"住宅·城市整备公团"。公团资金来源为国家和地方公共团体的资金、国家贷款、民间银行贷款及发行住宅债券。

住宅公团的住房开发政策以城市新中间层为对象。设立该公团的主要目标有两个。第一，在住宅显著不足的大城市及其他城市，大规模建设类似中国住宅小区的公寓楼群，直接向居民供给居住性能良好、居住环境舒适的集合住宅以及大面积住宅建设用地。公团是日本公共住宅供给的主体力量，公团住宅分为出售住宅和出租住宅两种类型，居民既可以利用住宅金融公库的贷款购买公团住宅，也可以租住公团住宅。公团住宅的价格按建筑成本计算，含有少量政府财政补贴。第二，在大规模开发住宅的同时，为新市区开发进行土地规划整理，将住宅开发与城市规划结合起来。

（3）《公营住宅法》（1951 年制定）

该法的对象群体是低收入阶层，法律目标是国家与地方自治团体共同合作，向居住条件困难的低收入者廉价出租住宅，以保障其健康、文明的居住生活。

公营住宅按照居住者的收入标准分为两种类型。第一种公营住宅的服务对象是符合"公营住宅法实施令"规定使用标准的低收入者，包括孤寡老人和残疾人。第二种公营住宅的服务对象是无力承担第一种公营住宅房租的最低收入者，其中包括由于受灾而丧失住宅的低收入者。

公营住宅的建设及供给主体是市町村和都道府县两级地方公共团体。国家对地方自治体提供财政、金融和技术方面的援助。具体分工是，国家负担第一种公营住宅建设费用的二分之一，第二种公营住宅的三分之二。国家不收回对公营住宅的投资，从而降低了租金价格，使更多的低收入者能够享用。

从上述分析可以看出，日本三大住房政策是根据不同收入阶层的住房获取能力制定的。日本的住房政策与欧洲国家解决住房问题的原则不同，例如英国政府投资建设大量公营住宅，向更大范围的居民出租；联邦德国对社会住宅提供国库补助，帮助低收入者取得自有住房，而日本住房政策的出发点则是让居民自力解决住房问题。

3. 日本不同收入阶层取得住房的形态与住房周期

（1）日本城市居民的四种居住形态

日本城市居民的住房按所有和使用关系可以分为四种形态（见表1）。

表1 日本住房类型及所占比例（2008年）

住房种类	总住宅数量（千套）	比例（％）	住房种类	总住宅数量（千套）	比例（％）
住宅总数	48281	100.1	住宅公团	918	1.9
自有住房	29163	60.4	民间租赁	13257	27.5
租赁住房	17634	36.5	公司住宅	1371	2.8
公营租赁	2088	4.3			

资料出处：日本总务省统计局统计调查部国情统计科《住宅·土地统计调查报告》（2009年）。

第一种是自有住房。自有住房包括独栋住宅和集合住宅两种形式。独栋住宅是日本居民最向往的高级居住模式，以社会上层为主。住宅金融公库法对帮助居民获得自有住房发挥了重要作用。自有住房在各种居住形态中所占比例最高，2008年占60.4％。由于快速城市化带来的人口激增与多种城市功能向大城市高度集中，人们越来越难以在城市市区建筑和购买自有住房，其比例在1958年达到最高点71.2％以后，一直处于下降趋势，租借住房的比例则不断上升。

第二种居住形式是租借住房。租借住房的经营主体是民间不动产公司和准政府系列的住宅·城市整备公团。住宅金融公库向购房者提供长期低息贷款，这一政策使民间不动产企业得以及时收回投资，不断投入再生产，从而有力支持了民间住房建设的发展。目前日本的租借住房占住房市场的36.5％，是仅次于自有住房的居住类型，其中民间租借住房的比例约为27％。使用租借住

房的用户主要是以年轻人为主的城市新中间阶层。

第三种居住形式是公营住房。公营住房主要用来解决低收入阶层的居住问题，同时也是政府用来解决人口过疏地区问题和老龄化问题的手段。但是到了 80 年代经济泡沫时期，随着土地价格的飞涨，建设用地取得难度越来越大，公营住宅建设受到了巨大影响，建设数量不断减少。2008 年公营住宅占住宅总数的 4.3%，处于较低水平，无法满足所有符合入住标准的居民的需求。

第四种居住形态是公司和政府机关住宅。日本的大企业和政府机关都建有宿舍，比例约为住房总数的 5%。虽然比例不大，却构成了日本住房不同于欧美国家的特色。为职工提供宿舍是日本大企业以及政府机构的内部福利。只有大型企业才有能力提供公司住房，房价仅为同一地区同等标准民间住房的20%~30%。低廉的房价实际上包含着实物分配的性质，60 年代用以奖励工龄较长的职工和企业干部，随着日本住房整体水平的提高，收入较高的职员搬离缺乏个人隐私的宿舍区，企业住房主要提供给工资收入较低的年轻职工。在二次世界大战后经济高速增长时期，企业住房曾经是一项巨大的福利，发挥了吸引人才和增强企业凝聚力的重要作用。政府机关宿舍除了具有福利性质外，还发挥了保持公务员廉洁奉公、减少腐败现象的潜在功能。

（2）日本家庭的住房周期

日本家庭的居住形态受家庭生活周期、成员变动、收入状况以及工作地点等多种因素影响。日本城市居民一生中要多次更换住宅，基本模式是从第一期的"公司住房"或"公营住房"迁往第二期的住宅公团或民间的出租住房，然后进入第三期购买住宅公团或民间的集合住宅，在第四期住进独栋住宅，这是日本家庭的最高居住境界。在人口密度极高的大城市追求独栋住宅与日本传统的家庭文化有关。因为日本文化中具有强烈的"家"意识，而住房特别是宅基地是最重要的家产，是家制度的重要构成因素。获得独栋住宅是日本人最重要的人生目标之一，从而具有强烈的投资愿望。

住房周期与家庭周期之间具有对应关系，一般的规律是出租住房以新婚家庭和有学龄前儿童的年轻家庭为主，居住年限较短，流动性大。而自有住房以中高龄家庭为主，一般在 40 岁前后就要搬入自有住房，以保证有足够的偿还贷款时间，定居率较高。按照这一规律，从家庭周期的变动，政府部门和住宅开发商可以推算出整个社会对不同形态住宅需求的变动趋势，以制定行业发展规划。

三 不动产泡沫的形成及其对住房建设的影响

二次世界大战后以发展重化学工业为重点的经济高度增长时期，日本的过剩资金主要投向钢铁、水泥以及汽车、电子、机床等制造业生产领域，有力地促进了企业重组和技术重组，日本的现场制作生产率列世界第一，全球最大的 500 家工业企业中日本占 29%，产品主要出口海外，成为日美贸易摩擦的重要原因。但是日本的出口贸易竞争力由于日元升值受到巨大限制，银行开始把投资对象从制造业企业转向土地、不动产以及零售业。日本对土地的投资延伸到海外，1989 年，三菱不动产公司以 2000 亿日元的高价买下位于纽约繁华地段的洛克菲勒中心，成为日本企业在海外大举购买不动产的象征性事件。

在日本国内，中曾根内阁采取放宽大都市圈土地建筑容积率标准的措施，东京湾跨海公路（又称东京湾水线）工程也决定开工建设。东京都根据"第二次东京都长期计划"提出了东京临海副都心建设构想，大规模的国土开发计划推动了东京的土地开发需求。

二次大战后，日本出现过两次地价飞涨。一次是 20 世纪 70 年代前半期"列岛改造热潮"中出现的土地投机，土地价格上涨以东京都市区、横滨、名古屋、京都、大阪、神户六大都市圈最为突出，但全国的地价平均值也出现了上涨，因此地价上涨是全国性的。另一次就是 80 年代后半期的泡沫景气，这次土地价格上涨主要集中在东京都等六大城市，并没有出现全国普涨的局面（见图 1）。

日本是一个国土面积只有 37 万平方公里的狭小岛国，国土面积仅相当于美国加利福尼亚州，城市建成区面积又仅占国土面积的 3%，土地资源一直是经济发展的最大瓶颈，"土地神话"使国民笃信土地必将不断增值。事实上日本的土地价格特别是大城市的地价从未停止上涨，泡沫经济破灭后

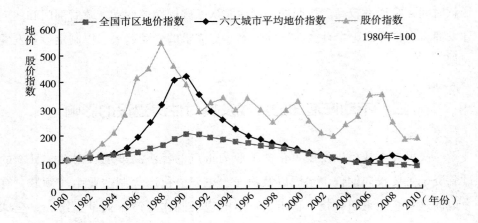

图1　80年代泡沫经济期到2010年的地价指数变动情况

说明：六大城市为东京都市区、横滨、名古屋、京都、大阪和神户。
资料来源：财团法人日本不动产研究所"市区地价指数"、东京证券交易所"东证统计月报"。
资料出处：日本统计协会编《从统计看日本2011》，日本统计协会，2011，第75页。

回落的土地价格仍然为1986年泡沫经济以前水平的2倍，也就是说从六大城市价格曲线可以看出，即使去除泡沫经济期间的价格暴涨，土地价格也仍然会持续上涨，以至于1990年东京23区的土地价格总值超过美国全国的总地价，而日本地价市值总额达到15万亿美元，相当于整个美国地价总额的4倍。

　　70年代前期田中角荣内阁推行的日本列岛改造时期，土地价格上涨幅度最大的是住宅建设用地，其次是工业用地和商业用地。与此相对照的是，80年代的土地泡沫并不是来自国内的有效需求，而是从商业投资开始的，对商业写字楼的需求带动了商业地价的大幅增长，1991年地价达到最高值时与1985年相比增加了6倍，泡沫破灭后商业地产的降幅也是最大的。

　　从图2可以看出，1986年，日本商业土地价格指数为200，1991年增长到600，增长了2倍。地价的飞涨导致城市中心区的商业空间迅速扩大，居住空间被挤占，社区生活趋于解体。

　　首先，土地价格的上升对已有住房业主的影响是正反两面的，地价的上升使得业主的名义资产大幅度上升，如果搬迁将获得相应的收入。但是

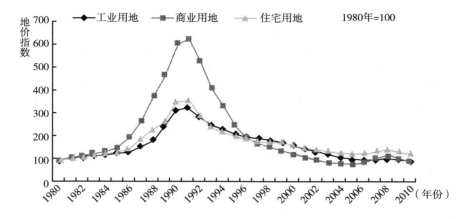

图 2　六大城市按用途划分的地价指数推移

说明：六大城市为东京都市区、横滨、名古屋、京都、大阪、神户。

资料来源：财团法人日本不动产研究所"市区地介指数"、东京证券交易所"东证统计日报"。

资料出处：日本统计协会编《从统计看日本 2011》，日本统计协会，2011，第 75 页。

另一方面，日本实行不动产税收制度，根据土地价格决定纳税标准，地价的提高使得居民的支出显著提高。另一个影响就是再开发的土地基本上为商业用地，日本实行《土地房屋租赁法》，为了实施大规模的土地开发，日本甚至出现了雇佣暴力团强征土地的社会问题，很多居民被迫离开居住多年的原居住地。

其次，从 1987 年开始，日本东京圈的新上市公寓以及独栋别墅平均价格与东京横滨地区工薪阶层家庭的年收入之比开始迅速拉大。公寓的价格与年收入的倍差从 1985 年的 4.2 倍扩大到 1987 年的 5.4 倍、1989 年的 7 倍、1990 年的 7.4 倍，1991 年攀升到 8 倍。独栋别墅的价格 1985 年为 5.6 倍，从 1987 年开始呈现上升趋势且升幅迅速超过公寓价格，1989 年上升到 7.5 倍，1990 年为 7.4 倍，1991 年达到最高点 8.5 倍。

市中心地区的地价上升带来了居住的郊区化。原来 5 倍于工薪家庭年收入的土地只能够在距离市中心 60 公里以外的郊区才能找到，在那里实现拥有自有独栋住宅的梦想。以轻轨站为核心，日本的城市出现了郊外化趋势，车站附近建起了大型连锁超市，而且这一模式在各个交通站点得到复制。生活在那里的人们生活几乎与在市区同样便捷，但是交通时间大幅增加。

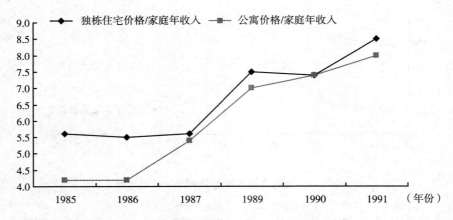

图3　日本公寓及独栋住宅价格与家庭年收入之比

　　说明：住宅价格为不动产经济研究所以东京为对象调查得出的公寓住宅与独栋住宅价格。

　　资料来源：住宅问题研究会·日本住宅综合中心编《住宅问题事典》，东京：东洋经济新报社，1993，第13页。

　　日本土地泡沫破灭的征兆，首先要看股指变动，因为股指的变动先行于地价表格变动。一般来说，土地价格随着实体经济的增长而增长，与此同时土地也可能脱离经济景气，作为可以投资的资产被运作。1985年，日经指数仅为12000点。1989年，日本的各项经济数值达到了最高值，同年12月日经指数攀升到最高点38957.44点，4年之内增加了2.2倍。此后开始下跌，1992年3月跌破2万点大关，同年8月继续下滑到14000点，仅为1989年近4万点的三分之一强。泡沫的破灭标志是取GDP增长值、股指、以六大城市为主包括其他城市市区的地价指数平均值的上升率，把最大值作为泡沫崩溃、经济景气下滑的起点。

　　土地价格的下跌始于1991年。1990年3月，日本大藏省制定《关于控制土地相关融资的规定》，开始以行政手段对土地金融加以总量控制，日本银行也实施了金融紧缩政策，推动了由于投资欲望降低已经开始减速的泡沫经济迅速加速下滑。从图1可以看出，日本东证指数的变化一直先行于土地价格的变化，中间有1~2年的时间差。

1991 年后国际资本获利后撤离，由外来资本推动的日本房地产泡沫迅速破灭，房地产价格随即暴跌。1993 年，日本房地产业全面崩溃，企业纷纷倒闭，遗留下来的坏账高达 6000 亿美元。这次泡沫不但沉重打击了房地产业，还直接引发了严重的财政危机，主要是由于银行热衷于以地价为担保发放高额贷款。一般银行的贷款金额不超过地价的 70%，而当时的金融机构普遍过高评估土地的升值潜力，发放了相当于评估地价 120% 的贷款，大量资金进入流通市场，融资行为充当了地价上涨的高能燃料，进一步刺激了土地和股市价格的飞涨。购买土地的目的不再是土地经营带来的收入增长，而是期待土地升值带来的资本收益。地价泡沫破灭后，大量不良贷款无法回收，成为银行呆账，众多银行宣布破产。泡沫经济的破灭把日本带入了长达 10 年之久的经济发展停滞时代。

四　结语

20 世纪 80 年后期发生在日本的土地泡沫实质上是由金融泡沫引发的。美元贬值、日元升值，使大量资金流入日本，进入股市和房地产市场。在这次经济泡沫中，土地不再仅仅是具有使用价值的资产，而是变成了具有升值潜力的资产，土地属性高度金融化，脱离开实体经济的发展，成为投资交易的理财产品。

中国持有大量美国国债，而且人民币汇率处于上升通道，使人们联想起 1980 年代泡沫经济的日本。中国和日本有相似之处，又有许多不同。我国需要防范的不是房价的快速上涨，这只是问题的表象，实质应是银行危机。为此需要做好两件事情，一是中国正处于城市化加速期，特别是大城市住宅建设用地的需求依然旺盛，有需求的住房市场显然与日本投机型的不动产泡沫市场不同，土地价格一定要围绕由有效需求决定的价值，严格控制房屋投机交易导致的价格上涨，才能保持土地市场的平稳发展。二是在一些二、三线城市出现的"鬼城"值得引起注意，因为那里没有真正的消费需求，很容易导致开发商资金链的断裂，从而引发银行危机。从日本不动产的泡沫经济看，防范金融危机，使过热的房地产经济平稳着陆，才是中国房地产市场的当务之急。

参考文献

似田贝香门：《现代城市的住宅政策》，高桥勇悦·菊池美代志编《今日城市社会学》，东京：学文社，1994。

住宅问题研究会·日本住宅综合中心编《住宅问题事典》，东京：东洋经济新报社，1993。

日本统计协会编《从统计看日本2011》，东京：日本统计协会，2011。

若林干夫：《郊外社会学》，东京：筑磨书房，2007。

徐滇庆：《房价与泡沫经济》，北京：机械工业出版社，2006。

美国躲过金融危机了吗？

——从历史的视角看最新通过的沃尔克规则（Volcker Rule）

Kruti Lehenbauer　陈　北*

摘　要：

2013 年 12 月 10 日，美国联邦金融监管机构一致通过沃尔克规则，这似乎让人们看到了，在未来的美国经济增长同可能发生的金融危机之间已经筑起了安全的防火墙。本文却试图从经济、监管以及制度等多因素历史角度揭示危机之前、期间以及此后对美国房地产市场的影响，并通过对这些影响的研判，提出要审慎乐观地看待沃克尔规则的观点。

关键词：

房地产　金融危机　衍生品　格拉斯—斯蒂格尔法案　沃克尔法则

一　引言

2013 年 12 月 10 日，沃尔克规则在美国国会得到通过。沃尔克规则指的是次贷危机的爆发，致使美国政府迫不得已为华尔街埋单后，为了避免金融机

* Kruti Lehenbauer, Ph. D. DeVos Graduate School of Management, Northwood University, Midland, MI, USA. Email: lehenbau@ northwood. edu Phone：1 - 989 - 837 - 4487（柯璐提·勒荷纳布尔，经济学博士，美国马里兰诺斯伍德大学管理学院研究生院副教授）；陈北，金融学博士，中国社会科学院世界经济与政治研究所助理研究员，Email：Chenbei@ cass. org. cn。同时感谢美国得克萨斯州大学达拉斯分校经济与公共政策学院教授尤尔·艾略特教授（Euel W. Elliott, Ph. D. Professor of Political Science and Public Policy, The University of Texas at Dallas），以及德国席勒经济研究所《智力执行力评论》的玛丽·博德曼（Mary Burdman）研究员在本文写作中给予的帮助。

构"大而不能倒"的局面再次出现，在制度上对以华尔街为代表的金融巨头戴"金箍"、念"紧箍咒"。其核心内容是对银行的自营交易设限，并在银行与私募股权基金之间、银行同对冲基金之间设置防火墙。此事被业界公认为是美国政府对华尔街的一次有力的约束，然而问题并非如此简单。且不说华尔街的银行家们是否愿意束手就擒，仅就沃尔克规则本身而言，其中就大有文章——长达900多页的沃尔克规则中，人们居然难以找到对"综合化经营"以及"自营交易"的准确定义。这在一定程度上是否暗示着什么？

理论上，以银行为代表的金融机构与房产市场，特别是其中的按揭市场的关系可谓"唇齿相依"，这一点美国市场表现尤甚，究其原因，这同美国房产私有化率以及政府介入其间不无关系。时隔5年回头来看2008年的金融危机，学界已达成的共识是：危机爆发的原因莫过于2008年之前的6年就已经出现危机苗头的房地产泡沫。有学者认为：基于对历史资料以及跨国数据的观察与实证，经济出现衰退的原因同旷日持久的结构性的银行业危机关系密切（Reinhart and Rogoff，2009）。银行业的结构性危机通常会有先兆性表现，例如房地产泡沫、高负债水平、经常账户持续性大规模赤字以及从征候上表现出的全国范围的经济活力不足。因此，Reinhart and Rogoff（2012）认为，近年来，美国经济无疑是经历了系统性的危机。从金融危机爆发后的这几年观察看，美国银行业的结构性危机同房地产市场之间的角色互动是个饶有兴趣的研究领域。因此，本文试图从经济、历史、监管以及制度等多角度揭示危机之前、期间、之后，对美国经济以及房地产市场的影响。

二 金融与房地产市场的美国模式

美国是世界上最大的房地产市场，2009年的全美普查统计表明，各类房产的总量合计约拥有1.3亿套。如此庞大的市场孕育了发达的按揭系统，由此衍生出的名目繁多的金融工具为出租和租赁双方提供了广阔的选择空间。尽管美国的房产拥有率接近67%，但是，政府在建房数量上所扮演的角色同全球其他国家比较还是相对较少的。美国房地产金融体系的独特之处在于其如下几方面的能力：按揭税率扣减的能力、维持长期固定贷款利率的能力、以无抵押贷款形式进行按揭的能力以及发放巨额无追索权贷款的能力（按揭风险仅仅由房产本身背书而不以贷款人的其他资产为质押）（Bardhan，Edelstein and Kroll，2012）。

正是基于上述原因，美国房地产市场的供需双方，在包括资本市场的金融机构和承担着介入角色的公共部门的参与下，各方施加合力，从而形成了经济理论上的均衡。如图 1 所示：房产需求由投资人和产权方构成；同时房产供给由给定建造成本的建筑方构成。在这个市场均衡的经济流程图中我们看到，房产服务部门通过构建价格、租赁、投资回报以及精确的资产估值等金融手段，在经济体系中为房产流通中的供给与需求提供帮助。房产产权方和投资方的源发资金可以来自自有收入和财富，而实际上，更为通常的来源渠道是金融机构和资本市场，也就是次贷危机后，人们耳熟能详的"按揭"，注意这些按揭多数是建构在基于利率以及其他房贷标准上的按揭（Bardhan，Edelstein and Kroll，2011）。

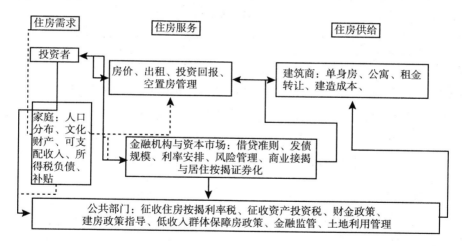

图 1　房地产市场结构

资料来源：Bardhan，Edelstein and Kroll，2012，9。

金融体系将储蓄输送到房地产市场中属于需求方的按揭中，以及属于供给方的建造与开发领域。在整个房地产市场公共部门因其可以通过各种方式影响需求、供给、服务甚至是金融机构的能力，从而扮演着至关重要的角色。在美国，公共部门通常一方面在供给方向很少施加影响，另一方面，在需求方向上

却不断地提供补贴，在利率支付中的减税措施就是很好的例证。上至联邦政府、州政府，下至地方政府也会通过建房项目中的建筑规范、土地划拨以及名目繁多的立法与执法手段从中干预房地产的业态形式；而通过对银行业以及金融规范等方式来帮助决定可用资金的类型，也是公共部门的拿手好戏。房地产市场的功能发挥因此严重依赖金融体系的效率，以及是否有一个站在理性立场且行政规范的公共部门。

美国的房地产市场与包括中国在内的许多其他国家不同，它也由私营部门专营，其中专营的部分包括受到政府补贴的保障性住房。于是人们可以看到，一方面，政府在补贴私营部门建房；另一方面，美国政府驱使按揭市场向美国公众扩张，或者说是特许授权给1938年成立的"房利美"（The Federal National Mortgage Association）和1970年成立的"房贷美"（Federal Home Mortgage Corporation）提供按揭担保。从而，经由上述两机构向贷款方背书，借以达到提升美国住房拥有率的政治目标。1968年，一个具有同样性质的官方机构美国政府国民抵押贷款协会"Ginnie MAC"也成为提供按揭产品的始作俑者。这些担保方有能力将贷款进行证券化操作，从而增加了中、低收入人群参与贷款购房的机会。由于美国政府国民抵押贷款协会（Ginnie Mae）拥有政府身份，所以不存在倒闭的风险，而另外两家——"房利美"与"房贷美"也只是形式上的市场化金融机构，实际上政府在背后的影响力不可小视。尽管2008年在金融危机中因政府接管而幸免于难，但是，不幸的是，在21世纪的前十年间，"房利美"和"房贷美"（两房）同真正意义上的金融机构比较，其证券化程度无论在规模还是复杂性上都难以比肩（Schwartz，2010）。这就让美国在危机应对上难以采取治标又治本的策略。

值得关注的是，在美国国内，联邦政府以下的诸多领域，存在名目繁多的房产刺激计划与方案，就像巴德汉等（Bardhan，2012）在报告中提到的：

> 2000～2006年期间，加利福尼亚州、亚利桑那州、福罗里达州和内华达州的房价出现了翻番甚至翻几番的情况，而2011年当年就下滑了35%；其他的大型房产市场比如纽约州，让人们看到了更理性的价格起落；得克萨斯方面的房价几乎没有出现大规模的下滑；而密歇根州房产市

场价格在泡沫期间不仅未见有大幅升值的现象，反而出现了价格缩水的情况。各州市场上的价格差异原因，可以解释为是受如下因素的影响，即人口分布、收入水平、经济增长和创造就业、金融资源禀赋、土地使用与利用、法律法规，以及土地利用的激励机制等等。

关于美国房地产金融体系，标准的房产贷款是在固定利率或者浮动利率背后通常由固定资产作为抵押。一如丧失抵押品赎回权，又称止赎权，发放贷款的一方除了拥有借贷方的房产之外，对于此外的其他财产没有任何权利。两房曾经被要求可以使其符合证券化的抵押贷款达到总贷款比例（LTV）的80%，然而20世纪末期至21世纪初期，在联邦融资与贷款担保下，LTV水平线被巨大的压力突破，这一压力来源于这样一种政治理念——让更多的中低收入人群在市场化条件下拥有住房。于是人们看到的是美联储的货币政策在2000～2006年期间维持在极低的水平，即保持长期的宽松货币政策，根本无法吸收高水平LTV中风险，也就无法回避房地产市场中的价格泡沫（Taylor，2009）。

在美国房地产投融资操作流程中的另一个独特现象是，市场中存在办理长期固定利率按揭的可能，而且用于按揭的贷款具有"免追索"的可能（即贷款借贷方的其他资产受到默认保护），在贷款提前还清的情况下，曾经因按揭引致的种种罚则会被取消。正是这些林林总总的因素稀释了购房风险，美国金融机构于是很难把控住曾经出于它们手中的贷款（Duca，Muellbauer and Murphy，2010）。

三　历史视角下的美国房地产市场

美国的联邦收入税是1913年创设的，同时伴随着按揭利率的消减政策。税收起征点不可以从个人收入中的前3000美元（或者家庭收入中的前4000美元）中征收，即3000美元以上的收入人群或4000美元收入以上的家庭才需要纳税。1913年时，仅有1%的人口超过这个收入指标，也就是说，抵押贷款利息扣减的福利并没有为绝大多数人享有（Lowenstein，2006）；然而，21世纪的今天，情况是尽管联邦收入扣减的门槛定在了全国范围内个人收入5350美

元（家庭收入 10500 美元），但是抵押贷款利息扣减的人群并没有严格根据这个指标，导致尽管门槛提高了，但是因为监管的漏洞，从而让多数人浑水摸鱼，混入了具备购房收入资格的人群中，从而仅仅把少部分人排除在了政策优惠的范畴之外。世界上目前为止只有瑞典和挪威与此类似，即用纳税额中的份额冲销抵押贷款的利息额。但值得注意的是，美国的住房拥有率却有别于上述两个国家，而是同拥有率相对较低的加拿大、澳大利亚和英格兰这些没有抵押贷款利息扣减政策的国家相仿，加上一个如影随形的、开放的信贷系统与抵押贷款利息扣减政策相伴，使得美国的住房拥有率从 20 世纪初开始，同世界其他国家比较起来，呈现一派风景独好的景象。如表 1 所示，持续的购房鼓励与刺激计划几乎贯穿 20 世纪的美国发展。

表 1　美国主要购房刺激政策出台与住房激励机构组建时间

年份	美国主要购房刺激政策与激励机构出台时间
1862	《联邦宅地法》
1913	推出按揭利息扣税方案
1934	根据国家住房法案成立联邦住房管理局（FHA）
1937	《美国住房法》（USHA）
1938	联邦国民抵押贷款协会（"房利美"）成立
1965	FHA 成为住房和城市发展部（HUD）系的一部分
1968	"房利美"私有化仍维持政府赞助企业（GSE）
1970	《住房和城市发展法》
1970	美国联邦住宅贷款抵押公司（另一个 GSE）
1974	《住房和社区发展法》
1977	《社区再投资法》（CRA）
1980	《存款机构放松管制和货币控制法》
1983	《住房和城乡经济复苏法案》
1990	《克兰斯顿－冈萨雷斯全国保障性住房法案》
1990	《低收入住房保护和住宅拥有住房法案》
1993	《综合预算调节法案》（HOPE VI）
1996	HUD 创建"特殊经济实惠的"贷款制度的政府支持企业
1998	《优质居所和工作责任法修正案》
2007	《FHA 保险推出的借款人面临止赎方案》
2008	《经济刺激法案》（住房和经济恢复法案）
2009	"不良资产恢复计划"（TARP）
2009	《美国复苏与再投资法案》（ARRA）——联邦税收抵免

20 世纪 30 年代大萧条之后的结果是，大量的美国家庭丧失了抵押品的赎回权、众多破产家庭被逐出曾经的住房，造成住房拥有率急剧下降。1930 ~ 1940 年的十年期间，疲弱的宏观经济以及骤然下滑的住房拥有率，迫使政府基于 1934 年颁行《国家住房法案》，成立了联邦住房管理委员会（FAH），用以考虑出台必要的刺激计划，从房地产金融角度帮助国民实现购房梦想。该计划体现为相应的政策：长期贷款、低首付、所得税跨期分摊、等额本息还款法（即把按揭贷款的本金总额与利息总额相加，然后平均分摊到还款期限的每个月中，每个月的还款额是固定的），这种安排的结果是鼓励了银行或者金融机构，使之有信心放款给借贷人（Colton，2003）；作为补充，在随后的 1937 年和 1998 年分别又颁行了《美国住房法案》（USHA）和《工作责任法案》，其内容集中体现在如下三条中（U. S. Department of Housing and Urban Development，1999）：

（1）通过就业基金和国家信贷手段提升社会的一般福利水准；

（2）联邦与各州政府向低收入群体提供多种形式的帮助与补贴，用以修缮、改造危房，并提供安全与体面的住房（这一点极像中国目前的拆迁改造）；

（3）向职业操守好的公共住房机构投资，并赋予此类机构更多的责任、扩大其在管理权限上的弹性空间，同时针对公房居民、地方和普通公众制定适度的问责制度（即征信体系的建立）；

《美国住房法案》（USHA）在其网站上也声称：政府的责任就是保护独立的、私人性质的、住房领域的群体行动，通过美国联邦政府、州政府、地方政府以及通过独立的、公民私人的群体行动，组织和鼓励私人部门有所作为，USHA 今后要向所有公民提供体面的且支付得起的住房，以此来强化公民的邻里关系（U. S. Department of Housing and Urban Development，1999）。

四　金融危机的源起

美国历史上的任何一次金融危机的出现，都并非源起于一两件偶然事件，次贷危机也是如此。此次危机的根源可以从 20 世纪 90 年代的技术泡沫开始溯源。当时的美国金融市场经历了一段快速成长期。而时任美联储主席的格林斯

潘曾经质疑："我们如何才能知道非理性繁荣是如何让资产价格过度膨胀，以及这一结果将会在何时以始料不及的方式给经济带来长期的萎缩？"（Greenspan，1996）事实上，格林斯潘预言的这一惊人"萎缩"终于在他有生之年的 2000 年出现，该事件直接的表象便是股票市场的崩盘。此后的陆续几年中，美国官方介入经济衰退，美联储降低了利率，目的就是要遏制股市下跌给美国宏观经济造成的不利后果。

此次降息的直接影响对象就是房地产市场。原因是，较低的利息率导致了较低的按揭利率，降低了购房成本，换言之，刺激了购房的需求。而需求的上升构造了房地产价格泡沫做大的市场环境，房价于是进入了开始蹿升的价格通道。另一个影响房地产市场的因素是，数以百万的房产所有人利用美联储的低利率，对资产再抵押，进行再按揭融资；而金融机构更是网开一面，在不断增长的按揭需求面前，不是保持审慎克制，而是积极寻求技术手段帮助"贪婪的"购房需求实现资本化。在此后，政府监管的缺位、借贷标准的宽松、史无前例的对低利息政策的长期维持，这就是随后 2008 年发生的金融市场危机的真实原因（Bordo，2008）。

五　有按揭背景的证券和 CDO

1997 年，美国吉米·卡特总统签署了《社区再投资法案》（CRA），《社区再投资法案》的颁行旨在探寻一条"居有其屋"的美国式住房道路。因此，法案中明确规定：无论财产多少，都要保证全美公民社区的每个角落都可以享受到金融信贷的福利，同时还要保证银行不会因此陷入流动性风险之中。该法案的签署，从今天的视角回顾，我们可以发现，CRA 的重点在于鼓励金融机构创造更多的流动性，把金融风险的威胁放在了次要的位置。此后的继任总统们在此基础上，继续让信贷"发酵"，1999 年，克林顿总统签署了《金融服务现代化法案》，主要目的就是为 CRA 提供保护伞，主旨只有一个，即帮助低收入者以及甚至没有信用记录的美国公民实现购房梦想。

该法案删除了有关信贷风险的条款，允许在按揭领域，各银行间展开全面性的业务竞争，从此，银行在政府的鼓励下正式步入了次级借贷实务操作领域，并真正开始涉足金融风险领域。也就是说，金融机构在风险控制上出于专业的考虑在以往的金融创新中是比较克制的，而政府的推手作用，才是金融机构敢于放胆一搏的始作俑者。从这一点上看，美国政府在房地产市场问题上所考虑的显然不仅仅是经济问题，背后的原因笔者认为应该在更为宏观的政治经济学范畴中考量（陈北、Elliott，2012、2013）。

到 20 世纪 90 年代，按揭证券化开始在全球风靡，一度曾在六大洲的 24 个国家中得到推广（Diamond，2000）。但是，资产证券化的发展并非一帆风顺，出于风险控制上的考虑，起初美国的投资银行中的金融民工们，仅仅从房地产市场之外的金融资源开始做起，这些可供证券化的资源主要来自两个部分，"一是金融体系内的资源，例如存款保险、风险分担以及合规金融产品；二是金融体系外部的资源，例如宏观经济的稳定性、企业的信誉、政府债券市场，以及一个健全的金融体系等等"（U. S. Department of Housing and Urban Development，2006）。但是，随着这些资源有限性的客观约束，政策开始倾向于在房地产所有权领域开发可供资产证券化的资源，结果是政策制定者有意忽视买方在收入和信用上的因素，从而鼓励了金融机构在该领域道德风险的放大，表现为在投资银行的按揭证券化风控模型中，更多地略掉了收入以及债务作为风险权重参数的分量。

但是 CRA 的作用不仅如此，还进一步表现为加剧了利率的下行动能，导致宽松流动性环境中按揭的激增，以及借贷方更高债务收入比率的出现。CRA 环境下的新的借贷模型——业界称为"发起和销售"（originate and distribute）模型，促使银行家们进一步放胆追求利润的最大化。于是，各家银行把贷款再打包，并通过证券化后的、被分割的且原本值得怀疑的金融资产进一步分销给下游的其他金融机构或者投资人，从而把风险以类似击鼓传花的方式传递到下家（Brunnermeier，2009）。对证券化的市场需求致使银行不断地衍生按揭，结果是此类金融产品销售的涌现和银行利润的增长。一段时期里，投资者对证券化产品的需求之旺盛，让银行家几乎忘记了银行经营稳健性原则，居者有其屋的美国梦把按揭变成了不需信贷记录就可以得到的"天上掉下的馅饼"。到 2001 年，按揭债务占家庭收入的 70%，而 1949 年的比例是 20%（Bernstein，Boushey and Mishel，2003）。在努力制造和批准更多的按揭产品问题上，银行

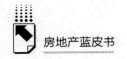

赖以创利的产品是：利率可调整按揭（ARMs）、价格水平可调整按揭、共享升值按揭、次贷按揭，所有这些合法化的原因便是 20 世纪 80 年代的储蓄贷款危机（U. S. Department of Housing and Urban Development，2006）。也就是说，这些按揭产品，经过多年的市场浸淫之后，从实质上降低了购房人申请贷款的门槛并且让银行审批通过率大幅上升。

由于银行已经开始了打包并转售按揭产品的行动，因此银行不再把贷款放在其资产负债平衡表中，也就是说，因为银行不再要求把按揭产品同风险关联在一起，这就让金融机构更加大胆地把信贷决策同审批决策分离开来。按揭和证券化的循环在不断地进行着，按揭的数量却难以让证券化需求满足，结果是按揭债问题凸显成为按揭市场对证券化的不断依赖（Integrated Financial Engineering Inc.，2006）。

六　信用违约掉期（CDSs）

值得重点指出的是，21 世纪的房产泡沫并非由信用违约掉期（CDSs）直接导致。事实上，这一工具最早由美国知名投行摩根（JP）的一个研究团队于 1997 年首创，目的是用来把金融风险转嫁给第三方投资人，同时利用 CDSs 为信用违约保险。信用违约掉期实质上就是一款保险合同，用特定的信用工具来为有可能错误的支付埋单。CDSs 通常适用于市政债、公司债以及按揭证券领域，在该领域的银行、投资银行、基金公司等金融机构有权利发行此类金融衍生品。随着时间的推移，如果违约发生，CDSs 产品的买方可以通过支付保费来挽回损失。购买一家公司的 CDSs 可以被看作是针对该公司债务的所有权对冲。以投机为目的，作为对上述公司偿债能力的一种赌博，投资者也可以在不拥有任何投资对象公司债务的情况下，购买信用违约掉期产品。这样做显然是有风险的，因此 CDSs 直到 2000 年之前，始终没有被广泛地认可和推广。

2000 年 12 月 21 日是个值得记住的日子。这一天，美国总统克林顿于第一百零六届国会签发了《商品期货现代化法案》（CFMA），该法案在豁免了对 CDSs 监管的同时还留下了诸多监管上的漏洞。该法案提出"删除以往不确定性的法律以及在柜台交易衍生品领域的管控，不涉及非金融商品（实际上就是指同房地产相关的金融交易），以及具有有限复杂的供应方（金融衍生品的制造方）之间的双边交易应被排除在商品交易法（CEA）之外"。而在此之前，金融机构觊觎 CDSs 市场良久而始终未敢轻举妄动的主要原因正是对老法案 CEA 中有弹性含义法条的顾忌。《商品期货现代化法案》CFMA 的出台就像打开的阿拉伯魔瓶一样，最终把 CDSs 从 CEA 的限制中释放出来，并且使其在金融机构的市场策略中大展拳脚，从而更具竞争性。这其中的奥秘莫过于，金融机构在涉足 CDSs 前就已经得到法律的豁免，即不需为未来可能出现的损失在当下提供担保，这是不受制约的 CDSs 曾经梦寐难求的结果。从 20 世纪 90 年代到 21 世纪早期，当 CDSs 把主要的注意力集中在公司债和市政债领域而并非仅仅是结构性融资证券时，CDSs 在美国金融市场的发展可谓通行无阻、一马平川。在当时普遍看多的宏观经济环境中，很少有人认为大企业会不断违约，并扎堆到违约掉期的行列中。于是，在这种盲目乐观气氛的烘托下，对房地产金融按揭不断增长的需求导致 CDSs 的触角延展到了结构金融领域，例如 CDSs 延伸到了包含抵押贷款池的债务抵押债券（CDOs）领域就是个典型的例子。有意思的是，这种不断增加中的疯狂的需求也催生出了一个 CDSs 买卖的二级市场，其中的投机商在几乎没有必要知识和组织作为依托的前提下从事信用违约掉期的交易。于是，真正的金融风险开始在其中酝酿。

非银行金融机构在此类市场中的交易既没有规章可循又没有类似联邦存款保险公司这样的金融安全网的护佑。投资银行在该领域的快速发展给予其在政治上的影响力，催生了投行对格拉斯—斯蒂格尔法案的排斥，最终于 1999 年从法律上消除了银行、证券、保险机构在业务范围上的边界，结束了美国长达 66 年之久的金融分业经营的历史，其结果是商业银行开始同时大规模从事投资银行的活动。投行因其持有更有优势的资本金比率，从而比银行更具冒险性。结果是，后来发生的金融危机迫使投资银行不得不大量地去杠杆化，同时"在崩盘的市场中大量贱卖资产甚至是折价出售缩水的金融公司"（Bordo，2008）。当经济开始下行时，投资者对贬值的 CDSs 以及持有者的支付能力丧失了信心，相应的连锁反应是，市场的流动性开始恶化、结构性证券的投资数量急剧下降，所有这些最终反应到证券市场的是，利空的预期引起了证券价格的暴跌。

七 一系列事件的发生

事件的来龙去脉是这样的。金融市场出现问题的最初征兆发生在 2007 年 2 月，表现为次级按揭违约数量的增长。在这期间，CDSs 暴露的最大风险敞口在于股票市场的部分，大量的资金随着违约的增加而不断撤离股市。由于最初的损失就达到了 1.25 亿美元，瑞士银行于 2007 年 5 月关闭了其国内的对冲基金。随即，贝尔斯登于 2007 年 6 月紧随其后也终止了旗下的两只对冲基金，同时贝尔斯登还不得不为其基金支付达 32 亿美元用以维护其市场声誉。在 2007 年随后的时间里，不断增加的丧失抵押品的赎回权导致房产价格的下滑以及违约按揭的进一步增长。2008 年 3 月，贝尔斯登的流动性状况出现骤然吃紧，以至于保证其贷款从 CDSs 中提供保险。此时的贝尔斯登已经在众多领域的交易中占用了 1.5 亿美元，并且被认为关联交易过多以至于不能轻易破产（Brunnermeier，2009）。纽约联储作为调停方介入了此事的斡旋，具体做法是经由摩根大通斥资 2.23 亿美元收购贝尔斯登，或者以每股 2 美元——随后调整到每股 10 美元收购，而后再由纽约联储提供给摩根大通 300 亿美元贷款作为对贝尔斯登债务的担保。这笔交易的价格低于贝尔斯登在纽约曼哈顿办公大楼的价格，同时低于此前一年贝尔斯登每股约 150 美元的股价。

"房利美"与"房地美"简称"两房"是两家经由政府赞助的企业，它们为美国很大一部分按揭提供着担保，在政府授权下，它们可以公开进行交易。由于两公司并非政府部门，政府并未明确其担保职责，而事实上却在背后充当保证人的身份。两公司拥有合计 1.5 万亿美元的天文数级的债务。2008 年 7 月 11 日，联邦存款保险公司对一家名为 IndyMac 的私人按揭经纪公司实施监管审查引起了市场对于"两房"偿债能力的警惕。此事促使时任美国财政部部长亨利·鲍尔森宣布联邦政府将明确其对两房担保的义务，目的是平息恐慌。尽管有政府先期的支持信息，股市还是在 9 月 7 日开始狂跌不止，"房利美"与"房地美"于是被置于政府的全面监管之下。值得注意的是，联邦政府从来没有公开声明与确认其明确对"两房"的有意支持。

贝尔斯登所造成的金融市场局面在不断恶化，也可能是政府对此听之任之，总之，其他银行并没有扭转自身的状况而是继续面临流动性吃紧的局面。2008 年 9 月，雷曼兄弟股价崩盘而政府袖手旁观。美联储谢绝卷入此事并拒绝使用纳税人的钱去为一家买方投资银行提供政府担保，于是 9 月 15 日，雷曼兄弟宣布破产。政府允许雷曼兄弟的失败，目的是抵制人们对无力清偿的金融机构抱有得到政府担保的希望，同时避免道德风险的消失（Bordo，2008）。由于雷曼兄弟的倒闭没有得到政府的丝毫反应，债券与股票持有人发现他们的资产瞬间蒸发，措手不及。市场于是视此举为政府先前政策意向的大转折信号，因此认为政府已经无力指导市场走出危机，有必要放弃对政府以往能力的信心。基于政府并未改变其既定方针，即不打算救助每一家濒危的金融机构，于是继雷曼兄弟之后，另一家著名投行——美林银团以 500 亿美元卖给了美国银行。危机开始升级，美国国际集团 AIG 在被暴露同雷曼兄弟一样面临流动性短缺后，股价跌幅达到 90%。即便作为保险业巨擘，AIG 也不得不面临破产的风险，理由是它如同投资银行一样，活跃于信贷衍生品尤其是 CDSs 的交易之中，这也促使美联储相信 AIG 卷入衍生品的交易之深已经难以自拔。如果倒闭，其在金融领域将产生迫害性影响，这使得美联储认为它大到不能倒闭的程度，于是紧急组织 850 亿美元收购其 80% 的产权进行实际意义上的救助，再一次改变了政府的方针。此后 AIG 在 2008 年 10 月和 11 月再次分别向政府要到了 370 亿美元与 400 亿美元的救助。截止到 2012 年，AIG 还清美国政府所有援助。为了避免金融机构"大而不能倒"的局面再次出现，美国政府迫不得已为华尔街埋单后，于 2013 年 12 月 10 日，经由监管当局一致通过沃尔克规则，从而在制度上对以华尔街为代表的金融巨头在戴上"金箍"的同时还做好了念"紧箍咒"的准备。其核心内容是对银行的自营交易设限，并在银行与私募股权基金之间、银行同对冲基金之间设置防火墙。

八　结语

纵观美国房地产金融的历史，人们可以看出，在一个多世纪时间里，美国政府以及监管当局在房地产市场上的主导方针是"刺激为主、管理为辅"，其引发的房地产金融问题实质上是美国银行业的老生常谈——"分业与混业"

经营之争，而其中演绎的逻辑是"分久必混、混久必分"的循环模式。21 世纪以来，《商品期货现代化法案》（CFMA）破除了格拉斯—斯蒂格尔法案的分业经营禁忌后，迎来的却是沃尔克规则对银行分业的回归。尽管是回归，但是，2013 年力倡沃尔克规则的四位知名美国议员——伊丽莎白·沃伦、约翰·麦凯恩、玛利亚·坎特维尔、昂格斯金，在各自的表述中却回避敏感词汇的使用，且尽力避免刺激"华尔街"的言行，自始至终在强调沃尔克规则的优势体现在"结构上"，而并非管制上。事实上，不需解释历史，现实也能告诉世人，官方任何同房地产有关的金融法案的出台，背后多是政府同金融机构博弈的结果，如果把华尔街比作"孙猴子"，政府比作"唐僧"，沃尔克规则就好比是华尔街银行家头上的"金箍"，孙猴子是否乐意心甘情愿地戴上"金箍"，唐僧能否顺利念动"紧箍咒"，从而最终管住华尔街这只金融界的"孙猴子"，我们还要拭目以待。从这个意义上讲，美国虽然已经走出了金融危机的泥潭，但是，要想躲过危机阴影尚需时日。

热　点　篇
Hot Topics

B.18

分化过程中的多空拉锯

——2014 年浙江房地产市场乱象分析

曹荣庆　丁　扬　〔韩国〕黄贺咏*

摘　要：

2014 年伊始，杭州市多处楼盘被砸，预示着浙江省的房地产市场将进入一个持续的分化与拉锯过程。但是高位均衡仍然是浙江省房地产市场的明显特点，这不仅与浙江省居民的消费和投资理念密切相关，而且与我国巨量的人口因素密切相关。由此中国，特别是浙江省居民的房价收入严重偏离国际通行标准，也将是一个长期存在的无可回避的客观现象。

关键词：

房地产市场　浙江省　市场分化　多空拉锯

---

* 曹荣庆，浙江师范大学经济研究所常务副所长，教授，主要从事区域经济学和公共经济学的研究；丁扬、〔韩国〕黄贺咏，浙江师范大学区域经济学硕士点研究生。

作为我国经济社会相对发达的省份，特别是作为我国市场经济制度发育相对充分的省份，浙江省的房地产市场一直是我国房地产市场的风向标，浙江省房地产市场的变化与发展，在很大程度上预示着我国整体房地产市场的变化与发展。2014年新年伊始，浙江省房地产市场开局动荡，显示了房地产市场上多空双方的激烈博弈。

一　售楼处又被砸了

2月18日晚，杭州德信北海公园将原本售价18000元/平方米降低到15800元/平方米，由此引发周边楼盘天鸿香榭里紧急迎战，19日晚，天鸿·香榭里从17200元/平方米直降到13800元/平方米。

作为独具中国特色的市场反应，售楼处自然而然地又被砸了。从21日开始，天鸿·香榭里门口，一边是许多老业主高喊"退房"维权，沙盘上的楼盘模型东倒西歪；而另一边则又是买房的队伍，现场一片混乱。一名老业主说："就在18日，天鸿的销售顾问还多次以楼盘必将涨价的理由，敦促一名业主尽早付款，但一天后，天鸿就突然降价了，该名业主一夜之间损失近50万。"包括那名损失了50万元的业主在内，天鸿·香榭里的老业主们连续集聚在天鸿香榭里售楼处，并确实造成了沙盘毁坏等事实。

由此，新一波的杭城房地产市场价格大战正式拉开，3天之内有8个楼盘加入降价大军，而且降价幅度愈加猛烈：

1. 德信·北海公园：均价从19000元/平方米降至15800元/平方米；
2. 天鸿·香榭里：均价从17200元/平方米降至13800元/平方米；
3. 阳光郡：均价从17500元/平方米降至13800元/平方米；
4. 运河协安蓝郡：均价从16800元/平方米降至14400元/平方米；
5. 协安紫郡：均价从17500元/平方米降至14800元/平方米；
6. 保利梧桐雨：均价从16200元/平方米降至12800元/平方米；
7. 天阳·半岛国际：均价从25000元/平方米降至20000元/平方米；
8. 万科·北宸之光：均价从16800元/平方米降至13000元/平方米。

杭州的房地产市场价格大战只是浙江省房地产市场激烈博弈的一个缩影。

事实上，早在半年之前，浙江省另一个房地产市场的敏感城市温州，有关说法就已经满城风雨，拦腰斩断的房价、"多达 15000 套"待拍的断供房、排队等待的房产官司等，有关房地产市场的种种报道，将温州这座城市再次推到舆论的风口浪尖上。

二 "坚硬的泡沫"

作为我国市场经济发育比较充分的区域，浙江省房地产市场在国家宏观调控政策的强力高压下，市场力量同样迸发出激烈的反弹力量，由此形成了浙江省房地产市场的"怪位均衡"——"坚硬的泡沫"。

一方面，在全国的媒体报道中，浙江省的房地产市场总是有取之不竭的新闻源泉，而且总是能够吸引全国公众的注目。这其中，除了"温州炒房团"名震国内外之外，价格战、断供、售楼处被砸等事件总是"有计划"地上演，一件事情刚刚平息，另外一件事情又起，给人一种整个浙江省的房地产市场都处在严重泡沫中的感觉，好像整个浙江省的房地产市场都处在一片风声鹤唳的风雨飘摇之中。

但在另一方面，浙江省的房地产市场则又在这种不利的环境中顽强地生存并发展。在天鸿·香榭里楼盘的售楼处被砸事件中，一边是砸"楼"维权的老业主，另一边是着急购房的新业主，而且数量同样巨多，以至于开发商没有时间处理老业主的维权事宜，因为大量的新业主在等着办手续。事实上，在宣布"直降 6000"后，开盘三年销售不过 300 余套的天鸿·香榭里，在 2 月 27 日一天就卖出 158 套。引发杭城楼盘价格战的德信·北海公园，在 3 天的时间内认筹超过 300 组，其尾盘的 208 套房源悉数清空。

浙江省房地产市场"泡沫"的"坚硬"程度不仅体现在这种价格战中惊人的楼盘销售业绩，也表现在浙江省一些地市近一段时间以来房价的持续上扬上。

图 1 是浙江省金华市过去 7 个月来二手房的价格变动情况。从图中可以看出，2013 年 8 月 11 日，金华市的房价处于一个相对低点，每平方米 9924 元，然后直线上涨，到 10 月 20 日上涨到了 12376 元/平方米，稍作调整后又持续

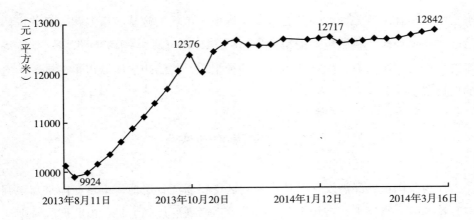

图 1　金华市近期房价变动情况

资料来源：房价网，http：//jinhua.fangjia.com/zoushi/。

上扬，一直到 2014 年的 3 月 16 日涨到了 12842 元/平方米，7 个月内上涨了
29.40%。此外，绍兴市也从 2013 年 5 月 5 日的 7881 元/平方米上涨到了 2014
年 3 月 16 日的 13577 元/平方米，幅度更是达到了 72.28%。

浙江省房地产市场"泡沫"的"坚硬"程度，还表现在出现了降价的地
市其最终的市场均衡价格仍然处于非常高位。2014 年 3 月 16 日，温州市的二
手房价格为 23380 元/平方米，杭州市为 22886 元/平方米，宁波市为 14677 元
/平方米，绍兴市为 13577 元/平方米，台州市为 11997 元/平方米，湖州市为
9029 元/平方米，嘉兴市为 6783 元/平方米。① 由此可见，浙江省大部分城市
的房价还是非常"强硬"地维持在较高的水平上的。

三　激烈分化的市场

浙江省房地产市场这种多空的持续拉锯，反映了浙江省房地产市场的激烈
分化。从更加全面的数据来看，一方面，一部分高端市场的楼盘仍然具有持续
的上涨空间，比如说杭州环西湖边的一些项目，大部分已经上涨到了 6 位数以

---

① 浙江省共有 11 个地市，除了上述的 9 个之外，另外 3 个城市（舟山市、衢州市和丽水市）在
"房价网"上数据暂缺，其中丽水市的房价肯定维持在 10000 元/平方米的水平以上。

上的价位，但仍然是有价无市，基本上没有人出手套现，换句话说，多方显然对这些高端项目持有长期的乐观预期。不仅如此，杭城的这些高端项目已经有明显的扩张趋势，里西湖、西溪湿地、滨江地块也都成为多方投资的重点区块，高端项目显然呈现"群体化"的特征。此外，即使在一些二、三线城市，特别是金华，在宜居城市的号召下，周边几个强势发展的县市（如义乌、永康等）资金，甚至域外资金的大量进入，导致普通商品房呈现持续的上涨态势，一些高端楼盘，特别是别墅型楼盘更是直线上涨，呈现供求两旺的态势。

当然，在国家宏观调控力度持续不减的情况下，几乎每一家房地产企业都感觉到市场的重大压力。在浙江省，杭州的降价竞争直接形成了影响全国的公共事件，更多的城市则直接表现在房价的某种程度下降上。2013 年 3 月 24 日，温州市的二手房价格是 26377 元/平方米，而到了 2014 年 3 月 16 日是 23380 元/平方米，一年中下跌了 3000 多元，幅度达到了 11.36%。与此相适应，杭州市从 2013 年 10 月 6 日到 2014 年 2 月 23 日的下降幅度为 7.75%，宁波市从 2013 年 9 月 15 日到 2014 年 3 月 16 日的下降幅度为 12.59%，台州市从 2013 年 4 月 14 日到 2014 年 2 月 23 日的下降幅度为 9.60%，嘉兴市从 2013 年 6 月 30 日到 2014 年 2 月 23 日的下降幅度为 16.61%。

浙江省房地产市场这种近乎"矛盾"的发展态势纠结在一起，特别符合市场严重分化的特征。也就是说，在目前形势下，房地产市场不同方向的变化态势"有机"地融合在一起：一些好的项目，将呈现继续上涨的趋势，而大部分普通项目则会进入一个相对较长时期的调整通道，进而感受到更大的市场压力。事实上，浙江省房地产市场的这种两端分化的态势具有普遍性的意义。从全国的角度来看，这种分化过程也是普遍存在的。不仅一、二线与三、四线分化，一、二线城市之间也会分化，甚至同一个城市的不同区域也可能出现涨跌不均衡的状态。

四 房地产市场多方占优博弈的社会基础

浙江省房地产市场的错综复杂的分化态势，是浙江省经济社会发展在全国宏观调控局势下的一种自然反映，是浙江省社会各界对房地产市场发展的一种

自然认识。

第一，浙江省相对较为发达的经济基础是浙江省房地产市场"泡沫坚硬化"的前提条件。首先，2013年，浙江省实现GDP 37568.49亿元，人均GDP 68593.19元（11075.57美元），在全国名列第5；其次，浙江省经济社会发展具有典型的草根经济特点，藏富于民是浙江省的一个基本省情，因此浙江省居民个人可支配收入显然要相对高于兄弟省市；再次，浙江省经济社会发展具有强烈的外向性，GDP明显小于GNP，由此构成浙江省各地一系列外人常觉迷惑的经济现象。这种情况以温州为最典型代表。通常认为，"温州经济"只是"温州人经济"的一半左右，超过250万的温州人在温州以外的地方创业当老板（注意不是"打工"，而且据说在这250万人中还有50万人左右是在中国以外的地方创业当老板），这些在外地生成的财富通常会回到温州形成消费能力，进而推高当地的物价水平。一个典型的案例是，温州市的泰顺县是国家级贫困县，但是每年春节当地的星级宾馆（包括一家五星级宾馆）都会爆满，餐饮酒店的价格也会涨到令人咋舌的程度。

第二，浙江省居民更加强烈也更加扭曲的消费观念强化了房地产市场的发展空间。事实上，这是一个中国人都共有的消费习惯，年轻人结婚的前提条件是婚房的预备，甚至许多还未走出校门的大学生，其家长已经为其在预备就业的城市买好了房子，这与西方国家要经过几轮奋斗之后有一部分人才会有自我产权住房的消费观念完全不同。浙江省的情况是把这种消费习惯推向了极致，甚至追求一步到位。从我国的空间版图上来看，或许不会有第二个地方，可以和104国道线从杭州到宁波的经济走廊中农民对住房的刻意需求相"媲美"。从某种角度上来说，这个经济走廊内的农民住房达到了登峰造极的程度，最极端的例子是许多家庭近乎每10年左右就重新造一幢房子，因此改革开放30多年来会有3~4幢房子，完整地记录了其发家致富的整个过程。此外，从外在的角度上来看，有关汽车的消费显然也可以佐证浙江省居民关于住房的消费理念。义乌是浙江省的一个县级市，站在街头，耐心等上几分钟，就能看到劳斯莱斯、宾利、迈巴赫、法拉利、蓝博基尼等千万元级别的顶级豪车。哪怕是到了义乌的郊区农村，也能随便地开出一支浩浩荡荡的宝马或者奔驰车队。现在，宝马在义乌的年销量稳定在1000辆左右，这就不难理解义乌大街上宝马车大大多于自行车了。

第三，浙江省居民基于历史基因而形成的投资理念。在这一点上，最极端的例子莫过于"温州大妈炒房团"了，曾几何时，温州的太太们横扫全国各地的房地产市场，动辄一个楼层一个单元地买下房子，就好像家庭主妇们在菜场里买青菜萝卜一般。事实证明，温州炒房团的战绩非常辉煌，鲜有失败的案例，至少从利润率的角度来看，往往都在实业投资之上。当然，"温州炒房团"的成功运作还要基于国家房地产市场越调越高的宏观调控政策，正是在这种南辕北辙的调控政策的综合作用下，浙江省居民针对房地产市场的投资行为得到了足够的利润回报，而作为这种投资理念的必然结果，则是房地产市场的持续高涨。

当然，浙江省居民的房地产投资之所以比较圆满，非常重要的一个制度前提就是国家房地产市场宏观调控政策的有力"协助"。事实上，我国房地产市场的空置率已经达到非常高的程度，但由于宏观调控措施在保障房问题上的失误，在土地政策上的推波助澜，特别是在货币发行政策上的竭泽而渔，才一再强化了房地产市场的乐观预期（甚至是一种被迫的防守型的"乐观"预期），最终成就了浙江省居民对房地产投资的成功。

五　中国房地产市场均衡的特殊性

尽管面临着强大的压力，但是浙江省房地产市场仍然坚挺在高位均衡上确实存在着浙江省自我的经济社会发展基础。从全国的角度来看，我国的房地产市场仍然严重偏离国际通常的均衡标准，这其中涉及我国一个独特的基本国情，也即我国物价（房价）决定过程中的巨量人口因素。

众所周知，按照国际上通行的标准，房价收入比应当保持在 4～6 倍。但是在我国，房价与家庭收入的比例，即使在三、四线城市也保持在 10 倍左右，一、二线城市保持在 20 倍左右，而一些特殊的一线城市则要达到更高的 30 倍甚至 40 倍左右，严重偏离了国际通常的标准水平。

从理论上来说，中国房价收入比居高不下可以从人口学中"人口红利"的说法中引导出来。长期以来，许多专家认为在中国这样的发展中大国，人口结构的特点决定了人口的负担较轻，因此人口结构具有较高的生产性，由此形成了潜在的促进经济增长的源泉。但是专家们显然忽略了一个更加重要的前提，即在中国这样超级人口大国，"刘易斯拐点"是根本不存在的，因为在完全的市场中，基于巨额人口而产生的需求，往往把需求品的供应链在一开始就推过"刘易斯拐点"，从而造成原材料价格的直线上升，最终直接形成对可能的人口红利的对冲（见图2）。

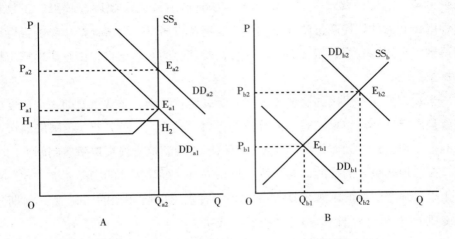

图2 巨量人口因素中的一般价值（房价）均衡

在图2中，A为正常状态下一般商品市场的均衡及其发展，而B则为生产资料市场的均衡及其发展。在正常情况下，一般商品市场需求曲线为 DD_{a1}，供给曲线为 SS_a，两者共同构成均衡点 E_{a1}。此时，相对于现有的社会总福利 $OP_{a1}E_{a1}Q_{a2}$ 来说，满足当期总需求的社会福利只是 $OH_1H_2Q_{a2}$，两者之间有一个 $H_1P_{a1}E_{a1}H_2$ 的剩余，这也就是这一期的"人口红利"。与这种一般商品市场的均衡相适应，生产资料市场由需求曲线为 DD_{b1} 和供给曲线为 SS_b 决定了均衡点 E_{b1}，此时生产资料市场的总市值为 $OP_{b1}E_{b1}Q_{b1}$。

现在加进中国巨额人口这个非正常状态的因素之后，在一般商品市场出现的变化是，总需求曲线由 DD_{a1} 提高到了 DD_{a2}，与此相应，社会总福利也从 $OP_{a1}E_{a1}Q_2$ 提高到了 $OP_{a2}E_{a2}Q_{a2}$，实现了 $P_{a1}P_{a2}E_{a2}E_{a1}$ 的福利增长。但是在另一方面，作为实现这种总福利增长的前提条件，生产资料市场的总需求也由

DD_{b1} 提高到了 DD_{b2}，社会总投入也就由 $OP_{b1}E_{b1}Q_{b1}$ 增长到 $OP_{b2}E_{b2}Q_{b2}$，也就是说，社会总成本也提高了 $P_{b1}E_{b1}Q_{b1}Q_{b2}E_{b2}P_{b2}$。

现在的问题是，为了实现社会总福利 $P_{a1}P_{a2}E_{a2}E_{a1}$ 的增长，我们额外支出了 $P_{b1}E_{b1}Q_{b1}Q_{b2}E_{b2}P_{b2}$ 的总成本是否是经济的？判断的原则是相对简单的，只要前者大于后者，也即总福利的增长大于总成本的增长，那么这种行为就是经济的，相反就是不经济的。需要强调的一点是，人口学中所谓的"刘易斯拐点"，实际上就是当总成本的 $P_{b1}E_{b1}Q_{b1}Q_{b2}E_{b2}P_{b2}$ 的额外支出逐渐接近于总福利 $P_{a1}P_{a2}E_{a2}E_{a1}$ 增长时的一种经济状态，在此之前，经济行为是经济的，在此之后的经济行为就是不经济的。

从实际的情况看，我国因人口而形成的大国模型并不存在所谓的"人口红利"，也就是说，人口因素而导致的社会总福利 $P_{a1}P_{a2}E_{a2}E_{a1}$ 的增长，根本就没有超出过社会总成本 $P_{b1}E_{b1}Q_{b1}Q_{b2}E_{b2}P_{b2}$ 的增长，在形成"刘易斯拐点"之前，中国人口就已经通过对原材料的过度需求而导致价格大幅度提升形成了对"人口红利"前提性淹没。一个非常典型的案例是近几年来中国钢铁企业对铁矿石进口价格谈判的不利地位。业界往往用我国钢铁企业的无序竞争来解释我国在谈判过程中的被动地位和不利结果，但仅此并不足以解释这种现象。只有从国外铁矿石企业深刻地洞察了我国人口对"刘易斯拐点"前提性淹没，从而剥夺了我国在理论上可以存在的"红利"这个角度来理解这种现象，这个问题才是最终可以解释的。

但是在现实生活中，我国存在着"人口红利"是一个不争的事实。导致这种矛盾性现象的原因并不在于人口的特殊结构，而在于计划体系对非计划体系的直接剥削，在于市场体系通过不同途径而获得的垄断地位。换句话说，我国所谓的"人口红利"，实质上只不过是对社会弱势群体的一种制度剥削而已。更加具体地说，在计划经济时期，"人口红利"主要表现为通过价格剪刀差而存在的城市体系对农村体系的剥削；而在现在，"人口红利"则主要表现为通过市场垄断机制而形成的剥削，比如说农民工所遭受的不公平待遇，甚至包括我们个人消费者在中石油、中石化和中国移动等国有垄断公司面前的弱势地位。

正是因为中国根本不存在在"刘易斯拐点"之前的"人口红利"，因此才

形成了目前许多人困惑不解的中美两国的价格悖论。尽管中国的劳动力工资远远低于美国，但是许多日用品的价格却要高于美国，其中的原因就是因为中国根本不存在基于"刘易斯拐点"而形成的人口红利。而中国房地产市场居高不下的房价收入比，也正是中国巨额人口对"刘易斯拐点"前提性淹没的结果。

综上所述，我们可以发现：浙江省的房地产市场正在经历一场深刻的分化，早些时间全线飘红的时代已经成为历史，房地产市场过度发展的代价将由一些开发商甚至购房者消化分解，但这并不影响一部分高端房地产项目的"可持续发展"。即使如此，浙江省的房地产市场在总体上仍然处于高位均衡，房价收入比严重偏离国际通行的标准，这既与浙江省的经济社会发展水平相关，也与浙江省居民的消费、投资理念相关，更与我国巨量的人口因素相关。

小产权房何去何从

黄顺江　海倩倩*

摘　要：

小产权房是在我国城镇化快速推进的背景下多种因素综合作用的产物，尤其是农村集体谋求土地收益最大化的结果。解决小产权房问题的关键，是在确保国家整体利益尤其是18亿亩耕地红线不被突破的前提下，让农民和村集体自主参与城镇化建设，并从中获得更大的利益。为此，应允许城市郊区及快速城镇化地区的农村集体，各自划出一块自留地。在自留地上，村集体拥有绝对所有权。自留地可上市交易，与国有土地"同地、同权、同价"，也可由村集体自行开发、建设和经营，所获收益用于维持自身生存和发展。自留地上的小产权房，允许其合法存在，但不"转正"。非自留地上的小产权房，占用耕地的应拆除，不占用耕地的可"转正"为商品房。

关键词：

集体土地　小产权房　农民房

党的十八届三中全会通过的《中共中央关于全面深化改革若干重大问题的决定》明确提出："建立城乡统一的建设用地市场。在符合规划和用途管制前提下，允许农村集体经营性建设用地出让、租赁、入股，实行与国有土地同等入市、同权同价。"三中全会召开之前，国务院发展研究中心公布的"383"

---

* 黄顺江，中国社会科学院城市发展与环境研究所副研究员，主要从事城市化和城市发展基础理论研究；海倩倩，江西财经大学房地产管理专业2007级学生。

改革方案也提出：在集体建设用地入市交易的架构下，对已经形成的小产权房，按照不同情况补缴一定数量的土地出让收入，妥善解决这一历史遗留问题。一时间，被压制了 20 余年之久的小产权房，终于看到了"希望"，多地小产权房市场骤然升温，房价上扬。然而，国土部和住建部于 2013 年 11 月 22 日发布紧急通知，表示要坚决遏制在建在售小产权房行为，并随后在全国各地对小产权房展开了摸底和清理行动。骤然间，小产权房的前途又变得渺茫起来。那么，小产权房到底该何去何从？

一　小产权房的核心问题是农民和农村集体的经济利益

小产权房的成因很复杂，可以说是多种因素综合作用的产物（黄顺江、海倩倩，2011）。其中，最根本的因素有两个：一是土地制度，二是行政管理体制。我国是社会主义国家，以公有制为基础。土地是最基本的生产资料，也是公有制的基础。国家所拥有的土地由政府管理。政府管理土地有两种方式：一是由政府直接管理，主要是城市土地，也包括荒山、荒地、森林、草原、河流、湖泊、海洋等；二是由农村集体管理，主要是农村土地。虽然我国《宪法》第十条明文规定："农村和城市郊区的土地，除由法律规定属于国家所有的以外，属于集体所有。"但是，这一所有权并不完整。《宪法》第十条同时还规定："国家为了公共利益的需要，可以依照法律规定对土地实行征收或者征用并给予补偿。任何组织或者个人不得侵占、买卖或者以其他形式非法转让土地。"这就是说，农村集体对于其所拥有的土地没有处置权，不得进行买卖和转让。同时，为了保护耕地，我国对土地用途实行严格管制，严格限制将农用地转为建设用地。另外，在管理体制上，农村集体是一个自治组织。政府对于农村事务只进行指导（政策性的），而不直接管理。政府管理的主要是城市，其土地和住房部门也主要管理城市土地与房屋。对于农村土地与住房，主要由村集体自行管理。

市场经济活动的核心是利益。农村集体，同时还是一个经济组织。作为经济组织，自然要追求自身利益的最大化。由于农业生产活动的经济效益通常低于工商业活动，为了获得更大利益，农民和村集体总是试图改变土地用途，将农用地转变为建设用地（因为只有建设用地才能够开展工商业活动）。小产权房的出现，正是基于这样的目的。然而，这就与我国的土地用途管制制度发生了矛盾。要想解决这一矛盾，一方面需要国家不断加大对农业的支持和优惠力度，使农民从事农业生产活动也能够获得较高的经济收益；另一方面还要加强管理，通过行政手段来约束部分农民及村集体的自私自利行为。然而，受国家财力的限制，前一手段的力度往往较弱。这时，就需要强化行政手段。但由于不直接管理农村，政府对村集体的土地开发和建设行为就很难监管到位。长期以来，小产权房之所以难以根除，主要是由于城乡管理体制上的二元结构为其提供了生存空间（程浩，2009）。

事实上，我国工业化和城镇化快速推进，为城市郊区、工矿区周边及交通要道沿线地带进行包括小产权房在内的土地开发带来了机会。可以说，这些地带的农村，仅靠土地开发甚至坐等土地升值就可以富裕起来。不管谁想开发这些土地，都绕不开拥有这些土地的村集体。而且，由于土地开发需要巨额资金，农民和村集体通常没有力量开发这些土地，所以也乐于接受社会力量参与其开发活动，开发成功之后利益双方或多方分成。这就是小产权房不合法但难以根除的主要原因，其核心是农民及村集体想获得更高的土地收益（王双正，2012）。

二 用发展的眼光来认识小产权房

对于小产权房如何处理，经过长期的讨论和争论，社会各界基本上达成了共识。这一共识，大体上有三个基本点：一是多数人都承认小产权房不合法，但又基本认可其有助于改善城市住房的社会价值；二是多数人认为严格保护耕地的基本国策不能松动，但农村集体对于集体土地的所有权也应得到尊重，农民的利益应得到保障；三是多数人主张将小产权房纳入经济适用房或保障房体系。

根据社会各界的意见，以及当前我国城市发展和房地产市场的新形势，应客观、公正、全面地认识小产权房，既不能一口否定，也不宜全盘接受。应当否定的，是其违法违规的一面，尤其是与严格保护耕地的基本国策相冲突的行

为；应该肯定的，是其填补城市住房供应缺口和促进农民增收的一面。总体上，应承认小产权房的作用和价值。

从当前我国城镇化快速推进的现实着眼，要想妥善解决小产权房难题，就必须跳出小产权房，用发展的眼光来看问题。进入 21 世纪以来，我国城市发展步入大都市时代，发展模式发生了根本性变化，开始由聚集向扩散转变，并由此推动着郊区化进程不断加快。当前，各大城市中心地带高企的房价、快速上升的生活成本以及拥挤的环境，正是推动居住功能向外扩散的强大动力。小产权房的持续扩张，事实上还有郊区化的因素在起着助推作用。

同时，还需要一种自下而上的思维方式，从农村集体经济发展的合理诉求中求解小产权房。农村集体是我国社会主义制度的根基。农村集体既是最基层的行政组织，又是最基本的经济组织，典型的"政企合一"。作为一个行政组织，就必须保证其稳定地存在和发展，不能像企业那样任其自生自灭。作为一个经济组织，就要让其面向市场谋求生存和发展，追求更大的经济效益。一般的农村，由于远离城市，集体经济只能依靠农业及国家的优惠扶持政策。而城市（尤其是大城市）郊区的农村，由于土地升值，村集体就可以通过土地出租（用于建设工厂、进驻企业或其他经营活动）来维持其生存和发展。这样，郊区农村就出现了越来越强烈的非农化趋势：农民不再种地，土地也不再种庄稼。但是，由于自身素质的限制，农民在现代市场经济活动中的生存能力很低，通常收入不高，且不稳定。这样，郊区农民家庭的主要收入来源，很大部分是靠出租自家院里的闲置房屋（俗称"瓦片经济"）。当前，各大城市住房紧缺，房价看涨，房地产行业效益非常高，开发房地产几乎稳赚不赔。于是，越来越多的郊区农村集体就走上了房地产开发的道路（通常以城乡统筹发展或新农村建设的名义，虽然大多违规甚至归法，但政府却难以实施严厉的处罚）。

三 处理小产权房问题的基本思路

根据以上分析和认识，对小产权房应采取实事求是的态度，正视现实，妥善处理。在符合土地用途和城乡规划的前提下，使大部分小产权房合法化、规范化，以促进城镇化和房地产市场的健康发展。

考虑到我国国情和城镇化的现实需要，处理小产权房问题需要坚持以下原则。

第一，维持我国的土地制度和城乡管理体制基本稳定。土地制度是我国的根本制度，是社会主义公有制的基础，不能随意改动。主要有两点：一是土地用途管制制度应继续坚守，18亿亩耕地红线不能突破；二是集体土地所有权应当维护好，同时政府代表国家行使土地管理权的职能也不能弱化。集体土地所有权与政府对土地的最后决策权需要统一协调。

第二，有利于城镇化健康发展。小产权房是在我国城镇化快速推进过程中出现的，适应了城市发展的需要，尤其是顺应了大城市郊区化的潮流。因而，对小产权房应从大局出发，进行合理引导和规范，以便更好地服务于城镇化。

第三，有助于城乡房地产市场的形成和发展。长期以来，我国房地产开发建设活动，主要是在城市国有土地上进行的。城市土地的紧缺性，造成商品房价格居高不下。这就使得城市中低收入阶层的住房成为一大民生难题。目前各地政府正在建设的保障房，虽然在一定程度上可以缓解城市住房民生难题，但难以从根本上解决问题。小产权房的存在，事实上反映了城乡房地产市场互动发展的内在要求。小产权房的未来去向，应有利于建立城乡一体的房地产市场，以进一步改善住房民生。

第四，保持各方利益的大体平衡。虽然开发建设的主因是农村集体，但事实上小产权房涉及多方利益。处理小产权房问题的关键，是要保证各方利益大体平衡。首先，必须保证全社会公共利益的需要，使政府能够掌控国家土地利用总体状况，并对农村集体土地拥有最大程度的支配权。其次，在当前土地财政的状况下，必须保证地方政府财政收入的稳定。再次，农民和村集体的利益是关键。村集体对于自己所拥有的土地，应能够保证获得最大收益的权利。为了农村社会的长期稳定，必须让村集体能够发挥作用。要使其发挥作用，就必须让村集体有可持续的经济创收能力。也就是说，处理小产权房问题的关键，是要为农民和村集体找到一条发展经济的长远出路。最后，购房者的利益也需要保证。购房者多是中低收入城镇居民（邹晖等，2013）。处理小产权房时，必须考虑到购房者的经济承受能力，既不能将小产权房简单地拆除或没收，也

不宜增加购房者过多的经济负担。

另外，处理小产权房问题，还需要考虑到农民房。小产权房通常由村集体与开发商合作开发，规模较大（一般是居住小区，有数栋楼房），与正规商品房没有大的差别。而农民房则是由农民单户或多户联合在自己宅基地上建造的（通常为单体楼房，没有独立的小区），标准低，设施不全，环境较差，甚至存在着安全隐患。近年来，在小产权房快速扩张的同时，农民房也在大量增加，规模很大（目前在各大城市中，农民房大约相当于小产权房总量的 1/3 ~ 2/3 不等，有的地方甚至超过小产权房）。农民房大多出租给了外来流动人口，主要是农民工。事实上，商品房、小产权房及农民房，已构成我国城市住房供应的完整体系，都是不可分割的组成部分。在处理小产权房时，必须考虑将农民房一并处理，政策上要统一。

四　小产权房政策设计

根据我国国情和城镇化快速推进的现实，处理小产权房的基本策略是：让符合土地用途和城乡规划的小产权房合法化，并继续存在和发展下去，但不"转正"为商品房，以继续维持其当前的市场地位，促进城市住房供应体系的完善（黄顺江，2013）。为此，应制定如下政策。

第一，关于土地。

农村集体可以保留本集体土地的 1/5 ~ 1/3 作为自留地（包括村庄、宅基地及本集体其他建设用地在内）。在自留地上，村集体拥有绝对所有权，而且永远拥有。村集体可以自由支配、使用和经营自留地，所获收益归村集体所有。自留地使用权可以上市自由交易。自留地可以与国有土地"同地、同权、同价"（蔡继明，2012）。

政府原则上不得征用自留地。如遇国家重大建设事项或城市公共利益的需要，确需占用自留地的，政府应与该村集体平等协商后方可予以征用（但不得强制），并按协议价格给予高额补偿，或将自留地调换至其他地块（同样需要协议补偿条件）。

除自留地之外的农村集体土地，村集体只有使用权，政府拥有绝对所有权。政府可以根据国家建设或城市发展的需要随时征用土地，并按政策标准给予经济补偿。政府未征用的农村土地（除自留地之外），仍保持农业用途。

所有土地的所有权均不得买卖。无论国有土地还是农村集体的自留地，买卖的只是土地的使用权。

所有使用土地的单位或个人，均须向土地所有者缴纳土地使用费（使用国有土地要缴纳土地出让金）。农村集体自留地的土地使用费（本村集体成员的宅基地免费），由村集体收取（按年收费），归村集体使用。

自留地的发展规划，应与城乡总体规划协调一致。自留地的开发、建设和管理应符合发展规划，并由村集体负责。

第二，关于小产权房。

建造在农村集体土地上的房屋为农村房屋（包括农民房），建造在（城市）国有土地上的房屋为城市房屋。自留地上的农村房屋（须符合安全和居住使用要求）同城市房屋一样，可以自由买卖，也可出租。非自留地上的农村房屋，不能买卖，也不可出租，只能自用。

同时，应允许城镇居民到农村购买或租赁自留地上符合安全和居住使用要求的房屋。当自留地上的房屋经过买卖进入城市住房市场，就成为小产权房。国家承认小产权房的合法性。

当农民或村集体卖掉自己所属房屋时，该房屋所在土地（自留地）的使用权也一同转移到购买者手里。若农民将自己家庭唯一的房屋出卖，就意味着该户家庭自动退出所属村集体。而其房屋的购买者，不能继任为该农户所属村集体的成员。

所有购买或使用农村自留地房屋者，均须向村集体缴纳管理费并办理相关手续。

农村房屋由所属的村集体进行管理。

五　妥善处理现有小产权房

对于已经存在多年的小产权房的基本方针是：区别情况，分类处理。

第一，区别农村土地状况。

根据与城市的空间关系，可将农村集体及其土地分为三类情况。

一是远离城市（及工矿区等）的纯农村地区。土地的主要用途是农业生产。在村集体土地上，除了村庄（且完全由本村村民居住使用）之外，基本上没有其他建设用地。

二是城市郊区（及小城镇、工矿区周边等）的农村地区。部分或大部分土地用于农业生产，但城镇化趋势明显，已有城市基础设施（如对外道路等）、工厂、企业等非本村单位或个人占用本村集体土地。农田、村庄、基础设施及小规模的工业区、企业聚集区、城市社区等杂乱分布。城市社区、基础设施等所用土地大多已征收为国有土地，但其余用地基本上仍属于农村集体，土地权属复杂。

三是城市边缘地带的农村地区（城中村）。原来是城市郊区，土地主要农用，后因城市扩张，农田被占用，村庄也被包围在城市之中。绝大部分土地已成为城市建成区，且部分或大部分被征收为国有，但至少村庄范围内的土地仍为村集体土地。土地权属也非常复杂。

第二，实施不同政策。

一类农村地区不会出现小产权房（起码不会有成规模的小产权房）。但是，城镇居民可以购买使用农民房。不过，农民房出售或出租的数量不会很多，影响不大。因而，总体上仍可沿用现行的土地制度和管理政策不变。不过，对村庄及农民宅基地必须从严控制，严格落实"一户一宅"政策，以及各地制定的宅基地标准。为此，可为每一个村庄划定边界范围，限制其随意扩张。

二类农村地区小产权房最多，是治理的重点。首先，通过对土地性质和利用现状的综合评估，将大块农地划定为基本农田。其次，通过与农村集体协商，为每一个村集体划定各自的自留地。在自留地上，实施新的土地和小产权房政策。非自留地上的小产权房，符合土地用途和城乡规划的，可转正为商品房，但要补齐同地段商品房价格差价款。非自留地上的小产权房，位于基本农田范围内的，原则上予以拆除，恢复为耕地。所有商品房差价款及罚款均由政府收取，用于异地土地整理，以增加等量等质的耕地。商品房所在的土地，也自动转为国有土地。

三类农村地区已处于城市内部，成为城市的组成部分，基本上不存在耕地。所有的小产权房都应合法化。但是，仍需要划定村集体的自留地。自留地上的小产权房，归村集体经营和管理，地位和性质不变。非自留地上的小产权房要转为商品房（房价差价款上交政府），土地转为国有。

无论哪一类农村地区的农民房，原则上仅供农民自住使用。只有符合安全和居住使用要求的农民房，才可以出租或出售。凡村集体自留地上已出售的农民房，均予以合法化，但仍属于农村房屋，由村集体进行管理，并缴纳管理费。非自留地上已出售的农民房，符合土地用途和城乡规划的，可转正为商品房，但要补齐同地段同类商品房价格差价款。非自留地上的小产权农民房，位于基本农田范围内的，原则上予以拆除，恢复为耕地。转为商品房的农民房差价款及罚款，均由政府收取，商品房所在的土地也自动转为国有土地。

需要注意的是，必须加强对农村土地和房屋的规划与管理。当前，小产权房自身是有缺陷的，甚至问题百出。但应认识到，这些问题的出现，主要是缺乏管理造成的。只要小产权房合法了，对其管理规范了，这些问题在很大程度上是可以避免的。所以，承认小产权房的合法地位，并不是说让其放任自流，而必须借机加以管理，使其走上规范、有序的发展轨道，以便为农村集体经济发展提供持续动力。

在新一轮改革大潮正在深入推进的大背景下，解决小产权房的时机已基本成熟。政府应尽快明确思路，拿出更周全的办法，妥善处理这一历史难题。

参考文献

蔡继明：《小产权房的历史与现实》，《人民论坛》2012 年第 7 期（上），第 54 页。

程浩：《小产权房发展现状及其成因分析》，《经济与社会发展》2009 年第 2 期，第 51～56 页。

黄顺江：《小产权房现状与出路》，《城市与环境研究》2013 年第 1 期，第 173～186 页。

黄顺江、海倩倩：《小产权房的发展动因与解决途径》，潘家华等《中国房地产发展报

告 No. 8》，社会科学文献出版社，2011，第 327~333 页。

王双正：《工业化、城镇化进程中的小产权房问题探究》，《经济研究参考》2012 年第 33 期，第 30~56 页。

邹晖、罗小龙、涂静宇：《小产权房非正式居住社区弱势群体研究——对南京迈皋桥地区的实证分析》，《城市规划》2013 年第 37 卷第 6 期，第 26~30 页。

建立住房金融机构在房地产
发展中的作用和影响

何 佳　杨景芝*

摘 要：

中国的住房公积金自1991年建立以来，始终发挥着政策性住房金融的作用。然而，随着房价的迅猛上涨，住房公积金制度"不进则退"，亟须改革，在此背景下，社会各界关于建立住房金融机构的声音此起彼伏，本文从现有的住房公积金制度的相关分析出发，借鉴各国先进经验，探讨住房金融机构对我国房地产发展的作用和影响。

关键词：

住房公积金　政策性住房金融机构　房地产

一　住房公积金制度概述

与发达国家住房金融机构呈现多元化特征相比，中国房地产方面的金融机构发育不足，其政策性支持作用有限：除商业银行和信托投资公司外，其他专业化的房地产抵押贷款机构、担保机构和保险机构较少；尽管政策性住房金融制度设计有住房公积金，但存在一系列问题。

（一）住房公积金简介

1991年上海率先建立住房公积金制度，规定单位及其在职职工每月提留

---

* 何佳，中央财经大学金融学院金融学研究生，研究方向为宏观经济与政策、互联网金融；杨景芝，北京华山投资管理中心投资部经理。

一定工资比例的资金，专门用于住房消费，至此，住房公积金制度作为政策性住房金融正式建立，并在推广使用中逐渐规范（其发展历程见图1）。住房公积金制度是住房保障的基本制度，是由住房实物分配机制逐步转向货币分配机制的过渡。

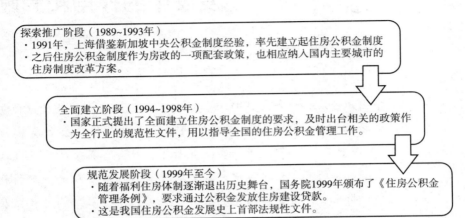

图1　我国住房公积金发展历程

自住房公积金制度成立以来，其当年缴存额、提取额和贷款发放额都有了大幅度提高，为居民购买自住房提供了大量的资金支持（见图2）。

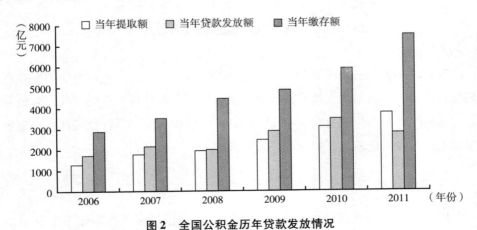

图2　全国公积金历年贷款发放情况

数据来源：住建部，其中2009～2011年部分数据官方没有公布，摘自国泰君安证券研究所估算。

我国住房公积金发挥的是政策性住房金融的作用，具有如下性质（见表1）。

表1 住房公积金的性质

性质	简要内容
强制性	单位应按规定办理住房公积金缴存登记，并为职工设立住房公积金账户
互助性	住房公积金管理中心将所归集的住房公积金资金向符合条件的职工发放优惠利率的个人购房贷款，在有偿使用的同时又能满足其购房需求，充分发挥资金互助融通功能
长期性	职工和单位缴存住房公积金的时间范围是：自参加工作之日起至退休或者终止劳动关系止
专用性	住房公积金是专门用于解决职工住房问题的资金，除发挥保障性作用外不得用于其他用途

（二）住房公积金制度存在问题

在商业性住房按揭贷款还处于"空白"情况下，住房公积金贷款是居民低成本解决住房需求的主要途径，在改善中国城市居民住房方面起到很大作用。近年来，按揭贷款已经普及，而房价的快速上涨（见图3）又引发投资需求（见图4）与资金需求问题凸显，住房公积金并没有顺应形势进行机构设置、运行模式、管理使用方面的改革，由此产生一系列问题。

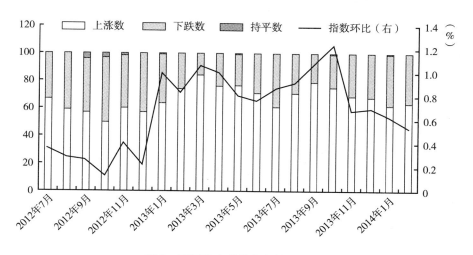

图3 百城住宅价格指数持续增加

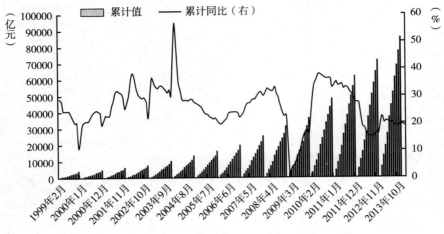

图4 中国房地产投资需求稳步提高

1. 机构设置方面问题

根据《住房公积金管理条例》的规定，住房公积金的管理实行以下原则：住房公积金管理委员会决策、住房公积金管理中心运行、银行专户存储、财政监督（见图5）。

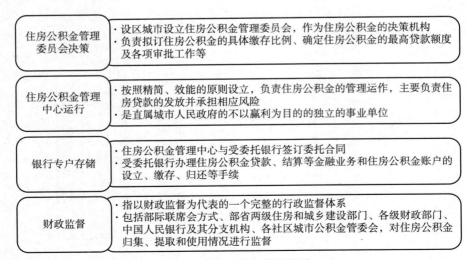

图5 住房公积金管理原则

住房公积金管理中心与公积金缴存人之间存在委托—代理关系，应由公积金缴存人（即实际委托人）对其运作进行监督管理；而事实上，是由政府

（名义委托人）委托管理中心强制单位和个人缴存住房公积金，管理中心因而只对政府负责，只接受政府财政审计的监督（见图6）。由此产生效率损失，即住房公积金管理中心主要代表政府对单位和个人缴存的公积金额度、期限等进行管理，并不直接服务于单位和个人，因而缴存人缴存、提取和向公积金贷款的过程中，不可避免地产生交易成本和效率损失。

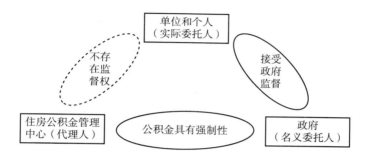

图6 住房公积金中的委托—代理关系

另外，住房公积金管理中心与商业银行之间存在委托—代理关系，由于住房公积金管理中心本质上仍是行政单位、无自有资本、不具备承担风险的能力，不能直接办理公积金贷款、结算等金融业务，而应将其委托给商业银行，商业银行按照规定仅从中提取一定比例的手续费，因此缺乏严格审查贷款人资质和精简贷款手续、提高服务效率的激励，住房公积金管理中心无法对商业银行的道德风险行为实施有效监督，从而产生一般意义上的委托—代理问题。

2. 运行模式方面问题

公积金缴存和贷款环节均存在"马太效应"，见图7。

出现"马太效应"的原因，一方面在于制度设计的不合理，住房公积金的月缴存额由缴存基数和缴存比例确定，缴存基数的差别必将反映在月缴存数额上；另一方面源于对住房公积金的核心定位不清晰，尽管普遍认为住房公积金制度是政策性住房金融制度，但在管理实践中，这一定位并未以明确的法律、法规形式体现出来。目标定位不明确从根本上决定住房公积金管理运作的不完善、不积极。

3. 管理使用方面问题

住房公积金贷款作为政策性住房金融的融资手段，其优势在于贷款利率

| 公积金缴存中的
"马太效应" | · 根据《住房公积金管理条例》规定，职工和单位住房公积金的缴存比例均不得低于职工上一年度月平均工资的5%，有条件的城市，可适当提高缴存比例
· 这一规定导致不同地区、不同行业、不同企业住房公积金缴存额的差距，工资越低的职工其公积金缴存额度越低，造成"马太效应" |
| 公积金贷款中的
"马太效应" | · 设立住房公积金的初衷是为中低收入者购房时提供贷款支持，从而增强其支付能力，体现住房公积金的住房保障作用
· 然而，住房公积金贷款实施过程中，对贷款申请环节和还贷环节普遍有着比较严格的规定，一般收入水平较高的购房者才能享受到政策性住房金融的好处，造成"富者愈富，穷者愈穷" |

图7　公积金制度中的"马太效应"

低、贷款时间长，但受限于实际运作过程中的条件限制多、贷款额度低、手续复杂等问题，资金覆盖率不高，一则地区分布不平衡，二则企业分布不平衡：公积金缴存集中在党政机关、事业单位和国有企业，非公有制企业覆盖面仅为20%，因所有制身份不同造成了公积金保障上的差距。

公积金额度的提升往往滞后于房价的上涨，目前我国各地公积金贷款额度的购房覆盖率不高，尤其是南京、厦门、大连等城市（见表2）。

表2　我国各地公积金贷款额度的购房覆盖率情况（按90平方米/套计算）

单位：万元

城　市	新政策 执行时间	原公积金 贷款额度	现额度	额度增加 （%）	90平方米 总价	公积金额度占 总房价比（%）
连云港	2012/1/1	40	60	40	49	100
信　阳	2012/4/23	28	38	36	36	100
南　昌	2012/4/17	50	60	20	59	100
克拉玛依	2012/4/1	50	70	40	45	100
蚌　埠	2012/4/1	30	35	17	36	96
西　安	2012/6/25	50	60	30	65	92
常　州	2011/9/28	40	50	25	56	89
郑　州	2012/4/20	40	45	13	54	84
滨　州	2012/3/27	25	30	20	36	83
遂　宁	2012/4/12	20	30	50	37	81
合　肥	2011/12/20	34	45	32	57	79
日　照	2012/4/1	20	30	50	41	74
南　京	2011/10/20	40	60	50	88	68
厦　门	2012/1/21	60	80	33	119	67
大　连	2011/4/1	45	60	33	115	52
宁　波	2011/4/21	40	60	50	122	49
平　均	—	—	—	35	—	82

数据来源：统计局、各地公积金交易管理中心网站、搜房网，采用各地商品房均价测算。

二 国外政策性住房金融机构的比较研究

（一）美国的政策性住房金融机构——资本市场融资制度

美国的资本市场和货币市场高度发达，形成了多样化住房金融机构体系。联邦住房贷款银行体系是美国政府调节和管理住房金融市场的主要工具，其根据《联邦住房贷款银行法》在全国设 12 家区域性的联邦住房贷款银行，在政府充当保证人基础上，将所吸收的私人资金用于住房开发和住房购买。具体组成包括联邦住宅信贷银行、联邦住宅抵押贷款公司和政府全国抵押协会（见图 8），其中联邦住宅信贷银行是住房金融领域的"中央银行"，负责向住房金融体系提供资金支持并对其进行监督。

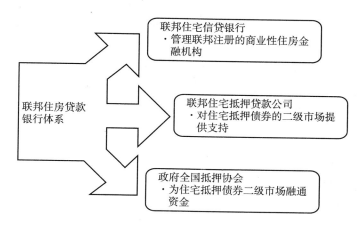

图 8　联邦住房贷款银行体系的组成

政策性住房抵押贷款担保机构主要由美国联邦住宅管理局、退伍军人管理局构成，其通过提高住房担保等方式参与住房金融，对住房金融运行机制进行监督管理，不直接办理贷款业务。

（二）德国政策性住房金融机构——住房储蓄制度

在德国，合同储蓄模式的住房金融制度占有相当份额，并在"二战"后德

国住房建设及消费中发挥了重要作用，目前仍是其住房金融制度的主要特征。

住房储蓄制度是一种互助性质的住房融资制度，住房储蓄银行是专门办理住房储蓄业务的金融机构，它起源于英国的建筑协会，发展于20世纪20年代，"二战"后真正得以确立。由于住房储蓄制度明确了其住房储蓄贷款的唯一用途是为个人住房进行融资，因此住房储蓄机构的存款有严格的限制，不能在金融市场上参与货币交易或投资，因此德国的住房储蓄银行具有很强的专业性和排他性，并对住房储蓄业务实行分业管理，所筹集的资金必须专款专用。德国的住房储蓄银行大多不设分支机构，主要通过先进的管理系统进行存贷款信息记录跟踪、资金计划调度、配贷指数计算、还款记录、档案管理等一系列工作。

（三）日本政策性住房金融机构——混合制度

"二战"后，受资金不足的困扰，日本政府设立了官方金融机构，进行住宅信贷资金的筹集和使用，与此同时，私人金融机构亦从其他渠道筹集资金。日本住宅金融市场的最大特点就是官方金融机构与民间金融机构交织并存。

住宅金融公库是日本最大的专业住房金融机构，除东京总部外，在全国设立了12个分支机构和1个营业所，主要用于发放住房抵押贷款，其在1950～2006年间累计为1940万户居民建房购房提供金融支持，占据市场份额的30%。住宅金融公库的资金主要用于个人住房贷款、自有住房建设和住房改造贷款、租赁住宅贷款等。

（四）新加坡政策性住房金融机构——中央公积金制度

在新加坡的住房金融体系中，政府强制规定雇主与雇员每月须按工资收入的一定比例缴纳公积金，公积金由政府运作，当居民购买住宅发展局的公共住宅时，房价的20%可用个人公积金存款来支付，房价的80%可由中央公积金局贷款支付。新加坡的中央公积金制度采用强制型储蓄制度，被发展中国家普遍采用。

新加坡设立中央公积金局，承担公积金的主要管理工作。中央公积金局对公积金的管理具有高度独立性，脱离政府财政体系，实行独立核算、自负盈亏，与我国住房公积金管理中心存在较大区别。公积金局职员的工资及其他管理费用来源于公积金利差收入及自属产业的租金，政府不承担职员工资。因此，公积金运行及管理受政府干预较少，政府财政无权动用公积金，保持了较好的独立性，有利于其高效运行。

三　建立住房政策性金融机构的必要性

（一）政策性住房银行是住房金融体系不可或缺的部分

完善的住房体系包括住房金融的一级市场和二级市场，其中一级市场即住房贷款的发放市场，金融机构应根据不同贷款群体的多元化需求，有针对性地提供贷款品种，如固定利率贷款产品、再融资产品等；二级市场指住房抵押贷款证券化市场，能够解决一级市场流动性不足的问题。开展住房抵押贷款证券化同样需要专门的金融机构进行运作，以有效配置社会闲散资金。

一级市场和二级市场的有序规范发展将构成我国健全有效的住房体系，其中又离不开专门金融机构的运作。众所周知，作为住房公积金的管理机构，公积金管理中心并不具备金融机构的职能，公积金贷款的发放与日常管理都是通过受委托银行进行的，建立自主经营、自负盈亏的政策性住房银行可以有效避免受委托银行业务办理中的效率损失。

（二）政策性住房银行是弥补公积金缺陷的有力途径

随着我国住房商品市场的不断扩大与发展，住房金融业务的规模与数量也必将不断扩大，这将导致现存住房公积金制度的缺陷进一步放大，资金配置不公平等问题也会逐渐增多，"积土成山，风雨兴焉；积水成渊，蛟龙生焉"，积少成多的社会问题应当在合适的时机加以解决，将风险控制在可控范围内。为维持住房金融市场的秩序，提高资金的运营效率，应由政府出手干预市场，为中低收入人群提供住房融资，以改变房地产市场资金配置的无序和不公平现象，形成国家主导金融，再由金融主导市场的

良性局面。

政策性住房银行应当以住房公积金管理中心为依托，实现公积金业务的办理，并受中国人民银行的监管（见图9）。一方面，全国各地住房公积金管理中心已基本形成了经营网络，以其为依托可节省相关的成本支出；另一方面，住房公积金管理中心对住房业务较为熟悉，有助于快速完成政策性住房银行体系的建立。政策性住房银行通过吸储、放贷、开发金融产品等完成住房公积金管理中心的市场化之路。

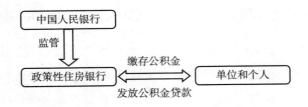

图9 政策性住房的银行制度设计

（三）政策性住房贷款担保机构有利于促进政策性住房金融机构的多样化

各国政策性住房金融往往表现为专业性住房金融机构、非专业性住房金融机构、住房融资担保和保险机构等多种形式，这说明完善的政策性住房金融机构不仅包括政策性住房银行的各分支机构，还应将其他具有政策性的住房金融机构纳入该金融体系，由政府成立住房贷款担保机构，如美国联邦住房管理局、法国政策性住房购置担保基金会等。

政策性住房贷款担保机构主要为本国居民购房贷款提供风险担保或保险，一方面可提升中低收入者购房贷款的举债能力，另一方面可以从外部防范住房贷款风险。以组建全国性住房贷款担保机构为突破口，我国可以在构筑全国统一有效的政策性住房信贷风险防范与控制体系的同时，解决住房公积金资金使用率低下和监管不力等一系列问题，对巩固、发展和完善以住房公积金制度为中心的政策性住房金融体系、发挥住房公积金制度在住房保障体系中的作用，具有深远意义。

四 住房金融机构在房地产发展中的作用和影响

（一）为居民购买基本住房以及改善居住条件提供资金支持

住房金融分为商业性住房金融和政策性住房金融。一方面，商业性住房金融机构以利润最大化为目的，目标定位于支付能力较高的中高收入群体。中低收入家庭由于收入水平较低、信用风险相对较高，很难从商业性住房金融得到足够的住房信贷支持；另一方面，政策性住房金融出于公平公正的考虑，将目标定位于中低收入群体，拓展了商业性住房金融的目标领域，是我国住房金融市场中不可或缺的一环。鉴于低收入家庭住房融资难的问题依然比较严重，住房公积金制度的住房保障功能尚未完全发挥。成立政策性住房金融机构则使居民（尤其是中低收入者）购买基本住房并改善居住条件成为可能。

政策性住房金融机构在提供便捷、低利率、长时期的融资方面具有较强的优势，能够提供更多样化的金融创新产品，例如可通过资产证券化或发行长期债券筹资，向银行购买住房贷款，激励银行提供更多的住房按揭贷款，使购房者获得更大范围、更有利的住房信贷支持。

（二）为企业保障房和商品房开发提供低资金成本融资渠道

"十二五"规划提出，5年期间建设城镇保障性住房和棚户区改造住房3600万套（户），将城镇保障性住房覆盖率提高到20%，基本解决城镇低收入家庭住房困难问题。但商业银行将信贷资金投入保障房建设多出于硬性指标安排和社会责任，保障房建设的特点令其面临巨大的资金挑战。而政策性住房金融机构由于不以利润最大化为目的，通过为企业保障房开发资金提供更低成本的融资渠道，促进保障房建设的开发建设，使房屋供给数量稳步增加，最终改变因供需关系失衡导致的房价高企局面，间接推动商品房的开发建设。

政策性住房金融机构将有效扩大政策性金融供给，提供大规模基础设施建设的资金需求，进一步弥补住宅金融空白，为我国住房体系的完善提供保障。

（三）步入市场化、规范化的运作轨道，有利于房地产行业长期发展

近几年房地产调控政策主要以抑制需求、限制开发融资为主，虽然取得了一些效果，但房屋供求不平衡的深层次矛盾始终没有得到解决。从发达国家经验看，城市化和工业化快速发展时期，大多数国家经历过住房短缺，而在住房短缺时期，由政府组建政策性金融机构，直接负责低收入保障性住房建设，是比较成功的普遍做法。如美国、德国、日本、新加坡等国的政策性住房金融机构都直接或间接地为居民提供住房消费信贷支持，以及为住房开发提供低成本融资。

我国建立政策性住房金融机构将积极向这些国家借鉴经验，取其优点，去其不足，促进房地产行业的供需平衡。政策性住房金融机构的建立将进一步规范房地产行业的发展，对房地产市场的健康发展起到积极作用，从长期看，有助于房价回归合理区间。

综上，通过政策性住房金融机构的支撑作用，我国房地产业将得到长足发展，同时对进一步完善我国金融体系具有重要意义。我们应该在研究国外成功经验基础上，进一步探寻建立政策性住房金融机构的可行性与合理的路径安排。

Abstract

Based on the principals of objectivity, fairness, scientific soundness and neutrality, *Annual Report on the Development of China's Real Estate* (*No. 11*) traces the latest information of real estate market of China, analyzes its driving forces and influences, offers possible policy suggestions, and forecasts its future development. This book is divided into two parts: the general report and the special reports. The general report focuses on the analysis and forecast of overall development of real estate industry and market in China, while the special reports emphasize on the fundamental secondary markets and hot topics.

The 2013 was the key year of implementing the spirit of 18th CPC National Congress and accelerating the change of production mode. The domestic economy continued to show steady growth, while the speed of economic growth slowed down to less than 8%. After a decade of high-frequency real estate policies, some changes happened to the real estate regulations. The national real estate regulations paid more attention to the long-term mechanism of real estate market's stable and healthy development, as well as the basic security. Each city government could make the tighter or looser policies according to its own characters.

On the national level, the growth rate of commercial housing price in 2013 was lower than that of 2012, but still maintained a rapid rise. Commercial housing sales volume increased significantly, and that led to a substantial increase in the growth rate of real estate development funds, as well as the growth rate of investment maintained a relatively stable increase. the growth rate of land purchased area and new constructed housing area turned negative to positive. Completed housing area grew slowly, hitting a record low from 1998.

According to the statistical data of 35 mega and medium cities in 2013, commercial housing price, commercial housing sales area, land purchased area and new constructed housing area, all showed an enhanced growth trend. The growth rate of commercial housing price of the 35 cities was higher than 2012, also higher

than that of the national level in 2013; the growth rate of commercial housing sales area of the 35 cities was lower than that of the national level, but the growth rate of residential sales area of the 35 cities was higher than that of the national level; the growth rate of land purchased area and new constructed housing area showed a growing trend, and higher than the national level last year. The growth rate of completed housing area of the 35 cities was lower than the national level, and showed negative growth; the growth rate of real estate developing investment declined slightly, while the growth rate of residential investment increased, but they were both lower than the national level in 2012.

Looking forward to 2014, China's economy is expected to remain stable growth of 7% ~ 8%, national economic policies will tend to promote urbanization and improve people's livelihood, so real estate policies and regulations will also focus on these themes. For the lack of long-term mechanism to ensure stable and healthy development of real estate market, China's real estate market will be further differentiated. Some cities will face greater pressure on housing price because of soaring land price. The general trend of real estate market in 2014 will depend on the selection and enforcement of policies. Real estate transaction will be a steady increase, and housing price is likely to remain small growth, while the growth rate will depend on the intensity of specific regulations and policies. The markets differentiation among cities or regions is increasing, the policies show a local and classified trend clearly, differentiated and diversified regulatory policies will become normal. In mega-cities which have a higher proportion of migrant workers, the real estate markets especially the housing markets are expected more sales volume and higher price. In most ordinary cities, sales volume and price of the real estate markets will remain a relatively stable trend. In some cities lack of industry support or proper development plan, the real estate bubble risk will be enlarged greatly because of oversupply.

Keywords: Real Estate Market; Differences of Regulation Policies; Long-term Mechanism of Real Estate Development

Contents

B I   General Report

B II   Land

Abstract: In 2013, with China's macro-economy running smoothly, the investment in the fixed assets growing rapidly and the monetary debit growing steadily, the nationwide real estate investment, the sales of commercial housing area and the sales amount of commercial housing all increased at a quite high speed. The growth speeds of each are 19. 8% , 17. 3% and 26. 3% . Under this environment,

the growth rate of land price stopped going down and started growing in major cities, and the average growth rate is 7.02%, increased by 4.41 compared with last year. The price of all-kind-use land rose every season in eastern, middle and western China, and the middle China land price grew faster than western China. The amount of key cities with an increasing year-on-year growth rate of residential land price is 25 more than last year, with the maximum growth rate 37.98%. The ratio of national average land price in housing price rose slightly, however, there existed a great disparity among the key cities in view of the ratio of residential land price to housing price. The growth rate of GDP, fixed-assets investments and per capita disposable income of the urban households is larger than the land price growth rate. In 2014, the positive expectation for macro-economy, the improving affordable housing policy and the deep exploring of long-term regulation and control of real estate market will all be good to promoting the smooth running of city land market. The "People Oriented" urbanization guide is beneficial to improving harmonious development of the land market for different types of cities. The change of monetary liquidity and differentiation credit policy will affect the demand of investment in real estate market directly. The unified real estate registration policy and the expanding area of adopting Housing Property Tax will influence the expectation of real estate market, but is good to the long-term and steady development of the market.

Keywords: Urban Land Price; The Ratio of Land Price in Housing Price; Dynamic Monitoring

B.3 Beijing's Land Market: Analysis in 2013 & Forecast in 2014

Xu Lixing, Lu Shixiong / 062

Abstract: With the hot land market of Beijing in 2013, turnover, volume, price rebound sharply comparing with 2012. Driving force of the land market in 2013 lies mainly in those of company good selling, the new cognition of first-tier cities value, the expectation of long-term supply falling short of demand, policy of land remising. In the background that contradiction of supply and demand, it is expected that land turnover will better progressly in 2014, trend of land transaction price rising rapidly will be eased. Trend of the whole year will be high firstly and low lastly, but possibility of dropping heavily will be high unlikely.

Keywords: Beijing's Land Market; Forces; Forecast

B III   Finance and Enterprises

B. 4   Analysis of the Situation of Real Estate Investment

and Finance in 2013 and the Trend of 2014

Ding Xingqiao, Yan Jinmei and Xu Rui / 076

Abstract: On the basis of the related data, this article analyses the status of the real estate investment and financing from different aspects in 2013, makes a judgment about the trend of the real estate investment and financing in 2014, and gives some suggestions. Real estate investment growth has increased rapidly, the financing channels have been expanded in 2013. The trend will continue in 2013.

Keywords: Real Estate; Investment and Finance; Trend

B. 5   Analysis on Housing Credit in 2013 and Prospect for 2014

Ling Dong, Li Yunqing / 092

Abstract: In overall, the housing credit policies in 2013 remained stable, but regional difference continued to expand. The mortgage loan presented following characteristics: the incremental loan and interest rate increased rapidly, and the asset quality improved slightly. Looking forward to 2014, the regional differentiation of housing credit policies will aggravate, and the incremental mortgage loan may decrease, with the interest rates continued to rise.

Keywords: Housing Credit; Status Quo; Prospect

房地产蓝皮书

B. 6　Research on Real Estate Enterprises of 2013

　　and Trend in 2014　　　　　*Zheng Yunfeng , Lu Shixiong* / 101

Abstract: Facing increasingly severe regulatory policy of real estate, the problems of real estate enterprise development are as follows: financing difficulties, development investment growth slowing, decline of profit rate of key enterprise, development advantage inclining to scale enterprises, concentration of enterprise strengthening, large inventories of unpopular city commercial housing, various risk of overseas layout. Expecting in 2014, firstly, joint land acquisition will be more. Secondly, diversified financing and multimode land reserve is becoming a trend. Thirdly, products market differentiation led by an increase in affordable housing supply is obvious.

Keywords: Real Estate Enterprise; Problem ; Trend

B IV　Market

B. 7　Housing Market in 2013 and its Forecast in 2014

　　　　　　　　　　　　　Liu Lin , Ren Rongrong / 112

Abstract: The prosperity of housing market in 2013 was better than that of last year. Both the growth rate of housing under-construction and the growth rate of housing started were higher than those of last year. The growth rate of residential investment recovered. The floor space of housing sold kept a high increase rate of 17. 5% . Housing price rose quickly, while the price of new constructed housing rose faster than second-hand housing price. The growth rate of residential land price increased quarter on quarter. We estimate that the growth rate of housing price in 2014 would decrease, and the housing price would keep steady averagely for the whole year.

Keywords: Housing Market; Price; Forecast

Abstract：Compared with the low-speed development of commercial real estate in 2011 in China, the commercial real estate market maintain active in 2013, and it has showed a positive trend. Features embodied in the remarkable speed addition in the Total Investment growth, the greatly enhanced of space of the new construction area, the structural differences between office buildings market and the houses for business use market decreased. However, the structural imbalance between supply and demand still existed. Through the place to place comparison, the regional and inter-provincial development is also unbalanced and high-concentration. In 2014 and the future, China's commercial real estate market would show a new trend of differentiated development, and the cooperation between commercial real estate company and e-commerce company is becoming the new marketplace hot spot.

　　Keywords：Commercial Real Estate；Characteristics；Trend

　　Abstract：After bottoming recovery in 2012, Beijing's real estate market continues to heat up in 2013.

　　Beijing Real estate market regulation policies have been strictly implemented and strengthening of 2013, the new "country five", the new "country six" and then to Beijing Edition "country five rules ", July-August real estate regulatory "hearsay" of changes to long-term mechanism, in October 2013, Beijing Municipal Commission of Housing and Urban-rural Development issued a regulation of "seven", until November after the Third Session, the property market regulation of the first and second-tier cities began to tighten again. Under the background of a series of strong property control policies pressure, rigid housing demand is still active, The annual

trading volume and price of the housing market turnover was rising up, increasing 14% and 22%, respectively.

Nearly ninety percent out of housing trading were the rigid demand coming from first-time home buyers and the rigid demand coming from home changer, investment group has been largely extrusion, the huge group of rigid demand pushed Beijing real estate market continue to heat up in 2013.

There is great demand in Beijing rental market, The characteristics of the imported metropolis decide the strong support coming from A large number of migrant population in Beijing rental market, the overall is trend upward.

Volume and price in more than a year after continuing to rise, the market is bound to return to the rational, 2014 real estate market will decline in volume and price growth, under the backdrop of tight liquidity, real estate market is gradually returning to the track system and security, policy will be dominated by market more than administrative intervention measures.

Keywords: Control Policy Strengthening; Rising Volume and Price; Support of Rigid Demand; Rising Rents

ⅤB Ⅴ   Management

B. 10   Hot Spots of China's Property Management in 2013
and Trend in 2014   *Ye Tianquan, Ye Ning* / 153

Abstract: China's property management presented stable and healthy development in 2013, but also revealed some contradictions and problems. Tragedies such as elevator accidents, fire accidents, pets hurting people accidents often happened, and have already become society hot spots and focus which need to be solved in theory and practice. This thesis analyzes hot spots of property management in 2013, proposes solutions and forecasts the development trend in 2014.

Keywords: Focus; Solutions; Trend

Abstract: In China, the status quo of the real estate appraisal and agency industry represents the status quo of the real estate intermediary industry. This paper respectively introduced status quo in 2013 of China real estate appraisal and agency industry, and analyzed the trend in 2013 of the two industries. We reviewed some important moments in the development of the real estate appraisal and agency industry in 2013, and briefly analyzed the effects on the two industries. We elaborated on the development situation of the two industries from the number of employees and institutions, the proportion and amount of business separately, the operating income and other indicators. We briefly analyzed the trend of the two industries in 2014 with the actual situation of the real estate appraisal and agency industry.

Keywords: Real Estate Appraisal; Real Estate Agency; Development Situation; Trend Analysis

ℬ Ⅵ   Regions

Abstract: Shanghai real estate market growth is strong, 2013 Shanghai resolutely implemented national regulation, strengthened the control policies. In 2013, the real estate market appeared so situation, due to "the last bus" effect. Into the New Year 2014, the land market and real estate market appeared a distinct trend, the land market is active, the real estate market cold. Although there are many good news, but we need to alert to the development of the real estate market has gradually changed.

Keywords: Real Estate Market; Transformation and Upgrading; Regulation

房地产蓝皮书

B. 13　Guangzhou Real Estate Market: Review of 2013

　　and Prospect of 2014　　　　　　*Liao Junping, Tian Yaling* / 188

Abstract: As the Guangzhou municipal government continues to upgrade controlling property market in 2013, the sale of housing transaction volume is controlled to a certain extent. The actual supply of land was much lower than the planned, and the transaction prices were repeatedly reaching new heights. Transactions of commodity housing were hot in peripheral regions, whereas in central regions restrictions over home-purchase and sale were severe. Impacted by the rapid development of E-business, the total turnover of retail market declined. The uptrend of office buildings' transaction prices was aggressive in Zhujiang New Town, along with the gradual decrease of the amount of available Grade A Office. The property market in Guangzhou will face reform in 2014, and its price is expected to rise narrowly.

Keywords: Guangzhou Property Market; Property Market; Reform

B. 14　Commentary on Shenzhen's Real Estate Market in

　　2013 and Forecasts of 2014

　　　　　　　　Song Botong, Huang Zisong, Liang Deqing,

　　　　　　　　　　　　Luo Kai and Yue Guang / 202

Abstract: With the investment hitting a new high, the real estate market in Shenzhen has been continually heated. In the real estate market, both the volume and price surged in residential buildings, office buildings and commercial buildings. Though the vacancy rate of office buildings declined, the commercial buildings vacancy rate remained at a high level. In the second-hand house market, the demand and price of residential buildings increased, along with office buildings and commercial buildings. In the rental market, the rent of residential market has been increasing steadily. The rent of the office building market grew at first, then declined and turned around at the end of the year; The rent of the commercial buildings increased strongly and rapidly. In the land market, the year saw a decline in the supply of residential lands, while a rise in the supply of commercial lands. The supply of industrial lands focused mainly outside Shenzhen Special Economic Zone (SEZ), and the commercial lands of rural collective has taken an ice-breaking trip. Looking into 2014, it is expected that the regulatory policies should continue, and there is little possibility that the new residential supply should increase. Different residential supply between inside Shenzhen SEZ and outside Shenzhen SEZ will lead to a polarization in housing price. Besides, it is estimated that the office buildings construction should be concentrated on Houhai, and a large scale of commercial real estate construction should appear in Qianhai. The files "1 + 6" will surely inject new energy to the industrial land market.

Keywords: Shenzhen; Real Estate Market; Regulatory

B. 15   The Situation of Chongqing Real Estate Market in 2013

and the Tendency of 2014

Chen Deqiang, Liang Wei, Xiao Li and Jiang Chengwei / 229

Abstract: The thesis mainly reviewed the situation of Chongqing real estate market in 2013, and analyzed the main factors affecting the Chongqing real estate market in 2013. Besides, the thesis forecasted the trends of the Chongqing real estate market in 2014 according to the macro and micro environmental conditions.

Keywords: Chongqing; The Real Estate Market; Running State; Tendency

B Ⅶ   International Experiences

B. 16   The Influence of Japan's Bubble Economy on

Housing Construction   *Li Guoqing / 247*

Abstract: Bubble economy in Japan emerged after the "Plaza Accord" was signed by five Western countries led by the United States, which led to the rapid

appreciation of Yen from 1985 to 1991. The financial bubble triggered a real estate bubble: land price rocketed in the six largest city of Japan. While most of the housing construction in Japan was developed in the real estate market, the government has passed the "Government Housing Loan Corporation Law", "Public Housing Law", and "The Japan Housing Corporation Law" in the 1950s, aiming to provide the citizens with a variety of resources and supports for securing houses from the market. The real estate bubble led to drastic growth of commercial real estate in cities in 1980s. As a result, the land in cities became a rare resource. This change set back the entire housing development in cities, and thus diverted property buyers to the suburbs. Nevertheless, as the property price decreased with the end of the financial bubble economy, gentrification started in the 1990's.

Keywords: Financial Bubble; Three Housing Policies; Stranding Housing Construction; Housing Suburbanization

B. 17　Has United States Survived the Financial Crisis?
——To see Volcker Rule from A Historical Perspective
Kruti Lehenbauer, *Chen Bei* / 261

Abstract: December 10, 2013, the U. S. federal financial regulators unanimously passed the Volcker rule, which seems to let people see an effective secure firewall has been set up between the financial crisis and the future of U. S. economic growth, which seems to allow people to see the future of U. S. economic growth may occur between the financial crisis has been erected with secure firewall. However, this article is trying to reveal the history of the crisis from the perspective of multi-factor economic, regulatory and institutional, etc., during, and since then the impact on the U. S. real estate market and judged by the impact of these proposed to be cautiously optimistic point of view of the Volcker rule.

Keywords: Real Estate; Financial Crisis; Derivatives; Glass-steagall Aet; Volcker Rule

⟨B⟩ Ⅷ   Hot Topics

Abstract: In the beginning of 2014, multiple buildings of Hangzhou city were smashed which indicated the real estate market of Zhejiang province will enter a continuous differentiation and seesaw process. But the high equilibrium of the real estate market is still an obvious feature, this is not only closely related with the residents ideas of the consumption and investment, but also closely related with the huge amount of the demographic factors. This shows the income housing of Chinese residents especially the Zhejiang residents is serious deviation from international standards, this will also be a long-standing inevitably objective phenomenon.

Keywords: Real Estate Market; Zhejiang Province; Market Differentiation; Straddle Seesaw

Abstract: Informal property housing comes into being during rapid urbanization, mainly driven by rural collectives to pursue higher land profit. The key to handle informal property housing is to allow rural collectives and farmers to take part in the process of urbanization. Based on regulations of land use control, reservation land should be set aside from collective lands for an individual collective. Rural collective has a whole ownership on reservation land. Informal property houses build on reservation land are legitimate and belong to rural collective. Informal property houses build on non-reservation land should be legalized to commercial houses by paying full price. However, Informal property houses build

on basic farmland should be pull down to recovery farmland.

Keywords: Collective Land; Informal Property Housing; Peasant Housing

B. 20   The Effect and Influence of Establishing Housing Financial
Institutions in Real Estate Development

He Jia, Yang Jingzhi / 295

Abstract: Since Shanghai first established the housing provident fund system in 1991, the housing provident fund has played the policy role of housing finance. However, with the soaring house prices, the housing provident fund system faces such a situation: "not to advance is to go back". The system needs a timely reform. Under this background, the public hope to build housing financial institutions. This paper starting from the correlation analysis of the existing housing provident fund system and the advanced experience of all countries, aims to study the effect and influence in real estate development of establishing housing financial institutions.

Keywords: The Housing Provident Fund; Housing Financial Institutions; Real Estate

中国皮书网

www.pishu.cn

发布皮书研创资讯，传播皮书精彩内容
引领皮书出版潮流，打造皮书服务平台

栏目设置：

- ☐ 资讯：皮书动态、皮书观点、皮书数据、 皮书报道、皮书新书发布会、电子期刊
- ☐ 标准：皮书评价、皮书研究、皮书规范、皮书专家、编撰团队
- ☐ 服务：最新皮书、皮书书目、重点推荐、在线购书
- ☐ 链接：皮书数据库、皮书博客、皮书微博、出版社首页、在线书城
- ☐ 搜索：资讯、图书、研究动态
- ☐ 互动：皮书论坛

中国皮书网依托皮书系列"权威、前沿、原创"的优质内容资源，通过文字、图片、音频、视频等多种元素，在皮书研创者、使用者之间搭建了一个成果展示、资源共享的互动平台。

自2005年12月正式上线以来，中国皮书网的IP访问量、PV浏览量与日俱增，受到海内外研究者、公务人员、商务人士以及专业读者的广泛关注。

2008年、2011年中国皮书网均在全国新闻出版业网站荣誉评选中获得"最具商业价值网站"称号。

2012年，中国皮书网在全国新闻出版业网站系列荣誉评选中获得"出版业网站百强"称号。

权威报告 热点资讯 海量资源

当代中国与世界发展的高端智库平台

皮书数据库 www.pishu.com.cn

　　皮书数据库是专业的人文社会科学综合学术资源总库，以大型连续性图书——皮书系列为基础，整合国内外相关资讯构建而成。该数据库包含七大子库，涵盖两百多个主题，囊括了近十几年间中国与世界经济社会发展报告，覆盖经济、社会、政治、文化、教育、国际问题等多个领域。

　　皮书数据库以篇章为基本单位，方便用户对皮书内容的阅读需求。用户可进行全文检索，也可对文献题目、内容提要、作者名称、作者单位、关键字等基本信息进行检索，还可对检索到的篇章再作二次筛选，进行在线阅读或下载阅读。智能多维度导航，可使用户根据自己熟知的分类标准进行分类导航筛选，使查找和检索更高效、便捷。

　　权威的研究报告、独特的调研数据、前沿的热点资讯，皮书数据库已发展成为国内最具影响力的关于中国与世界现实问题研究的成果库和资讯库。

皮书俱乐部会员服务指南

1. 谁能成为皮书俱乐部成员？

- 皮书作者自动成为俱乐部会员
- 购买了皮书产品（纸质皮书、电子书）的个人用户

2. 会员可以享受的增值服务

- 加入皮书俱乐部，免费获赠该纸质图书的电子书
- 免费获赠皮书数据库100元充值卡
- 免费定期获赠皮书电子期刊
- 优先参与各类皮书学术活动
- 优先享受皮书产品的最新优惠

3. 如何享受增值服务？

（1）加入皮书俱乐部，获赠该书的电子书

　　第1步 登录我社官网（www.ssap.com.cn），注册账号；

　　第2步 登录并进入"会员中心"—"皮书俱乐部"，提交加入皮书俱乐部申请；

　　第3步 审核通过后，自动进入俱乐部服务环节，填写相关购书信息即可自动兑换相应电子书。

（2）免费获赠皮书数据库100元充值卡

　　100元充值卡只能在皮书数据库中充值和使用

　　第1步 刮开附赠充值的涂层（左下）；

　　第2步 登录皮书数据库网站（www.pishu.com.cn），注册账号；

　　第3步 登录并进入"会员中心"—"在线充值"—"充值卡充值"，充值成功后即可使用。

4. 声明

　　解释权归社会科学文献出版社所有

社会科学文献出版社

皮书系列

　　"皮书"起源于十七、十八世纪的英国，主要指官方或社会组织正式发表的重要文件或报告，多以"白皮书"命名。在中国，"皮书"这一概念被社会广泛接受，并被成功运作、发展成为一种全新的出版形态，则源于中国社会科学院社会科学文献出版社。

　　皮书是对中国与世界发展状况和热点问题进行年度监测，以专业的角度、专家的视野和实证研究方法，针对某一领域或区域现状与发展态势展开分析和预测，具备权威性、前沿性、原创性、实证性、时效性等特点的连续性公开出版物，由一系列权威研究报告组成。皮书系列是社会科学文献出版社编辑出版的蓝皮书、绿皮书、黄皮书等的统称。

　　皮书系列的作者以中国社会科学院、著名高校、地方社会科学院的研究人员为主，多为国内一流研究机构的权威专家学者，他们的看法和观点代表了学界对中国与世界的现实和未来最高水平的解读与分析。

　　自 20 世纪 90 年代末推出以《经济蓝皮书》为开端的皮书系列以来，社会科学文献出版社至今已累计出版皮书千余部，内容涵盖经济、社会、政法、文化传媒、行业、地方发展、国际形势等领域。皮书系列已成为社会科学文献出版社的著名图书品牌和中国社会科学院的知名学术品牌。

　　皮书系列在数字出版和国际出版方面成就斐然。皮书数据库被评为"2008~2009 年度数字出版知名品牌"；《经济蓝皮书》《社会蓝皮书》等十几种皮书每年还由国外知名学术出版机构出版英文版、俄文版、韩文版和日文版，面向全球发行。

　　2011 年，皮书系列正式列入"十二五"国家重点出版规划项目；2012 年，部分重点皮书列入中国社会科学院承担的国家哲学社会科学创新工程项目；2014 年，35 种院外皮书使用"中国社会科学院创新工程学术出版项目"标识。

法 律 声 明

　　"皮书系列"（含蓝皮书、绿皮书、黄皮书）由社会科学文献出版社最早使用并对外推广，现已成为中国图书市场上流行的品牌，是社会科学文献出版社的品牌图书。社会科学文献出版社拥有该系列图书的专有出版权和网络传播权，其 LOGO （▧）与"经济蓝皮书"、"社会蓝皮书"等皮书名称已在中华人民共和国工商行政管理总局商标局登记注册，社会科学文献出版社合法拥有其商标专用权。

　　未经社会科学文献出版社的授权和许可，任何复制、模仿或以其他方式侵害"皮书系列"和 LOGO （▧）、"经济蓝皮书"、"社会蓝皮书"等皮书名称商标专用权的行为均属于侵权行为，社会科学文献出版社将采取法律手段追究其法律责任，维护合法权益。

　　欢迎社会各界人士对侵犯社会科学文献出版社上述权利的违法行为进行举报。电话：010 - 59367121，电子邮箱：fawubu@ ssap. cn。

社会科学文献出版社